互联网时代下高校德育创新研究

董　超　刘　彬　刘巧丽◎著

吉林文史出版社

图书在版编目(CIP)数据

互联网时代下高校德育创新研究 / 董超, 刘彬, 刘巧丽著. -- 长春 : 吉林文史出版社, 2022.12
ISBN 978-7-5472-8781-1

Ⅰ. ①互… Ⅱ. ①董… ②刘… ③刘… Ⅲ. ①高等学校－德育工作－研究－中国 Ⅳ. ①G641

中国版本图书馆 CIP 数据核字(2022)第 165144 号

HULIANWANG SHIDAIXIA GAOXIAO DEYU CHUANGXIN YANJIU

书　　名 互联网时代下高校德育创新研究
作　　者 董　超　刘　彬　刘巧丽
责任编辑 陈　昊
出版发行 吉林文史出版社有限责任公司
地　　址 长春市福祉大路 5788号
印　　刷 三河市金兆印刷装订有限公司
开　　本 185mm×260mm 1/16
印　　张 12
字　　数 268千字
版　　次 2023年 7 月第 1 版　2024 年 7 月第 2 次印刷
定　　价 52.00 元
I S B N　978-7-5472-8781-1

前　言

随着互联网时代的到来，高校师生的学习、生活、社交等各方面对互联网越来越依赖，高校德育实践的外部环境和内部结构正面临着前所未有的改变。互联网时代为高校德育实践创新带来了思维理念改变和技术发展的优势，互联网新兴的信息技术可以与高校德育实践过程中的各个环节、途径和载体结合起来，找到新环境下德育实践理念和途径的优化方式，构建新的高校德育实践模式。同时，充分发挥互联网在高校德育实践活动中的优化和集成作用，将互联网发展的最新成果与高校德育实践创新深度融合，形成以互联网为基础平台和实现工具的高校德育实践新形态，成为互联网时代高校德育实践不断优化和创新的一项重要课题。

基于此，本书以“互联网时代下高校德育创新研究”为题，全书共设置六章：第一章阐释互联网时代的特征与技术、互联网时代高校德育的背景与意义、互联网时代高校德育的发展及启示；第二章分析高校德育的本质与功能、高校德育的实践模式、高校德育的环境建设；第三章解析高校德育理念的指导与创新建构、高校德育的方法创新、高校德育的机制创新与管理创新；第四章探索高校网络德育的主体性、高校网络德育的目标与内容、高校网络德育过程及其规律、高校网络德育的创新路径；第五章讨论新媒体背景下高校德育的课程资源开发、移动互联网背景下高校德育的队伍建设、网络环境下高校德育绩效评价的发展创新；第六章探究互联网时代高校德育实践的原则与思路、互联网时代高校德育的实践策略、互联网时代网络文化的德育实践与创新。

全书秉承较为新颖的理念，内容丰富详尽，结构逻辑清晰，客观实用，从互联网时代与高校德育基本理论进行引入，系统性地对高校德育系统创新、互联网时代高校网络德育、资源、评价及其实践创新进行解读。另外，本书注重理论与实践的紧密结合，对我国教育发展具有一定的参考价值。

本书的撰写得到了许多专家学者的帮助和指导，在此表示诚挚的谢意。由于笔者水平有限，加之时间仓促，书中所涉及的内容难免有疏漏与不够严谨之处，希望各位读者多提宝贵意见，以待进一步修改，使之更加完善。

目　录

第一章 互联网时代的特征及启示

第一节 互联网时代的特征与技术

一、互联网时代的特征分析

互联网对人类的生活、生产、生产力的发展都具有很大的推动作用。互联网在我国的诞生是出于产业结构的调整和传统业态的进化，而今，随着互联网的概念不断被放大，不仅传统的行业和产业正在转型、升级、进化，人们的社会关系、价值观念、思维逻辑和行为方式也发生着巨大的改变，一个颠覆性的具有鲜明特征的互联网时代已经到来。当互联网与这个时代密切关联和匹配起来的时候，这个时代就会展现出不同以往的特征。

（一）重塑生态

互联网的特质，用最简单的一句话来表述就是跨界融合，连接一切。互联网时代对传统的产业和传统的思维都是一种挑战，这种挑战就好比第一次工业革命的蒸汽机和第二次工业革命的发电机一样，它们的功效是服务于产业，而不是替代和摧毁产业。因此，互联网的跨界思维与产业的融合会带来无限的发展空间，成为新业态产生的“普适智慧”。这种跨界思维，不仅局限于业界的融合和跨越，更多还表现在行为方式上的跨越，所以互联网为人类带来的不仅是新业态的产生，而更多是在思维方式上的改变，这种改变足以产生新时代所必需的开放的生态环境。

（1）开放生态是互联网时代的核心特征。互联网时代是一个没有边界的世界，所有原本封闭的系统都将被打开，人们以开放的态度去思考和设计新的行为模式。互联网行动计划的核心是生态计划，重塑生态是改革不断深化的重要保障。在这个开放的生态中，社会生活的形式在变，人们生活的方式在变，社会组织的习惯也在变，所有组织、机构、个体思考方式的改变势在必行。互联网行动计划的一个重要任务就是要把制约和限制创新的环节优化掉，开放的生态环境将市场的法则直接融入创新的过程中，清除阻碍创新的各种因素，使创新从一开始就沿着正确的、有价值的方向前进。

（2）跨界思维成为创新驱动的重要因素。互联网时代个体面临的环境发生了很大的变化，新业态的形成与跨界的思维有极高的相关度，没有任何个体甚至是组织能够固守在自己的领域。跨界不是目的，而是增加活力和再生能力的必然选择。跨界思维已经成为互联网时代流行甚至是固定的行为方式，这种整合协同、提高效能、互融互通的思维方式成为激发社会能动性和创造性的重要驱动因素之一。这种跨界融合已经以一种势不可当的浪潮席卷了所有的传统产业，各行各业都不得不审慎思考、积极谋划如何打破传统的壁垒，用跨界思维驱动创新，造就充满活力的新业态。

（二）社会关系

随着社会信息化和全球化发展的不断深入，当互联网开始走入人们的生活时，它就已经逐渐打破了原有的社会结构、关系结构、文化结构等。结构被重塑的同时带来很多要素，如权利、关系、连接、规则和对话方式的转变。互联网时代不仅带来了开放的生态环境，重塑结构也给社会带来了深远的影响，颠覆了原有的社会关系和游戏规则。

（1）封闭和垄断的格局被彻底打破。共享精神是互联网时代的另一个重要标志，封闭的、垄断的边界被打开，信息获得和资源分配更加自由，推动社会发展的不断加快、放大，产业更替越来越快，传统的行业、结构、管理、竞争优势逐渐消失。在互联网时代，封闭和孤立的行为，只会陷入与世隔绝的鸿沟，传统的人力优势、结构优势、管理优势等都或许会成为发展的羁绊，转型和变革势在必行。

（2）契约精神与信任关系是核心竞争力。互联网时代塑造了弱关系社会，促成了不同个体和群体之间产生联系的可能。“互联网+”行动计划的落脚点在于建立连接一切的生态系统，连接的对象包括行业、机构、技术、平台、个体等，连接一切也成为计划开始的起点。处在互联网时代的人、机构、平台，必须遵循新的议事规则和动态协议，要想保持可持续发展的势头并处于不败之地，建立良好的契约精神和信任关系是最重要的条件之一。

（三）个体价值

互联网时代最本质的特征是尊重人性。互联网时代每一名个体的能动性和创造力都被激活，每个个体的智慧、创意、资源、经验、关系都不会也不能被忽视，个体的劳动和价值受到空前的尊重和重视，个体的价值被充分激发和无限放大。

（1）以人为本的理念成为核心优势。互联网时代所有的动作都应该以个体的需求为导向，互联网连接一切的实现要依靠无数的个体协议去完成。这些连接协议的设定都由个体根据自己的喜好来定义，由此基于人性化和个性化的定制才能彰显互联网的真正威力，在自己活动的目的和成果中，获得自己实体性的自由。互联网时代任何组织、企业的行为和发展着眼点都必须放在每个个体上，尊重人性会不断提升行动的亲和力，以人为本的理念将成为一切竞争的核心优势。

（2）个体价值的放大催生群体智能。“群体智能”的概念来自对自然界中昆虫群体的观察，群居性生物通过协作表现出的宏观智能行为特征被称为群体智能。互联网时代赋予每个个体自我组织、自我管理的能力，提供了全新的人际关系和交互方式，彻底改变了以往个体由于自有资源、社会关系等方面的弱势限制而成功概率极低的局面。互联网时代打破了创新创业对资金、社会关系的严重依赖局面，每个个体的创业成本和风险大大降低，大众成功变得有了机会，个体的价值无限放大，大众的交叉协作和智慧汇聚，催生了无限的群体智能。

二、互联网时代的标志性技术

互联网最早出现在人们面前时，它只是作为一种工具，而后逐渐地被广泛使用，它几乎成为人类生活的一部分，可以预见的是，未来人们生活的方方面面都离不开它，到最后互联网可能就变成了生活本身。随着人们对互联网的依赖越来越深，人们对创新型的技术充满着期待，新兴的信息技术应运而生、层出不穷。新一代信息技术成为互联网时代的标志性技术。新一代信息技术的发展为传统产业的生态融合提供了坚实的技术保障，特别是近年来诞生并飞速发展的云计算、大数据、新媒体等信息技术，为各行各业的换代升级提供了新的驱动力，使各行各业的创新发展充满无限可能。

（一）云计算技术

近年来，“云计算”成为互联网界炙手可热的一个技术名词，它改变了互联网的技术基础，影响着整个产业的格局，因此人们纷纷开始研究云计算和它能够带来的服务。云计算是一种按使用量付费的模式，这种模式提供可用的、便捷的、按需的网络访问，进入可配置的计算资源共享池（资源包括网络、服务器、存储、应用软件、服务），这些资源能够被快速提供，只须投入很少的管理工作，或与服务供应商进行很少的交互。想要完整地认知云计算，应该从服务和平台两方面去理解，即云计算涵盖云计算平台和云计算服务这两个概念，通过搭建平台，可以将大量计算资源集中起来，协同工作，对上层服务的运行进行支撑。

云计算的出现早已经改变了互联网的游戏规则，人们使用计算机和互联网的方式发生改变，一个新的计算时代已经到来，信息技术产业的变革风云再起，云计算带来的不仅是技术服务提升，更多的是基于互联网增值服务能力的提升。

（1）云计算提供前所未有的互联网优质资源。基于云计算的技术优势，它将为用户提供大规模、可扩展、定制化的互联网资源。云计算拥有成千上万台服务器，可以为用户提供每秒 10 万亿次的难以想象的计算，这么强大的计算能力可以模拟核爆炸、预测气候变化和市场发展趋势；云计算提供的资源是弹性可扩展的，可以动态部署、动态调度、动态回收，以高效的方式满足业务发展和平时运行峰值的资源需求；云计算可以根据用户的需求，提供对应的数据资源，用户可以通过个人电脑、手机等移动终端接入数据中心，按照个性化的需求进行运算。

（2）云计算提供绿色、高效的优质服务。云计算通过虚拟技术缩小设备数量规模，关闭大量的空闲计算机终端，避免了庞大的电力资源等关联资源的浪费，同时，可扩展和定制化的服务为用户省略了软硬件的建设环节，节约了大量的人力、物力。云计算技术对服务器和资源存储实现了集中化和专业化的管理维护，用户可以随时随地通过互联网获取所需的资源和服务。它的优势在于，就像在日常生活中购买的商品一样，用户只是根据自己的需要去买，而不需要自己去生产，如此，让用户获取资源和服务的自主性更强，就算再多的用户量，获取流程也很简单、有序，有效地提高了运维效率。

（二）大数据技术

随着互联网的不断发展，网络上的数据需求呈现出爆发式的增长，互联网公司所要运用和处理的数据量越来越大，种类越来越多，数据流转速度也越来越快，在这一背景下，诞生了一种全新的数据框架和技术——大数据技术。大数据，指无法在一定时间范围内用常规软件工具进行捕捉、管理和处理的数据集合，是需要新处理模式才能具有更强的决策力、洞察发现力和流程优化能力的海量、高增长率和多样化的信息资产。结合当前大数据的广泛使用，可以看出“大数据”既是一个名词，也是一个动词，作为名词它指代的是在互联网上高速流转、海量多样的数据信息，作为动词它指的是用大数据的思维分析解决问题的技术过程。

大数据浪潮汹涌来袭，与互联网的发明一样，这绝不仅是信息技术领域的革命，更是在全球范围启动透明政府、加速企业创新、引领社会变革的利器。大数据将是下一个社会发展阶段的石油和金矿。大数据的优势及便利越来越为政府、企业和人们所熟知和重视，大数据被广泛地运用到政府、商业和人们的生活中。

（1）海量多样的大数据彰显现代社会的信息自由和开放。与传统数据相比，大数据最显著的特征是海量多样，就目前大数据技术架构所处理的数据来看，量级一般都是在 PB 级别以上的数据（1PB 相当于 50%的全美学术研究图书馆藏书信息内容），这是传统数据无法比拟的。大数据的类型多样也远远超越了传统数据，数据不仅包括单一的文本或表格，更是丰富了音视频、微博、日志等各种数据形式。如今，互联网已经进入新的时代，个体用户作为数据的接收者和使用者，信息的获得更加体现了个体的意志和喜好，获取数据的需求被充分地满足，获得知识的信息量越来越大。同时，作为数据的创造者和发布者，可以自由地与其他组织和个人交换信息，大数据带来的信息自由度和开放度越来越高。

（2）高级高效的分析将挖掘出大数据的潜在价值。大数据较传统数据的重要特征在于体量大、种类多、运转快，如果能够及时地、有针对性地进行数据分析，如此巨大的大数据将为政府、企业和个人提供有效可靠的决策依据。而海量的大数据如何被筛选、提炼，最后留下最有价值的部分，成为人们必须关注和解决的问题，这对数据的分析显得尤为重要，只有利用正确有效的分析方法才可以将大数据的潜在价值发挥得淋漓尽致，这也是大数据给互联网带来的新的命题。

（三）新媒体技术

所谓媒体是指人们借助于用以传递信息与获取信息的工具、渠道、载体、中介物等一切技术手段。互联网的发展使人们生活的各方面都发生了深刻的变化，能够传播和获取的信息越来越丰富，能借助的技术手段也越来越多，技术的发展让新媒体应运而生。从技术上看，新媒体是数字化的；从传播特征上看，新媒体具有高度的互动性。随着互联网的高速发展，网站、博客、贴吧、微博、微信、直播等信息交互技术层出不穷，这些都被认为是新媒体。所以，新媒体是信息技术飞速发展的产品，是基于数字技术、网络技术的发展，以电脑、手机、数字终端为载体，向用户提供信息和娱乐服务的一种传播形态。

从媒体形态上讲，新媒体其实是传统媒体的升级，只是基于传播技术的革新而发生了变化。新媒体之所以能够出现并迅速获得关注和追捧，在于它充分顺应了互联网时代的开放性、多元化、人性化的时代特征，它以一种全新的理念和模式服务着、改变着人们的生活。能够准确地把握新媒体的时代特征，并充分利用新媒体的新优势，将会成为各项事业占得先机的关键所在。

（1）新媒体的传播形态使信息传递变得更加便捷和高效。新媒体是在互联网技术飞速发展的基础上产生的，互联网共享着全世界的信息资源，新媒体包罗万象的信息量不是传统媒体可以比拟的。新媒体的传播形态决定着它不受时间和空间的限制，只要有网络的地方就能实现新媒体的传播。新媒体数字化传播的特征，实现了其即时更新和同步传播的功能，让信息传播的速度更快，信息交流更加直接、高效。同时，结合互联网的检索技术，新媒体也具备了信息选择性获取的特性，比传统媒体的查找、翻阅更加快捷。

此外，网络传播让新媒体的传播打破了地域和疆界的限制，传播成本降到最低，全球任何地区的用户都可以利用网络便捷地选择自己需要的信息，增加了信息传递的开放性和自由度。新媒体以一种人类历史上前所未有的传播能力和覆盖范围，将地球人拉入新媒体的客观环境之中且自觉或不自觉地都变成了受众，并对其施加持久而深刻的影响。

（2）新媒体引发的传播沟通方式变革更加彰显了媒体价值。新媒体的“新”不仅体现在新的技术和新的形式上，理念上的“新”才是新媒体的“新”之所在。新媒体的传播沟通方式变革基于受信者的需求特性，互联网的普及与发展深刻地改变着人们的生活方式、学习方式和娱乐方式，基于人们通过媒体获取信息的形态更加人性化和个性化，新媒体的传播方式也更加细分化和碎片化。以笔记本电脑、手机客户端等移动通信设备为载体的新媒体，其传播形式更加能够契合受信者的生活习惯，满足受信者获得信息、消化信息和传递信息的需求，实现媒体本身的价值。

同时，新媒体环境下传播沟通的互动性被强调、放大，信息传播主体更加多元，信息传受双方的交流也是双向的，如网民在浏览新闻信息时，可以进行互动留言点评，表达自己的意见，独特的见解往往能够迅速引起共鸣，而且个体能够利用新媒体技术随意对话相关的主流媒体、政府部门、名人、官员等，形成较大的社会影响和效应，网络个体的传播能量被放大。通过这种传播沟通方式，人们可以洞察受信者的观点、论调、价值观，了解受信者的分化情况，找到优化信息传播的路径。因此，新媒体环境塑造了新的传播格局，把握好传播沟通方式的变革规律和特性，是充分实现新媒体的媒体价值的关键。

总之，包括云计算、大数据和新媒体在内的众多新兴信息技术，为各行各业的创新发展提供了无限的想象空间。这些新兴的信息技术同样为高校德育实践创新发展提供了广阔的空间，在实践的内容、方法、途径等方面的创新都将面临质的飞跃，从而为构建新的高校德育实践创新提供了可能。

第二节　互联网时代高校德育的背景与意义

一、互联网时代高校德育的背景分析

高校德育是人才培养体系的重要组成部分。高校德育工作旨在通过课程教学、实践活动、管理服务、校园文化等途径，有针对性地、有计划地对大学生进行政治、思想与道德等方面的教育和影响，从而端正学生的思想认识，培养学生的道德品质，提高学生的综合素质。多年来，高校德育工作形成了自身的宝贵经验和优良传统，同时也具有鲜明的时代感。随着社会的发展，高校德育的生态环境在不断变化，充分适应不同的时代境遇，解决不同的时代问题，保证高校德育工作实效性，不断地创新高校德育工作理念，优化工作方式，拓展工作手段，是高校德育工作不得不面对的时代课题。

（一）高校德育的信息化境遇

信息化、网络化是当今时代最突出的基本特征，也是自 20 世纪 90 年代以来，在世界范围内日益凸显的新现象。世界格局发展到当下，多极化的趋势、经济全球化的浪潮、信息化网络科技革命的迅猛发展，都把世界各国推向了一个更为广阔的世界舞台和重要的历史关口。信息化、网络化已经成为人们的日常工作和生活中不得不面对的现实巨变。

信息化是充分利用信息技术，开发利用信息资源，促进信息交流和知识共享，提高经济增长质量，推动经济社会发展转型的历史进程。随着信息技术的不断发展，信息网络全面普及，信息产业持续创新，信息化已然成为世界经济快速发展的重要基础。21 世纪以来，信息化对社会生活的影响更加深入，进而向全方位的社会变革演进。网络化是指利用通信技术和计算机技术，把分布在不同地点的计算机及各类电子终端设备互联起来，按照一定的网络协议相互通信，以达到所有用户都可以共享软件、硬件和数据资源的目的。

近年来，互联网已形成巨大的科技浪潮，它使计算机的实际效用得到极大的提高。互联网在商业、金融、管理、交通、教育等各行各业中，得到了广泛的使用，人们的衣食住行已经无法离开网络。信息化、网络化的境遇对我国社会各方面的发展都有着重大的、积

极的影响。

一方面，高校的德育环境已经发生了深刻改变。社会信息化、网络化的大发展，已经深刻改变了大学生思想品德形成和发展的外部条件。全球信息化和网络化的快速发展，为我国社会的高速发展带来了前所未有的机遇，但处在全球化的生存空间里，也必然要面对西方的政治、文化、价值观念的入侵。高校德育环境不再是处于一个相对封闭、稳定和同质的空间，科学技术的发展，为西方文化入侵提供了广阔的平台和空间，各种防不胜防的渗透方式，都对大学生产生着深刻的影响。如何充分利用好信息化、网络化带来的便利，又巧妙地防止高科技带来的负面影响，是高校德育工作无法回避的重点难题。

另一方面，大学生的行为特征也发生了深刻的改变。当今大学生方方面面的生活都已经离不开网络，他们的学习习惯、生活习惯等都已经对网络产生了极大的依赖。高校应积极地适应大学生的这种变化，主动地去改革和创新德育体系，提升高校德育效果。因此，信息化、网络化对高校德育的发展与创新提出了更高的要求。

（二）互联网时代的发展机遇

“互联网时代的到来使高校教学发生一系列变革，从教学资源跨越时间、空间实现共享，到教学方式以学生为主导，再到教学评价多元化和科学化，信息技术的应用已渗透到教学的各个层面。”[①] 在“互联网+教育”促进教育信息化，推进教育发展与创新的政策方针指引下，教育领域也正在积极地拥抱互联网。互联网的普惠、便捷、共享特性，已经渗透到教育领域的各方面。可以说，在这样一个时代，高校德育也迎来了新的发展机遇。

首先，互联网时代为高校德育资源的配置和整合提出了一道难题。随着互联网的不断发展，人们表现出对互联网影响教育生态圈的担忧，互联网海量的信息和知识来源，可能会不经过滤地都变成学生的自我储备。此时人们应该更多地看到互联网时代对高校德育带来的机遇。如何充分利用这些开放的、海量的教育资源，用先进的思想和理念对这些教育资源进行配置、整合、再加工，以培养学生正确的人生观、价值观，良好的道德品质和正确的思维方法，成为高校德育工作必须面对和攻克的一道难题。

其次，互联网时代为高校德育工作找到新的方法路径提供了无限可能。教育应该是最为保守的领域之一。在过去的很多年里，尽管在各级各类学校信息技术的推进已经开展了一轮又一轮，网络课程的建设也推进了一年又一年，但师生们的其他交互并没有发生实质

① 陈佳莉：《互联网时代高校教学的变革与对策探讨》，载《科学与信息化》2021年12期，第171页。

的变化。而互联网时代带来的是前所未有的革命性理念和技术，在这些新思维和新技术的支持下，社会各个领域、各行各业，都将自我颠覆、重构变革、转型进化。当然，对教育的冲击力度足以从根本上改变教育的生态环境。高校德育工作如何充分利用互联网时代的革命性技术，在更加开放的教育生态中，遵循学生的时代特点，找到适合的德育实践路径，是摆在高校德育工作者面前的一项时代课题。

最后，互联网时代将对高校德育工作的实效性进行一次真正的考验。“互联网+”的“+”不仅是技术上的，更是思维、理念、模式上的“+”，其中“以人为本”推动管理与服务模式创新是“+”的重要内容。当代大学生被称为“数字原生代”或“网络一代”，他们通过互联网进行学习、工作、聊天、交友、购物、娱乐和创业等，大学生在“互联网+”时代成长成才业已成为新常态。高校德育工作应当顺应这种新常态，必须靠近他们，在他们的世界里，找到自己创新发展的核心引擎，才能创造出德育工作的新业态。如何切合当代大学生的特点，充分将互联网时代新一代信息技术的优势与学生日常教育管理、学生事务服务工作、学生知识学习、学生能力素质培养进行有机的结合，实现互联网时代高校德育工作的创新发展，是不断提升大学生思想政治教育实效性的关键。

二、互联网时代高校德育的研究意义

（一）互联网时代高校德育研究的理论意义

（1）互联网时代高校德育研究将进一步丰富高校德育研究的内容。互联网时代高校德育研究在对“德育”“高校德育”概念进行界定的同时，对互联网视域下高校德育实践的发展历程进行梳理，总结互联网在我国发展的不同时期，互联网信息技术发展对高校德育实践的影响，归纳高校德育实践积极应对、不断发展的经验和启示。在此基础上，研究互联网时代对高校德育实践带来的新挑战，详细分析当下高校德育的创新重点和难点，确立高校“互联网+德育”深度融合、创新发展的总体目标和基本原则。

（2）互联网时代高校德育研究将进一步拓宽高校德育研究的领域。互联网是现代社会科技创新发展的最有代表性的成果之一，互联网的高速发展已经引领了人类社会划时代的变革，我国已将“互联网+”计划上升至国家战略，包括传统行业在内的各行各业都在利用互联网的平台，在新的领域创造一种新的生态。互联网时代高校德育研究结合互联网时代革命性的信息技术，将进一步拓宽高校德育实践的研究领域。

（二）互联网时代高校德育研究的实践意义

（1）互联网时代高校德育研究有利于进一步推动高校德育工作的创新发展。互联网时代将催生新的经济形态，而更重要的是带来思维的颠覆、组织的重构和管理的改进，使高等教育和高校德育发展迎来新的挑战和机遇。互联网时代高校德育研究，将详细研究互联网视域下高校德育实践的发展历程，总结互联网信息技术的发展对高校德育实践的影响，根据互联网背景下教育思想、教育内容、教育方法的变化，探索高校德育实践过程中新的内容建设、方法选择、载体构建等，进而推进高校德育实践的发展与创新。

（2）互联网时代高校德育研究将进一步增强高校德育工作的实效性。互联网时代高校不断改革和完善德育实践体系，是保障高校德育工作实效性的关键。研究互联网时代的核心信息技术，找到高校“互联网+德育”深入融合的切入点，为高校德育实践工作提供有效的理论和实践支撑，进一步增强高校德育实践的实效性，这是互联网时代高校德育研究的重要价值所在。

第三节　互联网时代高校德育的发展及启示

深入研究互联网视域下高校德育的发展历程，对于准确把握当前高校德育实践的现状及其成因，进一步明晰高校德育的重要意义，把握高校德育的规律，不断推进德育工作的创新发展，保证德育实效性有着重要意义。

一、互联网时代高校德育的发展历程

我国自接入互联网后，互联网便开始深刻地影响和推动着我国社会、经济、文化等各个领域的发展与变革。互联网自进入中国以来，凭借着科技的不断发展，一次又一次地改变着社会观念、经济形态、生活习惯等原本的秩序，深刻改变着青年学生的学习、生活方式和文化、价值观念，从而给高校德育工作带来了一轮又一轮的机遇和挑战。多年来，互联网不断创新的本质特征决定了几乎每年或者每几年都会出现颠覆性的技术革新，而面对互联网日新月异的变化，高校德育一直积极地调整和应对，深入地研究工作理论和方法，努力探索德育路径。伴随着互联网不同的发展时期，高校德育活动也展现出相对应的格局和面貌，根据国家对高校德育工作的指导方针和政策，按照互联网在我国高校发展和应用

的具体状况，以及高校德育对互联网发展变化的应对情况，互联网时代高校德育的发展历程可以分为四个重要阶段。

（一）敏锐认识与适应阶段（1994 年—1999 年）

互联网初入我国，受到互联网终端发展迟缓和经济因素的制约，起步阶段的发展缓慢，对高校德育的影响有限，但已得到了广泛关注和重视，部分高校开始尝试利用互联网开展德育工作。

20 世纪 90 年代初，互联网在中国悄然兴起，在互联网发展的早期，链接技术、数据分析技术、媒体传播环境等互联网技术都还处于起步阶段。尽管在互联网进入中国的最初一段时间，它并没有对高校德育实践产生较大的改变，然而，高校作为知识水平较高、求知欲望较强、教育资源最优的一块阵地，师生们对科技潮流的迅速反应，也让高校充分觉察到互联网即将对学生德育活动带来的影响。

（1）初识互联网，尝试和期待。1994 年 4 月初，中美科技合作联委会在美国华盛顿举行，会前，中国科学院副院长胡启恒代表中方向美国国家科学基金会（NSF）重申连入 Internet 的要求，并得到了认可。同年 4 月 20 日，NCFC 工程通过美国 Sprint 公司连入 Internet 的 64K 国际专线开通，实现了与 Internet 的全功能连接，从此中国被国际上正式承认为真正拥有全功能 Internet 的国家。此事标志着互联网正式进入中国，也被中国新闻界评为“1994 年中国十大科技新闻之一”，被国家年度统计公报列为中国“1994 年重大科技成就之一”。

互联网在高校的运用也处于刚刚起步的阶段，出于对新生事物的好奇和对新鲜知识的渴望，高校师生走在人们认识、学习和使用互联网的前列。在这一时期，我国高校的校园网建设刚刚起步，万维网技术（WWW）、文件传输协议（FTP）等技术是高校德育工作主要应用的工具。在这一阶段互联网既引起了高校师生的关注和兴趣，其发展初期的瓶颈也直接影响着师生对互联网的拥抱，广大师生在当时的条件下尝试着互联网便利的同时，更加期待着互联网技术的快速发展。

（2）敏锐认识，循序渐进。互联网的出现和快速发展，预示着其必将改变社会的发展态势，影响人们的生活和行为方式，而对高等教育以及高校德育工作的影响也是不可避免的。在互联网进入高校校园的初期，大多数高校连基本的网络硬件设备都刚刚起步，在这一时期，互联网对高校德育实践的传统模式没有产生较大影响。然而在这一阶段，从少数能够接触到互联网的学生的表现看，学生对互联网产生了浓厚的好奇、兴趣和喜爱，同时，学生对互联网的适应能力之强、速度之快，更提醒了高校德育工作者，互联网未来的发展，势必对高校德育实践带来极大的挑战。

（二）主动推进与探索阶段（2000 年—2003 年）

社会经济的发展和计算机技术的进步打破了互联网普及的瓶颈，互联网普及率爆发式增长，校园 BBS 网站风靡，高校德育实践主动搭建互联网工作平台，并开始探索互联网背景下高校德育实践的发展规律和工作方法。

进入 21 世纪，随着互联网经济的崛起，使其成为世界经济的重要组成部分，互联网信息技术作为重要的科学技术支撑，社会对其发展和应用提出了更高的要求。此时，互联网进入我国已经有几年的发展积淀，也积累有一定的群众基础，随着互联网信息技术的不断更新和发展，网络传播的速度、网络交互的功能都得到了较大的发展。

此外，随着我国社会经济发展水平的提升，互联网硬件建设大步向前，台式电脑、个人计算机普及程度提高，网民的数量快速增长，为互联网的广泛使用提供了坚实的基础。高校学生拥有台式电脑的数量爆发式增长，学生拥有了更多接触互联网的机会来满足他们的好奇和需求，互联网技术的发展，让网络的面貌比以往更加生动、更加亲和。在这一段时间，随着互联网浏览器的快速发展，门户网站爆发式发展，高校校园里的学生网站、校园 BBS 网站在学生中风靡一时。新兴的网络社交媒介以其虚拟性、开放性、交互性、自主性的优势，对学生产生了超乎寻常的、强烈的吸引力和影响力。这些网络科技的发展不仅开始大范围地影响着学生的学习和社交习惯，更加引起了高校德育的重视，全国高校开始主动探索互联网环境下学生德育的工作方法，通过校园主题网站建设、校园 BBS 网站管理等方式切实推进高校德育工作。

（1）拥抱互联网，校园 BBS 风靡。互联网浏览器的飞速发展让网络信息的浏览更加人性化，宣告了门户网站时代的到来。所谓“门户网站”，是指通向某类综合性互联网信息资源并提供有关信息服务的应用系统，世界著名的门户网站有谷歌、雅虎等，在中国最著名、创办较早的门户网站有众所周知的搜狐、腾讯、网易、新浪等。门户网站的发展不仅让高校学生有了更广阔的信息获取方式，也让学生能够找到在互联网上遨游的乐趣，而在这一时期，促使高校学生拥抱互联网的最主要的原因来自网络技术提供了虚拟性、交互、自主性更强的社交平台。

（2）主动探索，针对推进。进入 21 世纪，高校学生宿舍电话、台式电脑已经普及，随着移动通信技术的发展，手机也逐渐走入学生群体，这些进步和技术都拉近了学生之间的距离，增进了学生之间的交流。而这一阶段互联网技术的发展才真正使高校学生的学习、生活状态开始发生改变。互联网更加便捷和人性化的发展，让学生对互联网开始产生好感和依赖，生活重心自然慢慢向互联网开始转移。国家及时地洞察到互联网快速发展给学生群体带来的影响和变化，通过制定相关的政策加强高校对互联网视域下德育的重视。高校根据时下学生的具体特点有针对性地推进德育工作，并积极探索互联网环境下高校德育的相关理论和方法，为主动开展德育工作提供有力的理论支撑和方法指导。

在这一阶段，高校德育工作者开始注重对互联网德育工作开展探索和研究。鉴于互联网发展初期对整个高校德育体系的影响有限，这一时期理论研究和探索主要集中在互联网给高校德育实践带来的负面影响方面，而在此基础上所提出的应对策略也主要围绕“防、堵、管”展开，着重从加强对学生网络行为的监管、防止不良信息的传播、营造良好的网络环境、对学生进行正面教育和引导等方面开展高校德育工作。

（三）全面运用与研究阶段（2004 年—2010 年）

互联网全面普及，对高校师生学习、生活的影响向纵深发展，互联网虚拟性、交互性、人性化的优势备受追捧，高校全面运用互联网媒介开展德育实践工作，并开始深入研究互联网背景下高校德育体系的构建。

2004 年起，互联网在中国社会已经建立了较为深厚而广泛的用户基础。互联网技术的持续飞速发展，为人们更加便利地使用互联网创造了无限的条件。学生上网习惯的养成，也催生了互联网行业的井喷式发展，以学生网民群体为基础的电子商务、网络游戏、信息资讯、交友平台、音视频网站等，在这一时期开始表现出强劲的发展势头。在互联网和用户互动的推动下，人们发现互联网开始真正地改变着社会生活的方方面面，高校学生的学习、生活状态也开始发生翻天覆地的变化。此时，高校德育实践不得不面对互联网对德育内容、手段、载体、阵地等全过程所带来的挑战，开始全面推进德育实践进网络，重点研究互联网环境下学生的行为特点、信息传播的特点以及网络德育实践的对策。

（1）迷失互联网，危机引关注。

互联网的大踏步发展，使高校学子的需求在越来越开放和丰富的互联网世界可以得到充分的满足。互联网的开放性特征彻底激活了学生的网络生活，互联网尊重人性的特征表露无遗。高校学子的互联网生存空间远远超出了校园网的范围，越来越难以掌控。学生对互联网的痴迷超出了正常的范围。

（2）全面介入，重点研究。

首先，加强互联网德育阵地建设。在这一时期，高校已经充分意识到互联网的发展对高校内外部环境以及师生的影响，注意到互联网对于学生德育发展的重要作用。面对互联网多元化的信息干扰，网站建设被认为是网络德育工作中最主要的阵地。高校校园网的建设和使用更加成熟，使网站的校园综合服务功能也得到了充分的发展，从此高校开始全面规划和主动建设面向师生有一定的影响力和号召力的主题网站，包括学校的主页、理论学习网站、新闻宣传网站、学生工作网站、学生群体的网站等在内的各类主题教育网站得到快速发展。网站建设不仅注重理论学习和教育宣传功能的实现，还拓展了信息发布、综合服务等功能，进而加强了主流网络媒体的关注度和吸引力，权威、真实、及时、有效的信息发布和服务满足了互联网环境下学生的成长需求，增强了学生对主流网站的认同感和归属感。正确的价值观念和健康向上的思想文化成为网络信息资源构建的主要组成部分，高校逐步打开了用主流的教育资源信息占领网络阵地的局面。

其次，拓展高校德育实践途径。互联网迅速进入学生学习、生活的每一个角落，不仅改变了学生的生活和行为方式，也让高校德育工作意识到了机遇和挑战。对于互联网利用所占比重越来越大的学生群体，高校德育坚持在多元化网络环境中争取主导地位的目标和原则，积极利用互联网的优势，将现实中的德育实践活动转移和延伸到互联网空间，不断拓展高校德育实践的途径。这一时期，高校的校园办公、教务教学、课程管理、就业指导、心理咨询等工作纷纷实现了网络化办公，而且师生都使用个性化的用户身份从信息门户登录互联网，完成自己的校园学习、工作和生活。随着高校信息化教学的推进，高校德育课程也开始尝试开发网络教学资源，通过网络在线学习增加德育实践的覆盖率和有效性。高校网络思想政治教育的概念被频繁地提及，高校不仅要求德育工作者建立博客、主页等个人网络德育平台，而且号召德育实践活动积极地深入学生网络社区、论坛，多途径推进互联网德育实践工作。

最后，重点研究互联网德育实践体系的构建。从 2004 年开始，随着互联网不断向高校生活纵深发展，师生的学习、生活越来越离不开互联网，此时高校德育工作者已经发现互联网对于学生学习、生活行为的改变是不可阻挡的，加强对互联网环境下高校德育实践的研究刻不容缓。高校开始深入地、有重点地对互联网环境下高校德育实践进行研究，这一时期相关的理论著作、学位论文、科研项目等研究成果层出不穷，主要集中在以下几方面：高校构建互联网德育实践体系的路径研究；互联网环境下高校学生行为方式发生的主要变化以及原因和对策分析；把握互联网环境下高校德育的基本规律；分析高校教育、管理等德育载体融入学生互联网生活的路径；如何提高网络德育实践活动的实效性等。

（四）思维驱动与创新阶段（2011 年至今）

移动互联网信息技术飞速发展，智慧校园时代正式开启，“互联网+”计划上升至国家战略高度，互联网生活成为人们生活中不可或缺的部分，互联网思维驱动高校德育实践创新发展。

移动互联网将移动通信和互联网二者结合起来成为一体，是互联网的技术、平台、商业模式和应用与移动通信技术结合并实践的活动的总称。随着移动通信网络环境的不断完善以及智能手机的进一步普及，移动互联网应用向用户各类生活需求深入渗透。至此，高校学生的互联网生活变得无处不在、无时不在，学生的互联网生活以一种全新的面貌出现，高校德育实践面临着新的机遇和挑战。

（1）智慧校园开启，“互联网+”到来。随着互联网技术的不断发展和人们对网络应用的不断探索，智能手机作为移动互联网终端能实现的功能越来越多，学生报到注册可以通过手机上网完成，选宿舍、选课、课程学习、查询成绩、申报奖助学金、评优评先、学年小结等越来越多的校园教育和管理环节都能通过手机客户端实现。

“互联网+”是一个综合概念，是未来中国经济和社会发展的重要引擎。在这一行动计划的指引下，我国各行各业都开始了跨界融合、驱动创新，各行各业都利用互联网的优势对自身的业态进行再造，互联网能够实现的功能和内容越来越丰富。与此同时，高校学生除了校园内的学习行为外，同样可以利用智能手机进行网上购物、移动支付、电子阅读、信息检索、生活服务、社交活动等生活行为。至此，高校学生的学习、生活、社交、娱乐等全部活动都可以通过智能手机来实现，学生的智慧校园生活正式开启，其对互联网的依赖也达到了前所未有的程度。

（2）紧跟时代，驱动创新。随着互联网时代的到来，思维的转变和技术的进步永远不会停止步伐，反而会以更快的更新速度向前推进。所以，新的时代，高校德育必须紧跟时代的步伐，准确把握高校学生学习、生活等各方面的新特征和新变化，遵循高等教育的基本规律，不断利用互联网时代思维理念和科学技术的优势，切实推进自身的发展与创新，才能获得满意的德育效果。

二、互联网时代高校德育的启示

高校德育实践始终是做人的工作，最突出的是人的理想信念、道德品质的教育工作。

随着社会的发展和时代的变迁，不同的历史阶段有着不同的社会外部环境，社会成员的自身特点和精神面貌也不尽相同，高校德育工作也有着不同的特征和使命。“互联网的应用是高校课堂建设的重要视角，映射了新时代学科发展的现实所需，是推动学科建设的发展之基和应有之义，为互联网时代的高校课堂的发展注入了不竭动力。”① 高校德育实践的创新发展必须彰显时代性，充分把握德育工作的新内容、新规律和新方法，针对高校学生的新特点，重点解决新时代的德育实践难题，抓住时代的新优势创造性地发展德育实践活动，引领时代发展的潮流。

（一）把握时代的规律性

互联网的高速发展不仅推进了社会的快速发展，而且颠覆性地改变了人们的生产和生活方式，高校德育实践恰恰是做人的教育和引导的工作，德育实践活动从来都是强调学生的主体性地位，对学生自身的特点和发展规律的把握，从根本上决定着德育实践工作的成功与否。互联网的革新推动社会经济纵深发展，伴随而来的是为学生更具独立性和多元化的生活方式提供了土壤和现实条件，高校德育的发展必须始终紧跟时代的步伐，密切关注新的时代背景下学生的发展变化，洞察和把握学生的学习、生活、工作和思维等方面的新变化和新规律。特别是在互联网时代的信息技术和新媒体技术空前发达的环境下，教育者与受教育者对教育资源的获取渠道日渐统一，师生的话语地位、主客体身份以及对教育资源的占有格局日渐对等，教育资源的形态日新月异。高校德育发展只有准确把握了这些新规律和新变化，才能够找到符合时代要求的方法和路径，不断增强德育工作的科学性和有效性。

（二）注重时代的针对性

通过对互联网时代高校德育发展历程的梳理可以发现，高校德育的发展是具有鲜明的时代特征的，归根到底是因为高校德育在每个历史发展时期都有着不同的时代难题。

高校德育的创新发展必须有针对性地解答德育工作所面临的这些时代难题，这是高校德育发展的现实性问题，也是重点的课题。高校德育发展必须在把握时代发展的新变化和新规律的基础上，根据德育主体、德育内容、德育载体和德育模式等德育实践体系所面临的难点和难题，有针对性地进行符合时代要求的优化与创新，以满足时代的发展需求。例

① 郝佳婧：《互联网时代高校课堂的理性审视与现实出路——以思想政治理论课为例》，载《三门峡职业技术学院学报》2021 年第 20 期，第 65 页。

如，随着互联网的发展，德育实践的路径不断变化，高校德育实践创新就应该围绕新的实践环境，不断拓展德育实践新路径；互联网环境的虚拟性和隐匿性容易使学生产生诚信缺失、自律性和责任感不强等问题，高校德育实践创新发展应该重点研究培养学生的责任感、诚信等道德品质，不断提高学生的道德认知能力等；互联网的开放性和多元化容易让学生出现理想信念不坚定等问题，高校德育实践创新发展应该有针对性地着重加强网络监控体系建设和主流舆论阵地建设。

总之，在互联网发展的过程中找准并解决高校德育工作中的新问题和新痛点，是提高高校德育实效性的关键。

（三）富有时代的创造性

尽管互联网进入我国的时间相对较晚，但凭借我国国民经济与政府体制的改革成果驱动，互联网在我国的发展已经显露出巨大的潜力。纵观互联网在我国的发展历史，可以看到我国社会的各个行业、领域和生活的方方面面逐步打上了深深的互联网烙印，这已成为我国社会发展的时代潮流和趋势，各个行业和领域都已经充分正视了这一潮流和趋势，开始不断探索和研究，试图找到新的驱动力和增长点。

高等学府作为国家高层次人才培养和科学研究的主阵地，更应该站在时代潮流的最前列，富有创造性和创新性地找到引领时代潮流的发展机遇，不断提升人才培养质量，为中国梦的实现做出贡献。在互联网视域下高校德育实践的发展历程中，德育工作不断“因事而化、因时而进、因势而新”地创新发展，既保持了德育实践的实效性，也对高校德育发展给出了启示。高校德育发展始终要明确自身使命感，站在引领时代发展潮流的最前列，勇于尝试和接受互联网发展带来的各种新思维和新技术，善于从中找到可以与高校德育活动相融合的切入点，不断提高德育与时代发展的契合度，积极开展德育创新研究，使互联网的发展对高校德育创新发展的作用由“黑马”变成“骏马”，这样才能充分体现出高校德育的发展智慧，让高校德育在社会快速发展和变迁的时代永葆其创新性和创造性。

第二章 高校德育的体系研究

第一节 高校德育的本质与功能

一、高校德育的本质

“本”即“根本”，“质”即“特质”“特性”，故此，“本质”就是指事物“根本的特性”或“根本特质”。“本质”是此事物之所以为此事物，而非他事物的根本原因之所在，是一个事物存在的标志性特征，它决定着该事物的存在与发展。

本质必须寄托于现象来存在，而现象是多姿多彩的，研究者审视现象的角度、视野决定着他们对事物本质的认识结果。本质是在事物、现象的背后隐身而存的，是任何一种感觉器官都无法直接触及的。本质只能诉诸理性，借助于人的抽象思维和语言来提取。事物的本质是研究者从自己的认识角度抽象、思考的结果。在德育本质研究上也是如此，它是各种德育本质观产生的根源所在。高校德育本质就是教导学生对于善与义务能知又能行等。这都是从不同角度来认识德育本质的结果，它们之间是互补的关系，而非绝对的对立关系。

（一）高校德育本质的核心要义

德育本质是一种以道德学习者为主体，以体验、实践、理解为途径，以创造更美好、更道德生活为目的，以德育工作者与德育环境为依托的价值学习或价值自主建构过程。主要从以下方面来阐述高校德育本质的核心要义：

1. 德育是一种价值学习的活动

德育即“道德教育”，这是传统意义上的理解，它关注的是教育者向受教育者施加的道德影响，在这一过程中，道德学习者更多处于被动地位，在现代德育中，德育的本质含义不是“教育”，而是“学习”，即“道德学习”，而道德的最内核要素是人的价值观，故道德学习的根本含义是价值观学习，现代德育即“价值观学习”或“价值学习”的代名词。“价值学习”不同于“知识学习”“技能学习”。

“知识学习”主要改变的是人的认识、观念，改变的手段是人类积累、占有的知识信息资源；“技能学习”主要改变的是人的动作方式，改变的手段是教育者掌握的动作经验与技巧；“价值学习”主要改变的是人的处事态度、人生信念与道德理解，改变的手段主要是道德体验、道德示范、道德实践等，反复性、长期性、内在性是这一转变的重要特征。

总而言之，人在世界上的主要活动有三种：认识活动、实践活动与价值活动，分别对应人的三种官能：大脑活动、身体活动与精神活动，道德学习显然主要指涉的是第三种活动领域，价值学习是现代德育的根本内涵。

2. 德育引领生活方式上的改变

现代高校德育的目的不只是要让道德学习者信守道德规范、伦理法则，做一个社会意义上的“规矩人”，更要引导他们在道德理想、道德信念指导下，积极突破现有的生活方式或“活法”，过上一种更为自觉、道德的生活。道德教育的意义更多集中在道德理想指导下的可能生活。换言之，现代道德教育的目的是要让道德学习者更加自觉、自主、自由地应对现实生活，去追求更高境界的道德生活方式，去追求一种更加幸福、公正、美好的生活方式。这种价值引导是现代德育的根本特征。

人们生活在世界上，就必然会选择一种生活方式，每种生活方式的内核或枢纽都是一种价值观念、理想信念，它决定着人的生活的各方面；一旦人的价值观被改变，他的整个生活世界、生活面貌、生活细节都可能因此而发生系统性改观。所以，重塑人的价值观，帮助他选择一种更加有意义的价值观，是改变人的现实生活宇宙的重要切入点。其实，适应现实生活只是道德学习者融入身边世界的前提，促使他们超越现实生活，建构一种更为理想的生活方式，才是道德学习者的能动性所在。现代德育正是借助对学习者道德理想、生活理想的引领来整体改变他们的生活方式与人生轨迹。

3. 德育以道德的学习者为主体

在现代德育中，学习者是不可辩驳的德育主体或价值学习主体，充分发挥他们的主体性地位是德育活动顺利展开、顺畅发生的前提条件，这是由德育过程的内在矛盾决定的。在现代高校德育中，德育工作者与学生的矛盾、学生的现实道德生活与（新价值观统领下的）理想道德生活的矛盾是德育过程中的特殊矛盾，它们的运动方式建构着高校德育活动的特性。相比而言，前一矛盾是所有教育活动的共有矛盾在德育活动中的再现，而后一矛盾才是学生道德品质建构过程中的核心矛盾。重视前一矛盾是对德育活动之教育性的肯定，而重视后一矛盾则是对德育过程之发展性的肯定。

高校德育活动是一项既具有教育性又具有发展性，既能主动引导学生价值观的建构又能充分发挥学生参与道德活动、发展道德素养的主体性的活动。通过这一活动，学生在价值引导与自主建构中实现了道德的发展。同时，这两大矛盾之间是具有内在联系的：前者决定了学生道德生活的建构和价值观的形成不能离开德育工作者的引导，而后者决定了德育工作者对学生的价值观引导必须立足于学生自觉、自主建构其价值观的主观能动性之上。确立并尊重学生在德育过程中的主体性，让所有学生成为德育活动的主人，让发展道德成为学生自己的事是现代德育的基本特征。

同时，现代高校德育强调：价值学习必须是学习者亲历、亲为、亲身的参与过程，是其他人难以代劳、代理的。道德学习者是德育的主体，他们的亲身实践、切身体验、自我理解、全身参与是价值学习生效的必经之途。换个角度来看，现代高校德育的本质是学习者的价值观学习与建构活动。帮助学生建构自我认同、社会倡导的价值观，引导其过上一种有价值、有意义的道德生活，磨砺他们参与道德生活的精神操守，形成处理道德问题的原则智慧，从而超越那种不道德的、无意义的、平庸的生活。

显然，这正是现代高校德育影响学生发展的独特方式。所谓“价值观”，就是支撑一个人生活的基本信念，它决定着人的一切行为的基本取向，决定着人以怎样的心态去创造自己的生活。因而，价值观是学生精神世界的中枢，价值观的变革是学生走向理想道德生活，实现人生意义的直接切入点。与其他教育形态相比，德育影响学生发展的主要手段不是思维改造、情感感化、行为规范、知识授受、肉体训练、艺术欣赏、技能模仿（尽管它们对学生价值观的形成会产生间接的或辅助性的影响），而是借助学习者亲身的道德实践体验、反思讨论活动来引导他们积极价值观的建构和道德理想的形成。故此，价值学习的特殊性就决定了现代高校德育尤为关注学习者自我参与、心灵体验、价值自省的德育活动，并使德育效能的提升立足于这亲身性的道德学习活动之上。

4. 德育环境辅助学生价值构建

现代德育离不开道德学习环境的参与与辅助，德育环境建构是辅助学生价值建构的必需媒介。所谓环境，就是人周围的一切人、事、物等构成的要素综合体。德育环境由一切参与学习者价值建构的要素构成，如学校文化、课堂氛围、师生关系、社会背景等，它们构成了学生价值学习的外围条件与信息传递媒介。

在德育环境中，德育工作者始终处于主导、统领地位，他们正是通过对德育环境的设计、控制、干预将德育影响传递给学习者。从某种意义上看，道德知识具有不可直接传递性，唯一能够传递的方式就是将之“搭载”到德育环境之中来传递，德育工作者正是通过控制德育环境来促进学习者的价值建构的。在现代德育中，师生关系是影响学习者价值建构的最重要环境。另外，现代德育活动的“三要素”——德育工作者、学生与理想道德生活之间构成了一种网状结构与多向互动。这一特殊的结构决定了现代德育活动的独特性在于：德育工作者与学生之间是主体间关系、交往性关系、互主体性关系、对话协商式关系，而非主客体关系、训导性关系、单向性关系等。因此，理想的道德生活是师生共同参与、共同经营、共同建构的结果，而非提前由德育工作者所规定好了的，由德育课程文本、德育教科书限定死了的。在德育活动中，师生携手共创理想的道德学习环境，为学习者的价值建构提供一种科学、健康、有效的心理环境与社会环境支持。

（二）高校德育本质的主要特性

高校德育的本质在于它是一种建构人生意义的精神实践。就其具体存在方式而言，它是以建构人的价值观为独特方式的，以教育性和发展性间的矛盾为主要矛盾的，以德育工作者、学生与理想道德生活之间的网络状互动关系为独特结构的。高校德育的本质就在于它是一项德育工作者与学生共同围绕学生价值观建构这一中心而展开德育活动、创建理想道德生活的一种精神实践与价值学习活动。显然，这正是高校德育的特性所在。具体而言，这一“特性”体现为以下三方面：

1. 德育是一项精神实践活动

实践是实现人与世界相互沟通、相互关联的重要方式，是人类实现生存、发展的基本形式。在这里，“世界”有两种形态，即存在于人身体之外的客观世界和存在于人身体之内的主观世界。在人与自然界之间展开的实践就是生产实践，维系这一实践进行的桥梁就是知识；在人与自己的主观世界之间展开的实践就是精神实践，维系这一实践进行的桥梁就是道德。

因此，将生产实践与精神实践区分开来的东西，就是它们所凭依的媒介的差异。知识的交流不同于精神的交流：知识的交流是信息的共享，是人类认识成果的相互“告知”和积累，而精神的交流则是人类相互间的理解和沟通，是对人生体悟的相互分享；知识交流追求的是真知灼见，而精神交流追求的是心灵的寄托和归属。所以，认识实践给人开阔的是一种认识的视野和眼界，而精神实践给人开拓的是一种精神的境界。

精神实践是人类的一种独特实践，它主要承担的是为人提供一种生存的价值和意义，从而解决人在精神方面所遇到的困惑和问题的任务。所谓“可能生活”就是指，如果一种生活是人类行动能力所能够实现的，那么，就是一种可能生活。显然，这种生活是在各种意义的支撑下展开的，生活的本身就是向多种“可能生活”敞开着，生活的意义在于创造性去生活并创造可能生活。因此，人类生活的一个根本向度就是意义，就是价值，就是精神。人首先是生存在精神实践之中，然后才生活在现实生活之中。人怎样按照一种有意义的方式来“过”这种“可能生活”就属于人的精神实践范畴。

德育是一项精神实践活动，它是人为解决生活中所遇到的有关人生价值、意义的困惑而必须参与的一种实践活动。在高校德育活动中，德育工作者通过和学生之间开展活动、参与讨论、交流人生体验等形式来形成学生对生活意义的看法，形成自己对道德关系的理解，从而引导学生不断向理想的道德生活前进。通过师生间的共同实践活动、交流活动来引导学生学会用一颗善良的心去对待周围的世界，学会用道德的方式来安排自己的生活，提高自己人生的价值，让自己过上一种幸福的生活，这是“德育”这种精神实践活动必须完成的一项重要任务。

可见，精神实践活动的独特性在于它是为净化人的灵魂、提升人生活的价值而服务的。德育作为一种精神实践活动，其意义就在于引导学生理解生活，帮助他们形成生活的意义、价值。这正是所有德育活动的共同特性之一。总而言之，德育就是一种以帮助学生形成生活的意义和价值为使命的精神实践活动。

2. 德育以个体的价值观为核心

人不仅按照物的尺度来认识世界，还按照自身的尺度来认识世界，这一尺度就是价值的尺度。高校德育不仅是一种在师生间展开的一般精神实践活动，它还是一种以对学生价值观的建构为内核的特定精神实践活动。帮助学生形成一种具有时代合理性的价值观，为他们提供处理生活问题的价值尺度，是德育实践影响学生发展的独特方式。

价值一般而言有三种不同观点：一是指客体的有用性，这种价值是客观的、绝对的；二是指客体相对于主体而言的需要性，这种价值是主观的、相对的，当主体需要某物时，该物对于主体而言就具有价值；反之，则无法构成价值；三是事物的存在对于其他事物产生的影响和意义。

德育实践所讨论的“价值”主要是第三种意义上的价值，即一个人活着对其他人所产生的意义，也就是生命存在的意义。每个生命有多种存在的方式，对它而言，这种存在方式就是生活。生活不仅是人的一种“生命活动”，而且是一种追求“生活意义最大化的活动”，这就是对生活方式的选择问题，就是人的生活价值的问题。简而言之，每个人的价值都有两种：一是他作为一个有机体的生命本身存在的价值。如一个人活着能够劳动，能够生产一定的物品等；二是人的生活方式所创造的价值，如有的人按照先人后己的原则生活，有的人按照自己的原则生活，等等。这些不同的活法创造的人生价值是不同的。

当一个人生活在世上感觉到社会、周围人需要自己时，其生活的价值就会产生；反之，当他生活在世上感觉不被人需要时，其生活的价值就是微不足道的。因此，通过引导学生形成一种善待他人、关爱社会、呵护自然的价值观，进而让他们体验到一种被人需要的感觉，帮助他们过上一种幸福的生活，就是德育工作者的使命所在。要帮助学生形成这种价值观，高校德育工作者就有必要从三个角度进行努力，具体如下：

第一，让学生在生活中形成一种合理的价值判断标准。生活中，学生常常会遇到许多有关价值判断的问题，这时高校德育工作者应该引导学生去主动形成相应的价值判断标准，以促进这些道德问题的解决，让学生的道德获得健康发展。可见，这些价值标准就是建构学生生活意义的基石，就是引导学生走向道德生活的一个路标。

第二，让学生在关怀周围世界中建构自己的价值观。人的价值观是在生活实践中形成的，是在日常生活中渐次形成的。在高校德育活动中，德育工作者通过引导学生去关怀他人、关怀自然、关怀社会，让他们去体悟这种生活方式的意义所在。

第三，在和学生对话、交流中开展价值观的“协商”活动。在高校德育活动中，德育工作者帮助学生建构价值观的常见方法就是对话和交流。这种对话的方式是多样的，如围绕一个具体道德实践问题的对话，在课堂上展开的道德对话，围绕德育课程文本展开的对话，在日常生活中展开的道德对话，等等。通过对话不仅可以引起学生对自己当前价值标准的反省，更加清晰地认清自己的价值观及其利弊，还可以激起他们对他人价值观中的那些合理成分的向往和追求，促使他们不断超越自己现有的价值观，使自己生活得更有意义。

可见，德育工作者与学生一起围绕个体价值观的建构而开展各项德育活动，展开道德对话，参与各种道德实践就是德育活动的独特实现方式。所以，德育活动不是一项一般的精神实践活动，而是以建构学生的价值观为主要内容的精神实践活动。这一活动的进行必然为学生过上一种有意义的生活、一种道德的生活奠定坚实的基础。

3. 德育在道德理想引导下展开

德育活动从属于教育活动，但又不同于一般的教育活动，这种不同体现在它是一种以高于学生现实道德发展水平的道德理想来引导学生发展的，而非用高深的知识、理论、技能来指引学生的发展。在德育中，学生追求的是一种理想的道德生活，是试图超越其当前的道德生活。因此，道德教育只能是按照某种超越于现实的道德理想去塑造与培养人，促使人去追求一种理想的精神境界和行为方式，以实现对现实的否定。道德理想不同于知识、技能，人的知识技能的形成是一个人以其认知结构来消化、理解新问题的过程，相比而言，人的道德理想的形成远比此复杂得多。在这个过程中，可能会有曲折、有反复，甚至还会出现倒退到原来水平的可能。因为一种道德理想要为学生所认同、接受，并将其转化为一个指导自己价值观建构的指针，必然需要一个漫长的过程。

人的道德水平的提高就是一个在道德理想的指引下进行的价值观建构活动，道德理想的存在使人的道德生活不断从一个水平迈向另一个水平。在德育过程中，高校德育工作者的任务就是引导学生树立起一种更为高尚的道德理想，然后帮助学生在道德理想的指引下展开价值建构的活动。德育活动的一个重要特征就在于它具有明确的方向性，而这个方向性正是通过道德理想的形成来实现的。德育工作者引领学生道德发展的直接方式就是通过对学生道德理想的引导来实现的，价值观的建构正是在道德理想的指引下完成的。换言之，道德理想保证学生价值观的建构能够沿着健康的方向发展。

人的道德生活总是具有两面性的，实然的、现实的道德生活与应然的、理想的道德生活并存。德育的着眼点是人的理想的、应然的道德生活，这一生活的轴心就是道德理想。正是因为有了道德理想的存在，才使所有德育活动成了一种具有鲜明方向性和使命感的教育活动。道德理想的存在使人超越了凡俗的生活，进而过上一种高尚的道德生活。从某种意义上而言，德育的根本特征就在于它具有超越性，这种超越性主要体现在德育工作者引导学生所要建构的价值、意义是高于学生的现实生活的。

另外，德育给学生精神面貌所带来的不是一般的变化，而是一种发展，即一种在德育理想引导下的由低级迈向高级的变化。德育就是对学生的价值观进行的活动，就是要让学生自由地去选择价值观的那些德育观（如西方德育理论流派中的“价值澄清”派），实际上就抑制了德育活动的本性——方向性。所谓“德育”，首先就在于它是一种“教育”，是一种对人的引导。显然，就如同没有“教育性”的教学一样，无道德理想引导的价值观建构活动根本就谈不上是一种德育，充其量只能算是一种日常道德生活而已。

同时，人的道德理想一般涉及个人生活和公共生活两方面。在德育中，德育工作者既要引导学生将幸福视为在个人生活中追求的目标，又要将正义视为其在公共生活中追求的目标。可见，对学生道德理想的引导应该坚持从这两个方向着手。只有这样，德育才能够为学生个人的幸福和整个社会的和谐产生积极的影响，德育活动也才有可能成为一项有价值的实践活动。

二、高校德育的功能

所谓“功能”，就是指有特定结构的事物或系统在内部和外部的联系与关系中表现出来的特性和能力，它反映的就是事物之间相互影响、相互作用的一种关系。推而广之，所谓德育的功能，就是德育活动对与之相关事物所产生的种种影响或作用。道德是人类所有生活的一个重要维度，德育自然要涉及社会生活的各方面和层面，因此，高校德育会经由影响学生发展这一途径将其功能波及社会生活的各方面。

（一）德育的社会性功能

所谓德育的社会性功能，就是指德育对社会发展的性质和水平所产生的影响或作用。社会是一个有机体，它涉及政治、经济、文化等各个方面，社会发展就是其政治、经济、文化等方面的统一发展。在这些方面的发展中，德育发挥着重要功能，从而分别构成了德育的政治功能、经济功能和文化功能。在当代，德育在构建和谐的社会关系、民主的政治体制、转变经济增长的方式、发展先进的文化形态等方面发挥着愈来愈重要的功能。在此，我们将主要从政治、经济和文化三方面来阐明德育的这些社会性功能。

1. 政治功能

德育的政治功能主要体现在以下四方面：

（1）实现政治关系的再生产。社会的延续首先体现在其特定政治关系的再生产或再制上。德育对社会政治关系的再制一般是通过两种方式来实现的：首先，实现受教育者的政治社会化。在德育中，教育者通过开展一定的德育活动能让学生认识到自己所处的政治地位、政治角色，明确自己的政治形象、政治权利、政治义务。其次，培养受教育者的自觉意识。不仅要通过培养每个成员的意识来实现，还要通过培养他们自觉维护自身利益的意识来实现。

（2）社会政治意识的传播与发展。所谓政治意识，就是指各个社会阶层所提出的不同政治主张，就其内容而言，它包括各种各样的思想理论、政治舆论等。高校德育是宣传、发展这些政治意识的一个重要平台，并在此方面发挥着重要功能。这主要表现在以下两方面：

第一，传播一定的政治理论、政治主张。

第二，生产出新的政治理论和舆论。在学校，尤其是高等学校，在对学生进行德育的同时也在生产、创新着政治理论，高等学校是社会政治理论生产、创新的阵地。大批学者、研究者在对古今中外政治思想进行反思、比较、借鉴的基础上形成一种更具有时代合理性，更合乎自己国情的政治理论。显然，将这些政治理论付诸实践后，能够加速社会政治民主化的进程，从而使社会政治生活的面貌焕然一新。

（3）政治机构的充实与更新。政治机构是一个国家政治制度的重要组成部分，政治机构成员的素质是影响一个国家政治制度建设方向的能动因素，高校德育的作用可以通过对这些人员素质的影响来实现。学校是培养政治人才的摇篮，高校德育的目标、所传播的价值观念是影响国家政治结构工作人员价值取向的重要因素。学校可以培养出一批具有正义、公平、民主、进取等道德品质的人，进而为国家政治机构准备人才。同时，当一个国家重视德育，其国民的整体道德水平就得以提高，随之，对国家政治机构人员的道德素质水平的期待也会提高，从而间接地推动着国家政治机构对工作人员的选择、工作方式的改进，高校德育的政治功能由此而得以实现。

（4）引导学习者的政治行为。高校德育影响政治活动的直接方式就是对受教育者的政治行为进行行动取向上的引导，这种引导一般是通过以下两种方式来体现的：

第一，将国家政治生活的目标转化为学校的德育目标。在特定时期，一个国家的政治目标往往对各项社会生活发挥着全局性的导向功能，其中自然也包括学校的德育活动。

第二，培养受教育者的参政意识和参政能力。一个国家公民的道德修养水平越高，其对公平、公正的政治生活的追求就越强烈。高校德育通过启蒙学生对理想政治生活的追求，鼓舞他们树立“为民请命”的道德理想来培养他们的参政意识。实际上，参与政治生活的各种行为规范与一个社会的道德规范是相通的。高校德育在教给学生一定的道德规范的同时也就培养了他们处理政治问题、参与政治生活的方式和能力，提高着他们的政治活动能力。

可见，德育具有政治功能是显而易见的。

2. 经济功能

经济的发展是靠人来实现的，而人的主观能动性、创造性、劳动热情、工作态度等是制约社会劳动生产率的关键要素，德育的经济功能表现在它对人的劳动态度、经济意识、工作热情、参与经济生活、引导人们的消费需要与消费方式等方面的影响上。具体而言，德育对经济发展的促进功能主要通过以下三方面来体现：

（1）德育在生产领域的功能。德育既通过培养劳动者的思想道德品质来提高“人”本身这一“生产力”，又通过作用于生产技术来提高该社会的“直接生产力”。

一方面，人是生产力中能动的因素，德育对生产力的影响是通过影响劳动者的生产积极性、劳动能力应用方向及其发挥程度来实现的。德育能够培养人遵守一定的经济秩序，从而减少消耗，提高生产效率。在现代经济生活中，劳动力是一个关键因素。经济生活的顺利进行不仅需要劳动者具有一定的生产劳动能力，还要求他们具备一定的行为约束能力，如诚实守信、遵守经济活动规范和职业道德等。显然，这些能力必须通过高校德育来培育。在德育活动中，当学生具备一定的价值观念、道德规范、集体意识时，他们就会自觉约束他与周围人之间的相互关系，从而减少生产中的交易消耗和其他费用，增进生产效益。所以，德育是经济活动健康发展的必要前提，是决定人的劳动能力运用方向的重要因素。德育能够培养学生热爱生产、热爱劳动、尊重劳动成果的道德素养，不断调动他们将来在参与经济生产中的劳动积极性。同时，人本身就是生产力中最重要的一个构成要素，人的主观能动性对社会生产来说具有重要意义。一般而言，生产效率是与参与生产活动的劳动者的劳动积极性、劳动热情和创造精神成正比的，而道德教育的重要任务之一就是培养人的这种积极性和劳动热情。如果德育活动组织得法，作为未来经济生活的主力军——学生就可能从中受到熏陶，并对生产活动产生积极、浓厚的情感，就会把积极参加劳动、创造性地进行劳动、获得卓著的劳动成果当作实现自己人生价值的有效途径。当学生步入社会之后，他们就会积极投身于国家的各行各业中去，努力创造各种业绩，最大限度地为经济建设贡献力量。

另一方面，德育还通过影响一个时代的主流精神、价值观念等，进而对科学技术的发展产生促进或阻碍作用。

（2）德育在经济形态领域的功能。高校德育通过各种途径影响着一个国家经济基础的稳定与巩固。一方面，“经济是政治的集中体现”，高校德育通过其政治功能的发挥直接干预着社会经济制度、经济形态的建立和发展；另一方面，德育还可以通过影响劳动者的劳动生产率、形成一定的意识形态来巩固经济基础。

（3）德育在生活和消费领域的功能。高校德育通过引导人的消费需要、形成合理的消费观来影响着人们生活方式和消费方式的形成。德育能够在生产与消费的良性循环中促使人们的经济活动不断迈向新的层次。经济活动的增长不仅是产品数量的增长，还是产品品位的提高。在德育中，它不仅能够构建一种真善美相谐的文化氛围，给人以熏陶与感染，还可以提高人们对各种优秀产品、高品位商品的消费需要和消费能力，引导人们的消费方向和消费趣味，从而改变人们的消费品的类型结构。另外，德育还能引导学生在投入社会之后积极创造出、生产出更多有品位的产品，从而不断满足人对高品位产品的需要，最终实现对经济发展方向的间接干预。因此，通过培养学生形成与现代经济发展相适应的价值观念，德育就可以影响人们的生活方式，帮助他们建立新的幸福观、效益观和消费观，最终成为促使人类的经济活动迈向更高层次、更高规格的重要推动力。所以，德育引导人们需求的功能与市场经济是有内在一致性的，不重视德育的这种功能，势必影响经济生产，不利于市场经济的健康发展。

可见，德育经济功能的实现主要是通过德育对人们生活方式、生活观念、劳动态度、节约意识等诸多方面的影响微妙地表现出来的。在当代，由于世界经济一体化、全球化趋势的加强，许多国家开始借助德育来影响公民的消费观。引导公民购买国货，支持本民族的工业发展，带动本国经济的飞跃都是德育之经济功能的重要表现。

3. 文化功能

所谓文化，就是指社会所倡导的主流价值观、生活方式、意识形态、社会意识、思想观念、道德规范、精神信仰、社会风尚等组成的统一体。它既决定于社会的政治、经济的发展，又反作用于社会的政治、经济的发展。总之，一个社会的道德发展水平不仅奠定着该社会发展的文化基础，而且还通过影响学生的思想意识、精神动向等干预着该社会的文化系统，决定着该社会文化形态的基调。概言之，德育对文化的功能主要体现在它对文化形态的维系和变异所产生的影响上。

（1）德育对文化系统的维系功能。任何教育活动都有传承社会文化的功能，德育活动也不例外。高校德育在传递社会的精神文化，如道德文化、政治文化等，维系社会文化形态的稳定中发挥着重要功能。这种功能通过以下两种途径来实现：

1）文化的继承。文化一般有两种形态，即知识形态的文化和规范形态的文化。就德育而言，它传播的主要是规范形态的文化。规范形态的文化既包括人们之间相互交往的各种规范，如道德规范、政治规范等，又包括指导人的世界观、价值观、人生观、人生信仰、处事态度，甚至还包括一个社会的文化风尚、社会心态、民族精神、群体人格等。这些规范形态文化以文化传统的形式建构着个体及群体的人格特征，构建着一个民族、群体的共同人格，它们在人类发展中具有重要功能。实际上，德育就是通过对这些文化传统的继承来参与社会发展的。同时，这些文化传统的表现方式既有物质、语言、符号、制度形态的文化传统，又有精神、心理、行为形态的文化传统。无论哪种形态的文化传统，它们所内蕴的内核，即基本价值取向、基本生活观念和基本行为规范是大体一致的。这些文化内核的继承主要靠德育活动来实现。德育通过开设德育课程、组织德育活动、建立德育氛围，将价值取向、生活观念、行为规范融入教育活动中，将文化传统转化为学习者个体的生活方式、行动观念，从而实现对一定文化形态的继承。因此，德育的主体和对象——德育工作者与学生是文化系统的活载体。

2）文化的控制和整合。德育对文化的传承不是机械的、随波逐流的传承，而是在这个过程中对这些文化形态进行了加工、过滤、选择、组织。因此，德育能够自觉控制文化发展的方向，确保所传承的文化是一种积极、健康、向上的文化。这种“控制”表现在以下方面：

第一，德育对文化传统的传承总是建立在积极的价值标准之上的。这种价值标准将那些不合乎学习者身心健康发展，不利于人类发展的内容剔除掉了，从而保证了德育对学生的影响是一种积极的影响。

第二，在文化的传承中，德育能够对社会生活中出现的文化失调现象做出自觉的应对和调适。文化的发展道路不是笔直的，而是曲折的。在一定时期，当人们过于注重文化的一种功能而无视其他功能时，文化失调现象就会发生，文化系统内部的矛盾、冲突就会出现。此时，高校德育就能够通过调整德育目标来自觉解决这一问题，防止文化的发展走向歧途。因此，高校德育对于保持文化发展的稳定性、连续性、方向性方面发挥着重要功能。

第三，德育还具有整合文化系统的功能。这一功能的实现是通过影响社会共识、主流价值观的形成来实现的。德育能够通过建构社会的主流价值观，全面提高社会文化的发展水平。尽管文化的形态是多种多样、丰富多彩的，但维系其内在统一性的是文化精神，即整个社会所秉持的主流价值观。从某种意义上说，主流价值观的改变能够使社会成员的信仰、意识、思想、风尚等发生全局性的改观。就德育而言，它作用于人发展的主要方式就是建构人的价值观。通过向所有社会成员宣传一种高尚的道德理想，促使整个社会价值观的建构向着积极、健康、高尚的方向发展，推动社会的主流价值观念、社会文化面貌实现新陈代谢、持续发展。

（2）德育的文化变革功能。文化既需要继承又需要变革。随着社会的发展，文化的内容、结构、形态会发生一些变化，否则，这种文化就难以适应社会变革的需要。德育的文化变革功能就是指德育具有引发文化系统的结构发生变化，促使其不断发展的功能。德育的文化变革功能主要体现在以下两方面：

第一，德育是催生文化结构变革的辅酶。文化系统一般可以区分为三个层次：外层是文化的物质层面，中层是文化的制度层面，内层是文化的观念层面。文化的发展一般是沿着观念层面—制度层面—物质层面这样一个序列向前推进的。德育属于文化系统中的观念层面，它建构着整个社会的主流价值、基本观念，因此，高校德育总是通过对德育内容，尤其是其所倡导的价值观、思想意识、精神意识的变革来引发整个文化系统的变革的。甚至可以说，高校德育就是文化系统变迁的号角，它所宣扬的价值观念的变化往往是一种新文化系统产生的前哨。

第二，德育培养着新文化的生产者。文化变革的主体是人，所有文化变革都是通过人来实现的，人既是文化变革的动因又是文化变革的主力军。因此，所有文化系统的变革总是因人而起的。高校德育对文化的变革作用就是通过培养出具有一定新意识、新观念、新精神的人，造就一种新文化的生产者来实现的。当前，高校德育催生新文化的基本手段就是通过培养新文化的代理人来完成的。当前，我国高校德育的目标就是培养出善于开拓、勇于创新、敬业乐群、心系民族、放眼世界的新人。实际上，这种“新人”的培养就是建构一种新文化的具体行动，就是变革当前我国社会文化的直接举措。可以想象，当德育培养出足够数量的、具有这种文化意识的人时，整个社会的主导文化势必会发生质的变化，一种新的文化精神、文化形态就会产生。

（二）德育的个体性功能

所谓德育的个体性功能，就是指德育对个体发展所能够产生的实际影响和现实作用，这些功能涉及个体的生存、发展和生活三方面。在现实生活中，个体不仅有生存和发展的需要，还有提高生活质量的需要，德育就是通过培养个体的道德品质、道德人格等方式来满足学习者的上述需要，推动个体发展水平、生活质量的稳步提升的。

1. 社会化功能

人是社会的人，他要在社会中生存就需要周围人的认可、关心和尊重，需要一个有秩序的社会环境，需要从他人那里获得生存的条件。为此，人必须和周围人建立起一种和谐的人际关系，以使自己能够从社会中获得发展所必需的物质、信息和情感等条件。在德育中，学生能够学会如何与他人交往的伦理规则、道德规范，懂得如何去尊重人、理解人、关心人，从而自觉用道德的原则来构建人类社会生活的秩序，用一颗善良的心灵去构架人类生存的道德环境。所以，个体要在社会中生存就必须实现品德社会化，并借助道德的准绳和道德的教育，实现其品德的社会化。

另外，德育帮助个体实现社会化生存的主要方式就是引导学习者学会参与社会生活，调控人际关系，进而为其自身的发展创造一种健康、积极、有利的社会环境。每个人都生活在错综复杂的社会关系之中，人所赖以生存的社会关系总是“网络”状的，其中既有经济关系、政治关系，又有民族关系、亲缘关系，等等。它们都是构成这一社会关系“网络”的一道道经线和纬线。

可见，每个人就是生活在这一“网络”上的一个结点，一个社会化程度高的人体现在他能够熟练地驾驭和操纵这些社会关系。这样，人的社会化的实质就是要学会利用各种尺度、准则来处理这些关系，让人从中获得一种自由、自主。在这些尺度中，道德就是其中最重要的一个。在帮助人学会处理社会关系上，德育具有独特功能，这是因为一种和谐的社会关系是以利益关系为基础的，以互利、共享、共赢为特征的，而道德正是建立这一关系的有力武器。德育能够教人遵循公正、公平和平等的道德观念来行事，能够教人利用一颗善良之心、宽容之心来对待周围人，能够教人利用公平、正义的原则来协调好包括利益关系、精神关系等在内的各种社会关系。

总而言之，德育能够通过引导人们树立合理的义利观、是非观、权利观、义务观，使人在芜杂的社会关系中实现社会化的生存，进而不断走向成熟、趋于完善。可见，德育是人实现社会化生存的重要工具之一，德育的个体性功能体现在它能够教会个体学会用道德的方式来参与社会生活，学会与人交往，不断从道德的力量中获取参与生活、实现生存的智慧。

2. 发展性功能

人一般具有两种基本需要：生存性需要和发展性需要，或者说外在需要和内在需要。其中，生存性需要或外在需要由外在世界来提供，和谐的社会关系与物质性的产品就构成了这种需要的对象。与之相对，内在性需要就是人主动超越自我的需要，是一种高于物质需要的精神性需要，是人在追求自我价值、寻求自我实现、展示生存意义、追求幸福感中所体现出来的一种需要。这种需要构成了人的发展性需要，它构成着人不断向前发展的动力，制约着人的发展方向。

因此，德育就是通过对人的这种需要的满足和引导来实现这一功能的。具体而言，一方面，德育能够教人形成自主、自尊、自律、自强、自爱的品质，教人形成对社会和他人的责任意识，进而激起个体发展的积极性、主动性和为实现个人价值、为整个社会进步而不断奋斗的精神动力。有了这一精神动力，人的学习、生活和工作的热情就会被激发，就能获得源源不断的发展动力。另一方面，人的发展方向是决定一个人生活有无意义的关键因素。在德育中，学生在德育工作者的引领下就会产生一种高尚的道德理想，就会为建构一种积极的价值观而不断努力。由此，人就会按照“合理”“公平”和“正义”的原则来建设社会秩序，按照道德原则来处理人与人之间的关系，按照诚信的原则对待他人，人的发展就有了明确的、正确的方向。显然，有了这些基本价值观的导航，人的才智的运用就有了方向性的保证。概言之，德育对个体发展的功能主要体现在它对个体道德品德和智能发展的促进上。

（1）德育具有促进个体品德发展的功能。所谓品德即道德品质，是一定社会的道德在个体身上的体现，也就是个人按社会规范行动时所表现出来的稳定特性或倾向。显然，从社会性的道德向个体性的道德品质转化的过程就是德育过程。德育就是一项促进学习者品德发展的活动，它的直接使命和功能就是发展学习者的品德。品德是由多个维度、要素构成的一个整体，品德的发展实际上就是这些要素的综合发展。就品德的结构而言，人们一般较为认同的是“四要素论”所倡导的品德结构观。从形式上品德的结构可以区分为品德认识、品德情感、品德意志和品德行为四个要素，德育对于品德发展的促进功能就体现在这四个要素的发展上。

第一，德育对于品德认识发展具有引导作用。人的品德认识就是人的大脑对各种品德现象所形成的看法和观点，它是促使人发出品德行为的物质基础。一般来说，只有在一定品德认识指导下人所发出的行为才算是品德行为。在德育中，教育者能够引导学习者应用道德规范、道德法则去分析道德问题，认识道德现象，形成道德判断能力和道德评价能力，从而产生相应的品德行为。因此，在学习者品德认识的形成中，德育的引导尤为关键。通过摆事实、讲道理，来让学习者形成合理、科学的道德认识是其品德发展的前提。

第二，德育对于品德情感的产生具有激发作用。一般而言，品德的形成大致要经历从道德认识到道德情感，再从道德情感到道德行为的转化过程。所以，品德情感是引发学习者将一种品德认识转化为品德行为的中介系统，它能够催生或者阻碍人的品德认识向品德行为的转化。如果不借助道德情感，道德认识就可能停留在口头上，流于形式，难以见诸实际行动。在道德情感的培养上，德育发挥着激发、激励的作用。当学习者的道德认识产生之后，德育工作者及时对其进行品德需要与品德动机的激发，促使他们产生强烈的道德体验和深刻的道德情感。

第三，德育对于品德意志的培养具有强化作用。所谓品德意志，就是指人们在自觉调节行动，克服困难，努力实现一定道德目标时所表现出来的一种意志状态，它主要表现为自觉性、坚韧性、果断性、自制力等特征。当学习者面临道德情景，产生道德认识和道德情感时，他还需要同各种道德动机展开斗争，从而排除各种顾虑和障碍，做出道德的行为。因而，道德意志的形成就包括道德动机斗争、做出道德判断和选择、按照道德选择去行动三个环节，它是人克服各种困难，坚持道德行为，进行道德决断的关键。在德育活动中，教育者能够对学习者的各种积极动机进行强化、鼓励，为他们做出正确的道德决断提供帮助，从而不断增强学习者参与道德活动的意志力和坚韧性。

第四，德育对于品德行为的生成具有导向作用。品德行为是品德结构中一个最为外显，也是最为关键的要素，它是人的品德发展水平的明显标志。品德行为的发出是一项具有艺术性的实践，如何用恰当、合适的品德行为来表达自己的品德认识，表露自己的品德情感，实现自己的品德动机，都是值得推敲并需要一定程度的创造性才能完成的。一个优秀的德育工作者能够对学生道德行为的生成提供恰当的咨询、建议、引导，从而让学习者学会利用道德行为来实现自己的道德动机，不断提高自己的品德发展水平。所以，德育对于学习者品德的生成直接发挥着导向功能。

可见，德育对人的品德的发展是通过对其品德结构的诸要素进行积极的干预、自觉的培养来实现的。

（2）德育具有促进个体智能发展的功能。德育过程的实质就是教人向善，教人学会进行道德问题的判断，创造性地开展教育实践。所以，任何德育活动的顺利进行都需要一定的智力活动，德育活动的开展过程就是人的智能得到应用和发展的过程。具体而言，德育促进个体智能发展的功能体现在它对人的认知能力、认知图式、认知热情的训练和强化上。

第一，人的道德品质的发展与人的认知能力的发展之间有密切关系。西方道德认知理论的倡导者柯尔伯格等人就认为，人的道德发展是以认知发展为内容的，人的认知的发展会促进人的道德判断能力，从而促进人品德的发展。反之，人的道德品质的提高也会促进人的认知能力的发展。因此，德育与人的认知发展之间是相互促进的关系。

第二，德育对人的认知图式的发展具有促进功能。认知图式就是指主体在认识过程中起支配作用的先存意识状态，在认知图式中，各种世界观、价值观就居于核心地位。从某种意义而言，人的认知活动就是认知图式的丰富与转换，而德育正是通过对人的价值观、世界观的建构来推动人的认知图式的发展的。

第三，德育对人的认知热情具有激发功能。人的认知活动与人的认知热情之间是智力因素与非智力要素的关系，人的认知热情对于人的认知活动有激发、引导、动力、强化的功能。当一个人对认知活动充满热情时，就会深入地参与到认知活动之中去；反之，当其对认知活动缺乏热情时，认识新事物的动力就会被抑制，进而不可能得出有价值的认识成果。在德育中，教育者通过培养学习者对人类、对社会的责任意识、关怀意识，激起他们发挥自己的才智来履行自己的责任的动力。由此，学习者参与认识活动的积极性、使命感就会被激发，其参与认知活动的热情就会被强化，从而间接促进其智能的发展。

3. 享用功能

德育不仅在实现人的社会化、满足个体发展需要中发挥着其他教育类型不可替代的功能，而且它还具有享用功能，即帮助个体学会体验生活、品味生活、感受幸福，不断在生活中实现自我的价值和内在的需要，促使个体的物质生活和精神生活走向平衡和谐的功能。

对个体而言，德育的“享用”功能就源自德性的本体性价值。所谓“德性的本体价值”就是指各种德性本身就具有满足个体需要的价值，个体内在地把各种德性的形成、道德人格的发展作为自身的一种需求。也就是说，德性作为一种卓越的品质，它能够将人从凡俗的生活中解脱出来，赋予人一种独特的人格魅力和精神品位，从而不断满足人追求自我实现的需要。亚里士多德认为，幸福即是灵魂合乎德性的现实活动，就是人的各种行为具有了道德的一维。因此，一个人只有不断完善德性，塑造良善的品格，他才能不断造福于人，才会从平凡的生活中体认到一种幸福感、意义感，进而真正享有生活中的幸福。反之，当一个个体在为人处世时不讲德性，不懂得善待他人，他就难以感受到生活的意义和人生的价值，就无法体验到现实生活的幸福。显然，这些个体的生活质量就仅仅停留在满足其各种生理欲望的层面上，难以触及精神生活的层面。可见，要提高生活质量，每个个体不仅要学会如何健康地生活着，更要明白如何有意义地生活着，如何让自己的生活符合德性的要求。德育就是要教给学习者如何看待生活、理解生活，如何生活才有意义，并且帮助他们选择生活的样式，努力发掘生活之中的幸福因素，从而不断超越生活的物质性层面，实现生活意义的最大化。

总而言之，人的生活质量的提高主要涉及物质和精神两方面的提高，忽视其中的任何一方面都不算是一种有质量的生活。在当代，与人类物质生活不断丰富相伴的是人的精神世界的相对空虚，人的生活的意义感在消失。由此可见，当代社会亟须通过德育来引导人们学会享用生活。通过德育，人们就会明白，生活是一个人生价值与物质享受兼求的过程，缺少了其中任何一方面，人的生活都是畸形的。另外，生活的最终目的是要在物质生活和精神生活的和谐中获得一种幸福感。幸福的生活不仅是对物质的支配、享有，还是一种奉献，一种对他人和社会的责任。因此，德育是一种道德追求的活动，即德育在不断发展和完善人的各种德性的过程中，使人们得到一种自我肯定、自我完善的满足，得到一种精神的享受。这种幸福感只能通过接受德育来提供，因为对幸福的敏感、向往与追求乃是一种有待于发展的主体能力。所以，要使人们最大化地提高自己生活的质量就必须诉诸德育来发展其追求幸福的能力，否则，要增进生活的幸福感是不可能的。因此，要让学生获得幸福就必须让学生学会用道德的方式来创造生活、享用生活，就必须使其积极参与各项德育活动。

第二节 高校德育的实践模式

一、高校德育实践模式的重要意义

构建高校德育的实践模式，就是要将德育与现实的生活情境结合起来，将道德知识内化为道德意识并指导道德行为。通过道德实践活动促进个体道德的形成和发展，为道德客体实现道德知识的内化提供条件。实践活动不仅使道德客体加深了对道德知识的认识，更促使其在实践和交往合作中培养道德情感和道德意识，并转化为道德行为。因此实践是检验道德教育成效的根本要素。

德育模式是一种教育模式，是运用“模式”研究法，对在德育现象中逐步形成的、相对稳定的、较为系统而具有典型意义的德育经验，加以抽象化、结构化，使之形成特殊的理论形态。高校德育模式是指在一定的德育理论指导下，在长期的德育实践中建立起来的比较稳固的德育范式及其实施方法的策略体系。“新时代高校德育工作越来越呈现出复杂性，如何有效实现大学生德育工作的科学化是当前亟待探讨解决的重要问题。”① 在此基础上，高校德育实践模式就是教育者尊重学生的主体性，遵循学生的品德形成规律，让学生在理论学习的基础上以走向社会、服务社会为出发点，在更多的参与、活动和实际锻炼中发展和巩固其良好品德的活动过程。

道德的发展总是从他律到自律的过程。实现道德要求从他律到自律的条件包括：当教育因素触及人的精神需要时，受教育者才能处于积极的接受状态，从而产生良好的内化过程。而实践是解决德育从他律到自律的重要途径。德育的本质是实践，德育的理论只有与实践结合起来，才能真正转化为学生良好的行为与习惯。当代大学生的实际特点要求德育课从学生的实际出发加强德育实践形式的探索，使教育的方式生动活泼，接近学生，接近现实生活，激发学生学习的积极性和热情，给学生更多自觉感受的机会。这样才能有效地

① 卢飞霞：《统筹推进高校德育问题研究》，载《高校辅导员》2021年第2期，第44页。

实现学生从他律到自律的转化，培养高素质的大学生。

目前我国高校德育工作主要通过三种途径进行：一是德育理论教师通过思想政治理论课对学生进行理论知识的传授、教育。思想政治理论课是高校对学生系统进行思想政治教育的主要渠道和基本环节，也是每个学生的必修课程。在思想政治理论课教学中要坚持学生的主体性地位，发挥教师的主导作用。教学方法要适应新的思想政治课教育理念，充分调动学生的主动性和创造性，提高德育教学效果。二是德育工作者通过日常教育、管理开展德育工作。辅导员和班主任是高校日常思想政治教育的组织者和协调者。可以通过参与培训来提高他们的德育工作能力，还可以通过建立多样化的考评机制对德育工作进行考核，促进他们德育水平和能力的提高。三是全体教职工通过教书育人、服务育人，将德育工作引入学校的方方面面。全体教职工在日常的教育、管理中，要做好班级、年级工作，开展丰富多彩的教育活动，做好心理健康教育和辅导工作，以及在日常教学、管理和活动等方面开展德育活动。

目前，这三种德育模式在高校德育中虽取得一定的效果，但逐渐陷入一种低效的困境。实现德育效果，不能光靠知识的灌输，而要让学生通过知识的传授内化为内心的情感体验，并转化为行为实践，避免出现德育与生活世界相脱离的问题。德育与生活应当是相融合的，人们的道德品质只有在生活实践中才能体现出来。学生参与德育实践有利于提升道德认识，培养道德品质，养成道德行为习惯。在德育实践中，学生在教师的帮助下，了解德育内容，在理性认识中通过感性体验达到知识的内化和升华。道德不是传统的说教和空洞的理论，道德来源于生活并最终应用于生活。

德育实践的理论与时刻发展变化的德育实际之间总是存在一定的差距。构建德育实践模式就是要解决这个矛盾，在德育理论和德育实践之间架起一道桥梁和纽带。德育实践模式是德育实践理论体系的具体化，它以简明扼要的形式和易于操作的程序来反映有关德育实践理论的基本特征和具体框架，使德育工作者在德育实践中把握和运用有关德育原理。所以德育实践模式能使抽象的德育理论发挥其中介作用；同时，德育实践模式又直接来源于德育实践，是在长期的德育实践和德育活动中形成的，对德育实践经验的系统概括和总结，是德育工作者在实际工作中可以参照的标准样式及实施策略，对于提高高校德育实效性有着重要的意义。

二、高校德育实践的普遍模式与特点

（一）高校德育实践的普遍模式

德育实践是高校德育系统工程的重要环节，德育实效性有赖于德育实践模式的科学构建。高校在进行德育的过程中，开放性地引入实践机制，促进学生了解社会、了解国情，对于培养学生品格，增强学生社会责任感，使学生养成知行合一的道德观念具有不可替代的作用。德育实践模式构建的前提是以培养大学生科学的人生观和世界观为基础，以规范学生行为为目标，以中共中央关于全面推进素质教育的精神为指导，以突出提高大学生的思想道德素质为宗旨，以培养学生的创新精神和实践能力为出发点，在遵循德育的整体性、主体性和实践性等原则的基础上系统构建德育实践模式。当前高校德育实践的普遍模式如下：

（1）以德育实践研究和指导中心为平台，加强综合研究。高校应以思想政治工作队伍、思想政治理论课教育工作者以及教育理论研究人员为主体，吸收部分学生和社会有关人员参加成立德育实践研究和指导中心，进行综合研究，在研究的基础上科学地指导德育实践，推进德育实践工作专业化、科学化。有关部门应加强对中心的支持与管理，把德育实践研究和指导中心建设作为大学生思想政治教育的科学研究阵地、决策研究机构、理论创新基地和研讨交流平台。

（2）顶层设计，科学制定德育实践的目标和内容。学校要科学制定德育实践的目标，既要考虑德育实践目标的整体性、一贯性，又要兼顾德育实践目标的现实性，做到目标“近、小、实”。应以帮助个体实现社会化为目标，培养适应社会的人。只有这样，在德育实践目标的现实性的基础上，德育实践内容才可能具有可操作性、可接受性和富有时代特色，德育实践目标还可以作为学生实践内容确定的根据，也可以作为学生德育实践成绩的评价标准。

德育实践内容的制定要注重学生的主体地位，让学生在德育实践活动中发挥主观能动性。此外，德育实践内容要面向生活世界，把德育的内容转化为学生的日常生活和行为习惯，把德育的理论知识转化为个体思想品德的内在体现，从而实现德育的感悟与熏陶功能。

（3）多途径设计德育实践的实施过程。一方面，将德育实践融入专业课教学中，对专业课的学习也可以引入道德教育实践活动，将专业知识与道德教育结合起来，让大学生边学习专业知识，边接受道德文化的熏陶；另一方面，将德育实践融进校园文化艺术活动中，校园文化艺术活动围绕德育育人这个中心展开，通过校园文化活动、社团活动开展德育实践工作，寓教于乐；此外还可将德育实践汇入大学生活中，大学生的德育实践工作必须与大学生们的生活挂钩。

（4）健全德育实践的管理和评价体系。

一方面，健全规章制度，加强德育实践过程的监控。对大学生德育实践过程进行有效的和务实的监控是保证德育实践目标得以实现的重要保障。通过各种渠道、采用多种方式全面深入地对大学生的实践过程进行有效监控，不断修复反馈信息，是保证德育实践真正实现在改造客观世界的同时改造主观世界的目的。

另一方面，构建科学的德育实践评价体系，即建立学校评价、社会评价、家庭评价和学生自我评价相结合的评价系统。首先，从实际出发制定量化指标，既详细具体，又具有可操作性；其次，健全考评制度，认真做好各种数据的收集和整理工作，努力使平时的考评工作落到实处；最后，使考评指标体现努力方向，能够起到规范学生思想表现和日常道德行为，激发学生奋发向上的作用。

（5）建立信息反馈系统。人的认识是在不断的实践过程中实现由低级向高级的飞跃和发展，因此从认识论意义上来说，高校学生的德育实践并不是一次性的体现，就德育实践的系统而言，评价和反馈既是上一轮实践活动的归宿，又是新一轮实践活动的开始，也是德育系统保持旺盛生命力的标志。这就要求不断地完善德育实践的评价和反馈环节，逐步把德育实践转换为大学生自觉、自发的行动，真正提高其道德修养和道德能力。

（二）高校德育实践模式的特征

高校德育实践模式，除具备社会实践活动与其他第二课堂活动的一般特点外，还有自身所固有的特征，主要表现如下：

（1）建构上更加规范化。德育实践模式纳入德育教学计划，按照课程化设计和建构，它有一定课时，更有一系列的规范要求，其教学过程的各个层面和操作都必须周密有序，有明确具体的大纲和教学计划，按部就班，分阶段、分计划实施。

（2）设计上更加个性化。高校德育实践模式建构如何，直接决定高校德育的效果。在设计上，一方面，要体现教育自身发展的特征，既面向每一个学生，又让他们在全面发展的基础上，个性特长都能得到充分的发挥；另一方面，现代教育技术，特别是多媒体网上教学的广泛应用，为每个受教育者不同能力、兴趣、特长的发展提供了更广阔的平台。这就意味着教育的发展对人才的个性化要求空前提高。高校德育实践只有适应这一时代的新要求，才能保持旺盛的活力。

（3）实施过程更加生活化。

首先，高校德育实践更加关注和指导学生的生活世界。高校德育实践可以强化对学生的人生观、价值观和理想信念、爱国主义教育，有针对性地引导学生把学习与自己的发展和祖国的前途命运联系起来，增强其学习的动力和毅力。

其次，高校德育实践更加关注和指导学生的交往生活。即指导学生交往的基础知识，培养和锻炼他们的交往能力，引导帮助他们建立起平等友爱、互帮互助、开放宽容、诚实守信的良好人际关系，为自身的健康发展和社会的安定创造良好的氛围。

最后，高校德育实践更加关注和引导学生的日常生活方式和生活习惯。即向学生传授与现代文明生活方式及人与人之间和平共处的相关知识，指导他们建立勤劳节俭、自尊自爱、文明健康的生活方式并养成良好的生活习惯。

德育生活化是对目前德育实践模式的新的挑战，要提高德育实效性，就必须大胆地进行改革创新，使德育实施过程更加生活化，使德育真正服务于德育对象。

（4）评价体系更加科学化。一方面对德育实践模式的评价克服了以往以考试成绩来评价学生思想品德水平的状况，而是在充分参考各种不同主体评价的基础上对学生做出的评价，是一个动态的过程性评价，不是终结性评价；另一方面对德育实践模式的评价不仅体现了学生自身价值的实现程度，而且还体现了社会价值的实现程度。德育实践模式不仅可以更形象生动地对大学生进行道德教育，使其综合素质得到极大的提高，更重要的是，这带来了社会价值的体现，大学生整体道德素质的发展，对社会的发展具有十分重要的意义。

三、高校德育实践模式的构建原则

（一）有效性原则

德育的效果决定德育的成败。德育实践模式的各个环节都应注重效果。德育工作不仅要解决学生对于德育的理论认识，还要能将德育知识内化为学生个体的德育意识，并最终外化为符合德育要求的行为。因此德育实践模式的构建要坚持有效性原则，应根据学生的实际情况，有目的、有计划地将德育因素渗透到实践活动中，在实践活动中对学生的道德意识和道德行为产生潜移默化的影响，完善学生的修养和人格，切实提高德育的有效性。

（二）可操作性原则

德育实践模式的构建还要强调各实践环节的可操作性。要从全程可操作、全面可操作、全员可操作三方面来衡量与检验高校德育实践的可操作性。具体来说就是德育实践工作应贯穿于整个德育过程之中，环环相扣；高校德育实践工作还应全方位地深入大学生学习、生活活动的全部领域；每一个德育工作者均要根据自己的职责分工做到“教书育人、管理育人、服务育人”。

（三）整体性原则

德育实践模式的构建要坚持整体性原则。这是发挥德育工作整体效应，构建社会、家庭、学校的大德育体系，从而使德育工作形成系统，发挥作用的保证。在德育实践模式构建过程中，应制定“教学”计划、活动模式、评估方案等，将学生的爱国主义教育、集体主义教育、社会主义教育及理想信念、思想品德教育等内容融入实践活动的各个环节中，使德育实践活动真正成为学生思想品德和道德教育的社会大课堂，使德育实践模式从整体上系统性地贯彻德育规范，组织实施德育实践性教学。

（四）层次性原则

德育实践模式的构建要坚持层次性原则。德育实践模式的层次性，不仅指作为德育主体的学生因不同年级、不同年龄、不同教育环境使其德育发展具有层次性，同时也指德育工作者由于不同的分工而具有不同的层次性。

因此，注重德育实践模式的层次性有利于德育实践模式的实施。随着时代的发展和社会的变迁，教育环境呈现出日益复杂化的特点。由于教育对象的德育基础不同，德育追求的目标层面不同，教育者的工作分工不同，德育必须进行分层教育才能提高高校德育工作的针对性和有效性。在德育实践中，要按照分层的要求对学生进行因材施教，尊重学生的个性差异，遵守教育的规律，使教育实践在分层中提高德育的时效性。

（五）主体性原则

德育实践模式的构建要坚持主体性原则。这是因为，学生是德育实践模式的主体，在德育实践过程中，只有注重学生主观能动性的发挥，充分调动主体的积极性，使主体的作用得到最大限度的发挥，才能增强德育的实效性。德育应当进一步转变理念，将主体性视为学生全面发展的核心和精神实质，尽管对主体性德育实践模式的研究目前还处于探索阶段，但主体性德育实践的深入研究不仅是对传统德育实践的挑战，同时也是促使德育实践模式朝着科学化和人性化方向发展的新路径，是当代德育理论与实践符合时代发展的必然趋势。

四、高校德育实践模式的途径与载体

（一）传统德育实践的途径与载体

1. 德育实践途径与载体的界定

高校的德育过程，就是教育者、受教育者和社会要求的思想品德规范这三大要素之间相互作用和变化发展的过程，也是不断解决三大要素之间矛盾的无限循环的过程，是教育者根据社会的要求和受教育者的思想品德形成的过程，对受教育者进行有目的、有计划、有组织的教育，使受教育者形成社会、阶级或社会集团所期望的思想品德和心理素质的过程。

德育实践的途径从根本上来说就是德育实践过程的方法选择，它在一定意义上决定了德育内容以及受教育者在德育过程中的地位。德育途径的选择从根本上来看是对教育观念和教育方式的一种选择。传统德育将德育等同于道德知识的教育，选择以讲授德育内容为唯一的形式来开展德育实践；现代德育选择，受教育者自身体验的实践为德育活动，体现了受教育者在德育过程中的主体地位。当然，任何单一的途径对于单个受教育者而言，其作用和效果都是有限的，只有通过适合受教育者并采用多种途径开展的德育实践，才能够发挥德育实践真正的价值和作用，因此德育实践的途径在德育实践过程中的地位和作用是显而易见的。

任何一种途径都要依赖一定的载体，德育载体同样具备一般载体的属性和性质。德育载体就是指在德育过程中能承载并传递德育内容或信息的所有事物、活动及过程。它是教育者与受教育者之间的桥梁，是实现德育工作目标的基本条件和保障。载体在发挥其作用时会“隐而不见”，让人感受不到其存在，但是载体是德育得以发生实现所必不可缺的，载体选得好，可以收到事半功倍的效果。载体是德育的土壤，选择了合适的土壤，德育才能生根、开花、结果，才能发挥更大的作用。德育载体担负德育主、客体之间信息的传输功能，是一种承载和传输德育信息、不断促进教育过程中德育主客体双向互动的信息场。只有在德育实践途径和载体的选择相契合、相适应的情况下，德育的载体才能真正发挥功能。

2. 传统德育实践的主要载体

传统德育过度注重理性说服和灌输教学，强调在课堂中进行道德知识的传授。这种德育的理念是将受教育者作为知识的接受者，将德育等同于道德知识的教育，于是德育更注重道德知识的单向传输。在这种理念之下，高校德育实践主要依赖以下两个载体：

（1）课堂教学载体。课堂教学是学校教育的主要途径，也是高校德育实践的常用载体之一。课堂教学就是通过把德育内容系统化、标准化、课程化，在课堂上通过教师有意识地传授，使学生掌握正确的道德观点和科学的政治理论，培养良好的思想道德素质的过程。

课堂教学作为高校德育实践的基本载体，以传授理性知识为主，教师通过课堂上对理论知识深入浅出的讲解为学生提供了增强道德认识、培养理想信念的途径。在教学过程中，教师对教学内容准确、深刻地全面理解和系统地讲解，会成为学生获得道德知识和能力的重要途径，使学生获得更多的正确思想观念，从而为塑造理想人格和指导自身行为实践提供理论指导。为了增强认知功能，课堂教学更多的是采用直接灌输的方式，即教育者通过传授、讲解，把德育内容灌输给受教育者，使其接受，并转化为思想意识和行动。课堂教学载体是由大学生自身思想发展的内在需要所决定的。

（2）管理载体。高校德育是一门科学，教育载体的运用，从根本上讲，是教育规律的反映和体现。所谓管理载体，即“以管理为载体”，是指高校德育过程中管理活动与管理手段相配合，更加紧密地贴近学生的生活实际和思想实际开展高校德育。传统德育实践将管理作为基本载体之一，是高等教育的规定性和教育对象的特殊性所决定的。一方面，高等教育要求德育内容系统化，德育实践必须做到组织工作制度化；另一方面，由于教育对象在心理和生理方面还很不成熟，自制能力和抗挫折能力较差，加之喜欢以自我为中心，如果忽视管理，后果将是不可想象的。管理对于建立宽严有度、有张有弛的教育环境十分重要。管理载体具有以下四个特点：

第一，管理载体是一种制度化的教育形式。管理必须依据由法律、规章、纪律所构成的制度进行。将管理载体与德育结合起来，就使得德育具有了一定制度化的特征，带有一定的强制性。有效的管理也是一种教育，而且是一种具体的教育。通过他律对自律的促进作用，把德育与管理紧密结合起来。德育的管理载体就是寓德育内容于管理之中，一方面，通过运用一定的规章制度、行为规范和有效的管理方式来约束、规范和协调人们的行为，以养成良好的思想品德和行为习惯；另一方面，借助一定的权力来保证实施，通过行政、经济、法纪等手段进行管理，对全体成员都具有强制的约束力，最终使学生从他律走向自律。

第二，管理载体相对其他载体来说更具有广泛性和实践性，使德育与其他工作实现了最好的结合，具有渗透性。这是管理载体最为突出的功能。把高校德育与具体工作结合起来，在日常生活中渗透高校德育因素，管理载体能及时跟踪、考查学生的思想状况，并及时反映问题进行调整，确保高校德育能够更加深入、更加贴近学生的思想实际。制度健全、纪律严明、公平公正、秩序良好的管理，能使人情绪稳定、对管理认可、心悦诚服，德育工作的内容、信息和目的也就能及时地通过管理载体传达至德育对象，使其在投身于道德实践时积极发挥自身的主观能动性，促进德育的实施和发展。

第三，管理载体与其他载体相比具有更强的规范约束性，它通过明确的政策、法规、条例、制度，综合运用教育手段、经济手段、行政手段乃至法律手段，对不良的思想意识和行为习惯辅之以必要的管理手段进行约束甚至是惩罚。借助管理载体，高校德育工作者可以把高校德育的要求通过管理的规范影响、制约德育对象的言行，并促使他们将德育内容和要求内化为思想，外化为行为，达到教育的目的。

第四，管理载体具有沟通、协调功能。管理的过程就其实质而言就是沟通、协调的过程，沟通是管理的方式和手段。沟通是为了达成共识，协调是为了化解矛盾，使各种资源发挥最大效益。管理的这种沟通、协调功能从某种意义上来说就是高校德育的原则和方法的体现。管理者要及时地向德育对象传输正确的行为方式、道德观念，掌握德育对象的感想和建议，又要及时协调、疏导德育对象出现的心理不平衡、利益冲突、人际矛盾等问题。管理载体这种沟通与协调的功能在德育中有着不可替代的重要作用。

（二）德育实践途径与载体的拓展

1. 拓展德育实践途径的突破口

高校德育工作者在德育的实施过程中，既要在道德知识的传授过程中注重趣味性，避免枯燥和乏味，采用灵活多样的方法，增强感染力和吸引力，又要充分发挥学生的主动性和积极性，更要多采用启发、诱导的方式，以培养学生的道德自觉性。因此，应当从以下两方面来寻求拓展高校德育实践途径和载体的突破口：

（1）在德育实践过程中发挥道德情感的内驱力。德育过程是培养受教育者知、情、意、信、行统一发展的过程，只有注重这五种因素共同发展，道德观念才能更好地通过一定的德育实践作用于受教育者，德育才能发挥其真正的价值和作用。在从道德认识到道德行为的转化过程中，道德情感起着重大的作用。在德育实践过程中应重视以情施教，发挥道德情感的内驱力作用。在道德认识阶段，情感能促进他人言行的“内化”。教育者真挚、生动的情感易打动受教育者，使他们易于接受、采纳教育者的言行；而冷漠、无情或不真实的情感，则易使受教育者产生隔膜，甚至反感，从而会大大降低对教育者言行的接受程度。在道德行为阶段，情感能激励自我观念的“外化”。情感的这种效能是通过其促进良好人际关系的建立来实现的。为此，情感可以通过促进良好的人际关系的建立，使学生愉悦地进行德育实践，获得将道德观念进行外化的机会。

（2）在德育实践过程中培养道德主体能力。高校德育的目的是使德育对象形成正确的思想、立场、观点和合乎社会要求的行为规范。而德育目标的实现有赖于德育对象的主动参与及他们心理内部开展的矛盾运动所做出的正确道德判断和道德选择。因此，培养和提高大学生的道德主体能力，包括自我教育能力、道德判断能力、道德创造能力是高校德育实践的一项基本任务。

首先，培养学生的自我教育能力。大学生所处的身心发展阶段说明他们已有了一定的自我教育能力，高校德育工作者的任务是促进受教育者自我教育能力的进一步提高，以使他们能顺利地实现由“他律”向“自律”的转变。

其次，培养学生的道德判断能力，即识别、判断行为善恶的能力，这是学生自我教育能力形成的基础。这就要求高校德育工作者给学生提供有关方面的知识和经验，同时给他们提供进行道德判断的机会，更多地变“教育学生应当干什么”为学生主动地展开思考“自己现在该做什么”。

最后，培养学生的道德创造能力。伴随时代的变迁，道德也表现出可变性、发展性的特征。作为社会主义的建设者和接班人的大学生，理应具备创造新的伦理道德精神、创造性执行现有道德规范、有效地解决现有道德问题的能力。

为此，高校德育实践要高度重视学生的道德主体地位，为他们道德创造能力的发展营造良好的外部环境。

2. 新时期德育实践的有益尝试

受教育者作为道德主体，逐渐在新时期德育实践载体中发挥更多的自主作用，以自身的体验完成道德教育的过程。因此，让受教育者更多地进行自我体验成为新时期德育实践载体建设的主要目标，高校围绕这个目标在德育实践途径和载体的拓展上做了有益的尝试。

（1）校园文化活动载体。校园文化活动载体是德育工作者围绕教育目标和内容，以高校学生为主体，通过开展各种活动，寓德育于活动之中，使学生们在参与活动的过程中潜移默化地受到道德的熏陶，从而达到教育的目的所采取的方法和途径。在学校教育中，让学生投入群体性的实践活动，可以使学生在开放性的活动中形成开放的个性，在现实的活动中感受自我、认识自我，并逐渐形成与现实相关联的理想人格。校园文化活动载体主要包括社会实践活动、科技创新活动、文体娱乐活动等。

①校园文化活动载体的特点。

第一，校园文化活动具有广泛教育性。校园文化活动有丰富多彩的形式，有较强的感染力和吸引力，学生能广泛参与。此外，校园文化活动涉及的教育内容更加宽泛，大学生可以根据自己的喜好，选择自己感兴趣的活动，并从中受益，达到学习和锻炼的目的。因此，从参与对象及教育内容上来讲，校园文化活动载体具有明显的广泛教育性。

第二，校园文化活动具有间接教育性。校园文化活动的开展主要是运用隐性教育的方法，通过使受教育者由被动转为主动地参与教育活动，在潜移默化中培养其良好的道德情操，使受教育者充满参与的成就感，从而达到“润物细无声”的教育目的。因而它具有间接教育性。

第三，校园文化活动具有开放教育性。校园文化活动打破了高校德育课的封闭性，是一种开放的道德教育。德育课主要是教育主体向客体施加影响，客体接受影响的过程，而以开展活动的方式进行道德教育，就会使大家既是教育者，又是受教育者，达到一种相互影响、自我教育的效果。

②校园文化活动载体的作用。

第一，校园文化活动是高校文化传承与创新的关键环节。一方面，它促进校园精神的培育。校园精神是在校园文化活动中诞生、发展并升华的，还必须依靠校园文化活动来进一步体现、巩固和发扬光大。另一方面，它促进校园文化环境建设。校园文化活动直接改善校园物质环境，引导校园精神环境向更具文化品位的方向发展。校园文化活动既可以改善德育的硬环境，也可以优化德育的软环境。它是高校文化传承与创新功能发挥的重要环节。同时，校园文化环境的改善也为校园文化活动开创了更加和谐的空间。

第二，校园文化活动是实现德育目标的重要途径。大学生处于世界观、人生观和价值观的形成阶段。丰富多彩、文明健康的校园文化活动给了他们更多的发展空间。校园文化活动，使学生能够在轻松愉快的环境中接受新事物，按自己的爱好选择参加的活动，在浓厚的兴趣中吸收新思想，也可以使学生在各式各样的活动中，通过复杂的人际接触，提高自身的素质和能力。校园文化活动的开展使学生在良性循环中不断完善自身的审美修养，逐渐成长为全面发展的高素质人才。这是实现德育目标的重要途径。

（2）心理咨询活动载体。所谓大学生心理咨询就是德育工作者或心理咨询专家根据咨询对象的具体情况，运用心理学的知识和原理，通过与学生谈话和讨论，帮助求助学生发现自己心理问题的根源，引导其改变原有的认识结构和行为模式，以维护和增进心理健康，促进潜能充分开发和个性全面发展。当今社会的一个显著特点是发展迅速，变化复杂，竞争激烈，对每个人来说，不但机遇与挑战同在，而且往往成功与挫折并存。面对这些问题，传统的思想教育方法往往力不从心，不能从根本上解决，心理咨询活动载体便日益成为德育实践的重要载体。

①心理咨询载体的特点。

第一，心理咨询具有科学性。心理咨询以一种平等交流的关系，通过讨论的形式进行推心置腹的交谈，这种方式容易深入学生的内心世界，解决深层次的心理问题，同时，心理咨询科学性强。它是建立在对人脑思维、情绪和情感等心理因素发展规律研究的基础上的，有系统的科学理论做指导，容易取得较强的信任感。心理咨询载体，有助于各种心理问题的解决，其方法和作用是传统教育方法和作用所无法取代的。

第二，心理咨询具有实效性。教育效果不仅取决于教育内容的科学性、先进性和教育者本身的素质，还取决于教育对象对教育内容的吸收和内化程度。教育者与教育对象本身就是一对矛盾，如果教育对象形成对教育者的逆反心理或对抗心理，就会拒绝接受其施加的教育内容；相反，如果教育对象与教育者建立和谐、融洽、信任和理解的关系，对其施加的教育内容就容易被接受并内化为自身的思想意识和道德品质。因此，通过心理咨询载体，可以及时对学生的各种矛盾心理和冲突进行调适，从而为德育创造一种和谐、稳定的接受心境，增强德育的效果。在新形势下，学生思想趋向多元化，高校德育只靠传统的方法很难真正掌握学生思想的实际情况，心理咨询就显得更加重要。因此，它日益成为高校德育的重要载体。

②心理咨询活动载体的建设路径。心理咨询活动载体的建设应该着重考虑以下方面：

第一，加大对心理咨询知识的宣传力度，通过开设心理咨询课程及建立心理咨询中心等方式，使更多的学生了解心理咨询的意义、内容、方式和原则等，提高学生对心理咨询工作的认识。

第二，结合新形势，推广网上咨询。大学生处于自尊心较强的个性发展阶段，当出现心理困惑时，总是有相当一部分大学生掩饰内心世界，没有勇气去咨询室，同时又有强烈的被他人接纳的心理需求，渴望与人沟通和交流，而互联网虚拟隐藏性的基本特征为这部分学生提供了交流的平台。因此要充分利用网络平台，大力推广网上咨询。

第三，开展集体咨询。集体心理咨询可以使参与者通过对共同关心的问题交流讨论，彼此启发、支持和鼓励，观察、了解自己的心理行为反应和他人的心理行为反应，从而促进个人的成长与发展。对大多数学生来说，在遇到心理问题的时候，往往求助于身边的同学和朋友，而不求助于心理咨询者。所以通过集体咨询更容易达到心理咨询的目的。

第四，提高咨询者的素质。通过各种形式和途径提高咨询者的素质是大学生心理咨询顺利进行并富有成效的关键因素。

（3）网络载体。网络正在深刻地改变着人类的文化生活。网络既给高校德育工作提供了新的载体和阵地，也给高校德育工作带来了前所未有的挑战。

①网络载体的优势。利用网络开展思想政治教育，具有传统教育方式不可替代的优势。

第一，大学生通过网络可以接收来自各方面的信息，包括党和国家的政策、学校对学生的要求、家长对学生的期待等。大学生之间还可以通过网络互相碰撞思想火花。网络载体从根本上改变了过去社会、学校、家庭对学生的教育，各自发挥作用，信息分散，有时相互冲突，无法很好协调的状况。通过网络可使分散的信息聚集起来，使各方信息在网络这个平台上相互作用，这就使过去相对狭小的教育空间变成了全社会共同做好学生思想政治教育工作的广阔空间。

第二，网络的发展，使高校德育实践具有了更广阔、更深入的舞台和方式。网络载体改变了过去传统的以课堂讲授方式为主的教育，改变了过去由于受场所等多方面的限制而不能产生广泛的教育效果的状况。网络载体能够使学生在任何时间、任何地点接受道德教育，这就摆脱了时空的局限，增强了及时性、广泛性和直接性。

第三，网络也建立了一个让人真实表达自我的平台。在网络世界的虚拟空间，学生们更容易流露出自己对社会、对人生、对学校的真实想法，这就给高校德育工作者准确把握学生的思想动态提供了极大的便利条件。

②网络载体的建设路径。网络对青年学生的影响越来越大，并已日益成为青年学生学习生活的一部分。因此，要想利用网络对青年学生进行道德教育，就要建设好网络载体。

第一，加强网络阵地建设，建立德育专门网站。当代社会是信息化迅猛发展的时代，作为培养社会人才的高校德育应该具有时代性与前瞻性，紧密跟随时代的发展，做到与时俱进，发挥互联网在高校德育方面的重要作用。因此必须加强高校网络阵地的建设，发挥专设德育网站的积极作用，结合当下社会热点问题进行分析，提出正确的观念，传播社会正能量。同时做到贴近学生，立足校园德育实际，提高德育网站的实用性和服务性。

第二，加强管理，努力限制和消除网络的消极影响。高校在校园网络建设的过程中加强对信息的审核，保证信息的真实性，加强后期内容的检测，一旦发现有问题的内容及时解决，提高实效性。解决该问题最为根本的就是尽快制定和完善网络法规。高校要通过管理载体加强校园网络信息管理系统，预防有害信息侵入校园，为思想政治教育功能的发挥提供坚实的网络平台，制度的建设和完善为网络平台的发展提供保证。

第三，建立最新的网络交流平台。随着当代社会移动端的普及，微信、微博、QQ、人人等成了人们交流互动的主要网络方式。教育工作者应该紧随时代的发展，积极有效地利用大学生常用的交流软件与其进行对话和交流。学校也可以根据本校的特点、立足本校的实际情况以及根据本校的需求建立本校具有特色的交流和沟通方式，比如各校的微信公共平台建设、校园 App 的开发等。教育者在运用这些方式时要体现导向性原则，对一些事关大局的话题，要在平等对话的基础上对学生以正确的引导和正能量的传播。网络具有隐蔽性，同时在网络环境下的学生德育工作也是长期的和复杂的，要积极发挥主观能动性把握其规律和特点，巩固创新德育工作的方式和方法。

第三节　高校德育的环境建设

人作为社会关系的总和，生活在一定的社会自然环境中，与环境有着千丝万缕的联系，不仅其生息繁衍与环境相联系，而且其道德行为也与环境息息相关。换言之，人的思想道德素质的形成和发展与德育环境密切相关。“加强德育环境建设，是增强高校德育科学性、有效性的一个重要方面。”[①] 高校德育环境作为大学生思想政治品德形成、发展和高校德育活动的外部因素，对高校德育工作产生了重要的影响。

一、高校德育环境的结构与价值

随着现代科学技术的发展，人类认识世界的能力不断增强，德育系统的环境也不断拓展，且变得愈加复杂。

从一般意义上说，德育环境可分为宏观环境和微观环境。宏观环境主要指社会政治、

---

① 李海燕，张成．论高校德育环境建设的理论依据和实践基础［J］．江苏高教，2007（6）：117.

经济、文化环境；微观环境是指家庭环境、学校环境、工作环境。宏观的社会政治、经济、文化环境对人的思想政治品德的形成、发展起决定性作用；微观的家庭、学校、工作环境对人的思想政治品德的形成、发展也有着极其重要的影响和制约作用。

从环境构成的内容来看，又可将德育环境分为硬环境和软环境。然而，德育环境是一个广泛而又复杂的系统，它是不同层次的环境因素相互联系构成的有机整体。用系统论的方法来审视高校德育环境，就不能孤立地看待各种标准的划分。合理把握、正确定位高校德育环境，可以将其分为物质性的硬环境和精神性的软环境，并兼而论及以高校为桥梁和纽带也涉及部分社会环境和自然环境等其他相关环境内容。

（一）高校德育环境的结构系统

关于德育环境的结构系统，可以把德育环境、人的认知实践与评价、人的思想政治道德素质看作德育环境理论中的三个要素。在这三个要素中，把环境看作客体，人的思想政治道德素质看作主体，人的认知实践与评价看作客体对主体发生作用的中介。这三者形成的结构就是我们所说的德育环境“三维结构”。德育环境、中介、人的思想政治道德素质三者之间的关系是，一方面，德育环境对人的思想政治道德素质产生影响作用；另一方面，德育环境也通过中介因素对人的思想政治道德素质产生影响作用。

具体地对德育环境内涵要素进行分解，理解高校德育环境结构系统中德育、环境、人三者之间的互动性关联，有助于对高校德育环境进行进一步深刻的把握。

首先，德育环境对人的思想政治道德素质的影响，体现了人和环境的关系。德育为两者之间的和谐关系提供了关联性基础和价值性要求。环境为人的生存和发展提供了各种可能性的物质资源，并同时不断影响人的精神生活。社会的政治、经济、文化、社会生活和学校生活的各方面，以法律、道德、风俗、其他的社会规范和学校的各种规章制度等形式表现出来，并对人们的思想行为进行导向和规约。人在受环境影响的同时，也通过自己的活动不断改造环境。人们的思想观念，其具体存在的形态表现，大到社会各种学说、思潮、多元的价值观及社会导向、社会风气、社会心理等，小到校风、班风、家风等，精芜杂陈、层次不一，并总是处于不断碰撞、交融、衍生、变化的过程中，它的变化发展过程及其趋向，都对现实环境形成冲击。

其次，德育环境通过中介因素对人的思想政治道德素质的影响，体现了德育和人的关系。环境是德育活动实施以及人在德育活动中品德形成的必要的手段和中介。环境在德育过程的各个阶段都影响着个体品德的形成，对人的道德认知、道德情感和道德实践发挥着重要的作用。

最后，德育和环境的相互关系体现了人始终是联结两者的逻辑起点和现实终点。德育实施的主体客体都是人，教育者和被教育者在德育活动的互动过程中推动着德育的建设和发展。而环境作为人的外部存在，在德育过程中，也是通过人的目的性改造而为德育服务的。

德育环境是一个由若干层次的复杂多元的要素构成的系统，根据不同的标准可以将德育环境划分为不同的类型。从德育实践的空间范围来划分德育环境，可将其分为社会大环境、社区环境、家庭环境、学校校园环境和网络以及大众传媒环境。另外，从学生个体发展人际范围来划分，可以将其划分为四类人际环境，即家庭成员、社区邻里、学校老师、同辈群体。

（二）高校德育环境对学生个体发展的价值

（1）德育环境对人的思想政治品德的形成和发展具有促进作用。德育的外部环境，无论是自然环境还是社会环境，都对人的思想政治道德素质的形成和发展具有促进作用。自然环境中，雄伟壮丽的疆土、恬静秀美的山川都蕴含着一定的教育内容，激发人们的爱国、爱家情怀。社会环境的各种因素，特别是思想层面的因素，积极向上的、高尚的、真善美的促使青年学生奋发向上，健康成长，有利于他们形成远大的理想，树立正确的人生观与科学的世界观，培养优秀的道德品质及高尚的情操。德育要重视和加强社会环境的研究，发扬社会环境积极因素的影响，为青年学生的健康成长营造良好的社会氛围。

（2）德育环境对人的思想政治品德的形成和发展具有潜移默化的影响。德育环境对人的思想影响不是强制的、有形的影响，而常常是无形的、潜移默化的影响。各种德育环境及其因素，以潜移默化的独特方式时时处处地熏陶、感染、引导、激励、教育着青年学生，使他们转变原有的思想观念并提高到新的思想水平。社会环境中的社会风气、社会氛围、社会舆论的教育，正是通过这种潜移默化、耳濡目染、内心的体验和情感的熏陶来实现的。对高校而言，社会文化对大学生的思想和行为的熏陶与感染更为强烈、明显。

作为环境参与或影响包括德育活动在内的人类个体的行动历程的每一环节，社会文化不但影响高校德育工作者，还影响德育对象的身心特征，甚至制约高校德育的内容和方法。显然，社会环境对青年学生的影响，虽然不像学校教育那样，是有计划有组织有要求，运用特定的措施和方法的，但社会大环境的潜移默化的教育作用是不可忽视的。

（3）德育环境对人的思想政治品德的形成和发展具有重要的约束和规范作用。环境之所以对人的思想和行为具有约束和规范的作用，是因为当人们的思想和行为在环境中表现出来后，就会受到周围环境和人们舆论的评判，同时还会受到法律、道德、纪律规范的检验，这就是环境对人的思想和行为的直接影响。

二、高校德育环境的特征

（一）高校德育环境的结构特征

1. 复杂性特征

高校是社会的一个重要组成部分，大学校园被称为社会的“晴雨表”，高校与社会有着不可分割的联系，社会环境的复杂性决定了高校德育环境的复杂性。学校自身也为学生的成长成才提供了各种物质、精神环境，这些环境因素对大学生的思想和行为无时无刻不在发生着作用。

此外，高校德育环境由于其性质不同，对大学生的作用方式也各不相同。它们有的是有形的，有的是无形的，有的表现出直接的、具体的影响，而有的则表现出间接的、渗透性的影响。各种不同的影响方式之间既相互联系，又相对独立，交互影响着大学生思想政治品德的形成和发展。这在一定程度上也构成了高校德育环境结构上的复杂性。

2. 整体性特征

高校德育环境各要素之间密不可分、相互协调的关系，又体现了高校德育环境结构的整体性。换言之，高校德育环境的功能和作用是在特定的结构中产生的，是有机联系的，牵一发而动全身的。除了各要素间密不可分的关系之外，高校德育环境结构的整体性，还表现在各要素之间的彼此协调，也就是说，在一定的环境中，各因素的存在不是机械的、独立的，而是相辅相成、相互配合、相互作用的。高校德育环境只有发挥好整体功能，才能对学生的思想行为产生最大的影响和制约作用。

3. 有序性特征

高校德育环境从时空上来讲体现了结构上的有序性。

从空间上看，高校德育环境各因素是相对独立的，是德育环境大系统的一个子系统，这些子系统处于不同的位置，充当不同的角色，其本身又是一个独立的功能体，它们在构成德育环境系统时具有一定的结构和层次，具有有序性，并各自有相应的功能。

从时间上看，高校德育环境各因素不是一成不变的，而是变化发展的，是与大学生身心发展要求和规律相一致的，前后更替具有有序性。一方面，高校德育环境是各因素按照一定的结构形式组合而成的有序系统；另一方面，高校学生思想活跃，接触面广，乐于接受新事物，其思想政治道德会随着环境的变化而不断发生变化，但这种变化并非杂乱无章，会呈现一定的规律性。

（二）高校德育环境的本质特征

1. 广泛性特征

世界是普遍联系的，万事万物都处在一定的联系之中，人与周围的事物存在着普遍的多样的联系。因此，无论是已经认识到的自然和社会对象，还是尚未认识到的，都可能构成环境。随着人们对人类社会文明史的认识的不断深入和发展，人类活动范围不断地扩大，人们对未来的预测、分析及创造环境能力的加强，环境的时空在不断拓展。作为传承、发展人类文明的重要场所的学校，尤其是作为社会高层次人才培养摇篮的高等学校，更会与社会客观存在着直接或间接的联系，一旦现实社会环境发生变化，高校德育就会为适应其变化而变化。

2. 创造性特征

由于德育环境具有可变性，总是处在不断发展变化的状态之中，促使其朝着积极影响的方向发展提供了可能。即当现实的德育环境对人的思想品德及德育活动发生影响的同时，人能够积极发挥主观能动性和创造性，引导和改造现实的德育环境，使之成为有利于德育活动和德育对象身心健康发展的德育环境，从而促进德育目标的实现和德育任务的完成。

3. 开放性

德育是对人的思想与道德施加影响的活动。德育环境具有广泛性，导致德育的环境很难固定。除此之外，德育环境也不能被人为地封闭起来。所以，影响德育环境的因素在空间上没有固定界限。社会存在决定社会意识，社会意识是对社会存在的反映，但社会意识具有相对独立性。人们的思想道德不仅是对现实的反映，而且也会受到历史和未来因素的影响，因此德育不可能机械地固定在某一时间或某一个界限内。这就说明高校德育环境无论是在空间上还是在时间上都具有开放性。

4. 渗透性

高校德育环境对学生的影响不是直接的，主要是间接地熏陶，是一个长期的潜在的过程，这种潜移默化的隐性效应，使得环境对高校德育的影响不直接显露，不能引起即时的反应，而必须通过对社会、经济、政治、文化等各种信息进行筛选、吸收、积累，将其渗透到对学生世界观、人生观和价值观的形成和思想品德的发展中以产生影响。例如，优秀的文艺作品能对学生起到鼓舞志气、振奋精神的积极作用；健康向上、丰富多彩的校园文化活动，能够创设一种文化氛围，发挥教育功能、导向功能、审美功能和娱乐功能，帮助学生树立正确的人生观、世界观和价值观。

总之，高校德育环境对人的影响不是强制的、直接的，而是通过感染、熏陶，使人在不知不觉中接受教育，它是一种渗透性的、积累式的影响。

三、高校德育环境的功能

（一）规范导向功能

高校德育环境对青年学生的思想政治品德的形成、发展及德育活动具有规范和导向功能。从社会环境来看，其规范导向功能表现如下：

（1）学校关系是社会关系的一种，一定的社会形态如社会主义制度、资本主义制度等，以及具体的社会制度如政治制度、经济制度、文化制度、教育制度等，都对高校德育起到规范导向作用。

（2）社会环境中的政治、经济、文化等各种具体环境因素，通过学生的自觉道德实践和学校的德育活动不断进行物质、信息和能量的交换，使社会信息源源不断地传入学校。这样既对学生的思想认识和价值观念的形成和发展产生影响，又对高校德育活动发生作用。良好的健康的社会信息可将学生的道德认识、人生价值观和德育活动导入正确的方向。

从学校自身环境来看，一方面，学校的制度关系规范制约着德育。学校的各种规章制度，如考勤制度、奖惩制度等，都对人的思想行为产生影响和制约；另一方面，学校中的非制度关系，如校园气氛、班级课堂气氛等，也在规范引导着学生的思想行为。

（二）渗透传导功能

高校德育环境对青年学生的思想政治品德的形成、发展及德育活动具有渗透传导功能。具体表现如下：

（1）学校的硬环境，从校园建筑风格到校舍楼宇的装设等，都给生活于其中的成员一个具体可感的参考，并传递出一定的价值信息，给每个成员以一定的心理暗示，使他们自觉或不自觉地从周围环境中接受那些人们所认可或学校倡导的价值观与道德观。

（2）学校的软环境，尤其是学校在长期的文化实践中形成的体现学校风格个性的校训、校风，凝聚着学校的基本精神与价值取向，它可以将学校的意志和价值渗透于学校的各种文化活动中，使之成为学生生活环境的不可分割的一部分，进而在有意无意中对学生产生影响，对他们人生态度和道德认识的形成发挥导向作用。

（3）学校的德育活动主要是在学校环境中进行的，学校环境的各种因素对德育活动同样起着导向作用。如志愿者活动、升国旗仪式、参观有历史价值的纪念场馆、参加义务劳动、参加文体活动等能让学生接受爱国主义、社会主义、集体主义的教育；参加学术活动、艺术活动、读书活动等都能使学生在不知不觉中受到心灵的感染、情操的陶冶、哲理的启迪，使教育者的意图逐渐渗透到他们的思想中，由量变到质变，使其思想感情发生改变或将原有的思想提高到新的层次，特别是那些只能意会、不能言传的东西。环境渗透作用正是通过这种耳濡目染，对情感的熏陶感染来实现的。

（三）教育示范功能

高校德育环境对青年学生的思想政治品德的形成、发展及德育活动具有教育示范功能。具体表现如下：

（1）教师人格榜样的示范。教师尤其是与学生联系最多的专兼职班主任和辅导员，通过言传身教，他们的政治态度、品德作风和生活方式都会对学生的政治观、人生观、价值观、道德观产生直接影响。许多学生的思想作风、兴趣爱好和行为习惯都深受老师的影响。

（2）学生身边的榜样示范。大学生的年龄结构、社会阅历、知识水平、兴趣爱好有相近或一致的特点，因而他们所在的环境中受到奖励或舆论褒扬的先进人物和事迹对他们的道德、情感和价值观的形成有着最直接的重要的影响。学生中受表扬和奖励的好人好事会成为学生效仿的对象及进步的动力。

（3）社会模范典型的示范。“雷锋精神”影响了几代人，时至今日早已成为一种民族精神，并且以后还将继续产生深远的影响。社会模范典型的光辉业绩和高大形象容易引起学生心理上的共鸣，产生向他们学习的愿望，进而把这种愿望转化成为学习的动力。此外，渗透于校园雕塑、学习园地、教材中的各种英雄、劳模、科学家、文学家等杰出人物的先进事迹，也对学生具有示范作用。

（四）驱动反馈功能

高校德育环境对青年学生的思想政治品德的形成、发展及德育活动具有驱动反馈功能。高校德育环境是动态变化的。变化的环境必然会给学生的个性特征及思想品德带来新的变化，也会给高校德育带来新的研究任务。高校德育要想取得良好的效果，就必须研究客观环境，揭示环境的运动变化的特性，根据变化了的环境、变化了的教育对象，不断调整教育目标，选择相适应的教育内容和方法，把握环境构成的各因素之间的相互关系及其对人的思想产生影响的规律，为人的思想政治品德健康发展创造良好的成长环境。高校德育环境的驱动反馈功能具体表现如下：

（1）社会通过正向的信息传导及逆向的信息反馈，不断向学校发出指令性或指导性信息，对高校德育工作做明确的要求，学校会根据社会要求进行德育环境的改进，并对院系、年级、班级、宿舍等环境层次进行优化，直至对德育对象提出要求，施加影响。同时，社会环境也根据德育对象的社会化行为做出的反馈进行调整。

（2）国际重大政治经济动荡，国内重大政治经济事件或自然灾害等德育社会环境因素的突发性、偶发性变化，引起高校德育环境要素的反应与变化，这是非常规性的，也是无序的驱动反馈。

（五）心理建构功能

高校德育环境对青年学生的思想政治品德的形成、发展及德育活动，具有心理建构功能，具体表现如下：

（1）大学生因为外部环境的因素，如市场经济的确立，竞争机制的导入，生活方式的变化，中西文化的碰撞，价值观念的冲突等，产生一定程度的心理疾病，又由于内部环境因素，如学习生活紧张、竞争激烈，人际关系复杂，业余生活单调，就业压力大等，面临无所适从的心理状态。这就使得德育在心理品质培养中有着特殊的地位和作用，也使得健康良好的心理品质成为德育的心理基础，把德育和心理教育结合起来成为德育方法改革的重要环节。

（2）由于学校的育人环境具有特定的导向功能，因此，它对学校的环境氛围具有特定的调节作用。这些环境能在一定程度上推进大学生心理品德的健康成长，使学生具有健康的个性心理和完善的人格特征。

四、高校德育环境的构成

（一）高校外部德育环境

高校外部德育环境，是指较大范围内环绕学生的需求，直接或间接影响和制约大学生思想政治品德形成和发展的各种外部因素的总和，主要包括社会经济、政治、文化等宏观环境和家庭微观环境等。

1. 宏观环境

经济环境是最基本的环境因素，直接影响德育的要求和规格，决定德育的发展水平。不同的生产方式对人的思想政治品德的要求是不同的，社会经济环境以其特有的生产方式对人的思想政治品德产生直接的影响。在社会主义社会，我国实行以公有制为主体、多种所有制共同发展的经济制度，以按劳分配为主、多种分配方式并存的分配制度，这种经济环境要求在全社会弘扬以为人民服务为核心、以集体主义为原则的思想政治品德。同时，经济环境还通过对政治、文化等其他环境因素的影响来间接影响德育。繁荣的经济环境能激发人的内驱力，鼓舞人的意志、振奋人心，有助于人形成积极向上的思想政治品德，而衰退的经济环境则容易使人失去动力而意志衰弱。

政治环境是形成人的政治观的外在重要因素，也是实现人的政治社会化的客观条件。政治环境决定了我国高校德育的目标、内容、基本原则等，因此德育必然要把视野投向社会政治环境，从中把握学生的思想政治品德形成、变化的规律性，通过进行党的基本路线、方针、政策的教育来提高学生坚持党的领导和坚持中国特色社会主义道路的自觉性，通过进行社会主义民主、法治的教育来提高学生辨别是非的能力，增强他们遵纪守法的意识，通过形势政策教育、党史国情教育来使学生对周围环境、社会生活、社会关系有正确的认识，帮助他们树立正确的政治立场和价值观念。

文化环境是人们在精神文化支配下的各种行为联系而构成的社会文化关系。社会文化环境通过融合各种教育因素间接地潜移默化地影响人的思想面貌和价值取向。高雅、健康、进步的文学艺术作品、新闻出版作品、广播电视电影作品等能够滋润人们的心灵，升华人们的精神境界，良好的社会风气、社会思潮、社会心理等因素也耳濡目染地影响学生思想政治品德的形成。

2. 微观环境

家庭作为社会的细胞，是社会组成的基本单位，也是品德教育的前沿阵地。家庭成员的言行对子女的思想、品质、作风的形成具有潜移默化的作用。换言之，家庭是人生第一所学校，父母是子女的第一任老师，父母的言传身教和家庭的熏陶至关重要。家庭环境对高校德育的影响已随着经济和社会的发展而不断增强。为此，重视家庭环境建设是提高德育实效的重要环节。要着力提高全民的素质，家长素质的提高是家庭环境建设的根本和保障。要在全社会大力弘扬中华民族优秀传统文化，并吸收世界先进文明成果，形成有时代特征、民族特色的家庭美德。学校要采取一定的方式培养家长家庭教育的意识和能力，并倡导家长以身作则，率先垂范。总之，加强中华民族的德育建设，必须从家庭抓起。家庭德育氛围也是高校德育环境建设的重要着力点。

（二）高校内部德育环境

高校内部德育环境，是指直接或根本影响和制约大学生成长成才、思想品德形成和发展，以及影响和制约高校德育工作及其成效的各种内部因素的总和。高校内部德育环境主要包括校园硬环境，即物质环境；校园软环境，即高校学术环境、高校文化环境、高校管理环境以及高校生活环境等。

1. 校园物质环境

物质环境是影响大学生道德品质形成和发展的重要因素，良好的物质环境有利于产生良好的德育效果。校园物质环境是指校园内对学生的学习和生活产生影响的一切物质条件的总和，主要包括由学校的建筑、设施设备、活动场地、绿化美化和景点设置等构成的自然地理环境、人文景观、教学科研设施、文化基础设施。

学校的德育离不开特定的校园，校园物质环境既是学校生存发展的基本条件，又是精神环境中的各种因素的载体。虽然物质环境是没有生命和感情色彩的客观存在物，但如果能够按照有利于育人的要求，遵循德育规律，匠心独运地加以精心设计构造，就会使其散发出生命的灵性，引起人们对美好事物的向往，激发人们对美好生活的追求，从而使其所蕴含的人文底蕴和自然和谐的美感及所表现的文化观念、文化内涵成为影响学生道德品质的强大外部物质力量，并对学生的思想道德素质产生潜在的影响。因此校园物质环境建设得好不仅有利于学生控制情绪、调适行为、陶冶情操、美化心灵，还可以启迪智慧，激发灵感，使学生时时感到精神生活的愉悦。

2. 高校学术环境

科学研究是高校的主要功能之一，大学素以灵动的学术气息而意蕴深邃，充满着求真的科学精神与求善的人文精神就是高校的学术环境。学术活动既是学者的活动，又是教育学生的活动，同时也是德育工作者教育人、启迪人、感染人、熏陶人、引导人的活动。高校学术环境充满着对学生的终极关怀，充分调动着学生成长成才的自觉性与积极性，因而，它正日益成为大师的造端地，学生的滋育场。

自由的学术氛围要求学生培养求实的科学精神，培养创造性、批判性的思维，培养自主、自强的独立人格。高校学术环境及氛围如何是一所高校是否兴旺发达的标志。一所大学是否具有社会影响，能否对社会做出应有的贡献，不取决于大学的地理位置、建筑、师生多少，而取决于该校的学科建设、学术水平和学术氛围，取决于有多少科研成果转化为现实生产力及其对社会贡献的大小。

3. 高校文化环境

高校文化环境是指影响高校德育的各种文化要素的总和，包括国家的思想和意志、民族传统文化、社会的道德风尚等在高校的文化体现以及高校本身的各种文化因素。

校园文化具有重要的育人功能，要建设体现社会主义特点、时代特征和学校特色的校园文化，形成优良的校风、教风和学风。新时期高校德育工作，必须营造良好的校园文化环境及氛围，始终代表中国先进文化的前进方向，并充分发挥其在人格塑造中的调节和导向功能，做到以科学的理论武装人，以正确的舆论引导人，以高尚的精神塑造人，以优秀的作品鼓舞人。

校园文化是以校园为中心，以丰富和活跃学生课余生活，培养全面发展的合格人才为目的，并由广大师生直接参与和组织的一系列活动所形成的一种精神环境和文化氛围。校园文化的灵魂和核心就是校园精神，校园精神是深层次的群体意识，又是群体的向心力和凝聚力，是校园群体共有的价值认同、价值取向和行为方式。

校园文化环境从广义上讲，是指教职员工在学校教学、工作、学习过程中共同形成的物质条件和精神条件的总和；从狭义上讲，是以学生为主体，教师为主导，在学校这个空间范围内逐渐形成的精神文化形态。树立优良的校风是创造良好的校园文化环境的核心内容。校风是校园文化的本质表现，是学校教职员工共同形成的，具有办学特色的、全局性的、稳定性的精神力量和行为作风，是学校管理和办学水平的集中表现。

校园文化环境对大学生的精神风貌和态度情趣具有同化作用，对大学生的道德品质的形成起着重要的塑造作用。因此，高校应开展丰富多彩、积极向上的学术、科技、体育、艺术和娱乐活动，把德育与智育、体育、美育有机结合起来，将德育寓于文化活动和社团活动之中。

4. 高校管理环境

管理环境主要包括制度环境和组织环境。制度环境作为高校德育的软环境，为高校德育的开展和实施提供了基础性的安排和保障。没有切实可行的规章制度，即使有最好的环境条件，环境建设也不会协调发展。现代德育已区别于传统的言传身教和上行下效，不再是一种自发性的教育方式，而是一个制度性的活动，因此，制度环境日益成为高校德育环境的重要组成部分。制度不但推动德育环境不断优化，还保证德育环境建设井然有序，强化德育环境对大学生的道德感染和熏陶作用。制度环境由维系学校生活和各种关系的规章、规则和制度构成，具体包括师生道德行为规范、校园管理制度等。制度环境一旦形成，就具有一定的稳定性和普遍的约束力，要求大家共同遵守，不得随意更改和破坏。

高校德育活动是由各级互相依存的组织实体机构来实施的，高校德育环境自然也包含作为高校软环境的组织环境，它是高校实施德育的组织保证。高校德育必须在组织的团队中，在各级组织的相互配合支持下才能发挥其系统性和有效性。组织的重视程度、理念方法、理论研究水平和实际工作能力等都在很大程度上制约着德育建设的发展。组织环境主要包括德育工作的领导体制和德育队伍状况。有效的领导体制是高校德育环境协调、有效建设的根本所在，高素质的德育队伍是建设高校德育环境的人力保障。

5. 高校生活环境

高校生活环境主要指在特定空间范围内形成的社区氛围和人际环境。其中社区氛围主要是指在大学生宿舍等生活园区形成的生活、交往、文化等氛围。宿舍将不同地域、不同生活背景、不同专业、不同素质的学生集合成一个小群体，在这个小群体中他们朝夕相处，心灵沟通，情感交流，学习帮助，相互影响，形成特定的生活环境，这种环境极具影响力和感染力。高校德育的人际环境是大学生与其所能接触的人通过交往形成的主要以情感为基础的相互关系和氛围，是一种交往环境。良好的人际环境不仅是大学生学习、生活的重要保证，也是高校德育价值的重要体现。高校生活环境不仅会影响德育主客体的价值导向和行为模式，还会影响德育主客体的思想情绪和工作动力。

在高校德育环境的构成中，除上述主要构成因素外，还有一些其他环境因素，即对主要环境起支持、维护、保证和促进作用的环境。这些环境虽然对大学生思想品德形成、发展造成的影响不如上述主要环境那样强烈，但是这些环境控制和建设的好坏，同样会给高校德育工作造成重大影响，甚至直接对主要环境起促进或阻滞作用，因此也是高校德育环境中不可或缺的因素。这些环境主要包括：高校的精神和办学理念；雄厚的办学实力与社会影响；所在城市完善的基础设施建设；国家的法律法规和政策；等等。

（三）内外部环境的关系

在高校德育环境构成中，宏观的社会环境是影响高校德育的大背景，控制、影响、决定着其他环境的总体状况。学校环境是高校德育环境的重要组成部分，它对德育活动及学生的思想政治品德的形成和发展非常重要。社会环境针对社会大众层面，学校环境主要针对学生群体或个体，但这并不意味着社会环境和学校环境是对立的、是毫无关系的，它们之间存在着一种互动关系。学校是社会的组成部分。学校环境的形成和发展离不开社会环境的影响和作用。社会环境对高校德育的影响一般是通过学校环境实现的，反过来学校环境的营造又会影响社会大环境的整体建设。

学校外部环境和学校内部环境对学生的影响是纵横交错、互相制约、互相影响的。学校外部环境是内部环境的背景和基础，而优化学校内部环境又能对外部环境建设起促进作用。因此高校德育环境建设要正视现实，扬长避短：既看到学校外部环境中的有利因素，引导学生认同和接纳它，又要看到外部环境中的不良因素、弊端和危害，引导学生加以抵制和摒弃；既要加强学校内部环境的建设，优化育人环境，又要加强对学校外部环境的优选和调控。正确处理高校德育内部环境和外部环境的关系，才能更好地建设高校德育环境。

五、高校德育环境的建设探索

系统论的协同作用原理揭示了系统的活动机制，揭示了系统的要素之间、系统与环境之间的相互关系和作用。系统要素之间、系统与环境两方面的协同作用，可以使系统在原有要素不变的情况下发挥更大的作用，从而提高系统整体功能的效果。系统要素之间的协同作用是系统运行的微观机制和内在机制，它是系统存在与发展的依据。系统与环境之间的共同作用，是系统运行的宏观机制和外在机制，它是系统存在和发展的必要条件。德育系统的运行机制同样包括系统要素间的内在机制和系统与环境之间的宏观机制。因此，在高校德育过程中，不仅应当关心德育管理运行的内部机制，而且应该重视其外部机制，建立学校优化的环境，从而为德育管理创造必要的背景条件。

（一）德育环境建设的基本策略

高校德育环境的性质和特点决定了我们必须坚持集成人学教育观，具体来说就是要坚持大空间观、大时间观和大主体观。大空间观要求德育工作应以积极的姿态面向社会，通过环境建设工作，优化和开发高校德育环境，同时将德育内容渗透到环境建设工作的方方面面。大时间观就是从德育环境建设的角度，把高校德育活动作为一个动态的连续的过程，形成一种共时性和历时性高度统一的德育环境。高校德育工作只有贯穿大学生在校生活的始终，才能通过长期的渗透和熏陶，为大学生形成良好的思想道德素质打下坚实的基础。大主体观就是将各级党委、政府部门、社会的有关组织、家庭、学校的力量都整合到德育中来，拧成一股绳，形成教育的合力，提高教育的效果。

这种大空间观、大时间观和大主体观就要提高“大德育”意识，这是优化德育环境的重要前提。德育环境的优化必须使全社会建立起较为充分的对于高校德育的义务感和德育自觉意识，只有在全社会德育意识水平普遍提高的基础上，德育环境的优化才有可能走向现实。每一个具有一定的实践能力、认识能力，并且能够运用这些能力影响和改造德育环境的组织和个人，都是德育环境建设的主体。只要确立并强化这样一个大德育主体观念，就能够实现由主要依靠学校力量实施德育的模式向多主体参与、多渠道渗透、开放动态的整合力型的德育新模式转变。为了践行这种集成人学教育观，在高校德育环境建设方面应该采取以下策略：

1. 整体建构

高校德育环境是由高校德育环境、家庭德育环境和社会德育环境三个子系统共同构成的大系统，三者处于不同的层次和维度。高校德育环境的优化涉及多方面，整体建构策略是常用的策略和方法。这种策略调节、控制环境各要素对德育的影响，发扬、扩大积极因素的范围并统一其作用的方向，同时抵制消极因素、减少负面影响，使之形成并始终体现正面教育的整体合力和效应。只有使用整体建构策略，有目的、有步骤地调节社会宏观环境与微观环境的矛盾，保持整体协调统一，才能有助于把家庭、学校、社会德育环境三股力量有机结合，构建三位一体的高校德育环境教育模式，从而形成教育合力。

首先，重视政府的主导力量。政府在社会经济、政治、文化等发展目标的选择上起宏观调控作用，在此过程中，应该将构建一个有利于学生健康成长的德育环境的理念贯彻渗透其中，除了要重视与学生特别密切的社区文化环境、传媒环境的建设管理，促进文明家庭的建设等以外，还要重视改善社会风气，形成正确的社会价值导向和中国特色的新文化，从而使得大德育观的实现、良好的大德育环境的营造得到强有力的保障。

其次，充分发挥学校在营造优化的德育环境中的主体性和主动作用。学校要根据育人根本任务建设好校园环境，同时主动地参与社会德育环境的建设。既善于利用各类环境系统中的积极因素，组合各种正面的影响而形成合力，又以自身特有的优势，传播先进的道德文化并辐射影响社会，从而使外部环境中正面德育影响源最大限度地转变为现实的德育影响，并促进外部环境中的德育影响有序化，形成德育环境建设的良性互动，以开发高校德育的现实空间。

2. 和谐发展

教育作为社会系统的重要组成部分，在经济社会发展中起着基础性、全局性、先导性的作用，如何将和谐发展理念融入教育是一个重大而崭新的课题，需要广大教育工作者深入思考和不断探索。将构建和谐教育的理念贯穿到德育环境的建设中，能够促进德育环境的优化，为新时期德育改革提供新的思路，对高等教育的改革和发展同样具有重要的指导意义。

构建和谐的高校德育环境，就是努力使学生生活在各尽其能、各得其所而又和谐相处的高校德育环境中，也就是良性运行和协调发展的高校德育环境，它是和谐社会的一个重要子系统。高校应结合自身的特点，积极优化校园德育环境。

首先，形成融洽的人际关系环境。良好的人际关系是大学生学习、生活的重要保证，是高校德育价值体现的重要方面。

其次，营造各种和谐的校园环境。高校德育环境包括学校内部的一切事物，即包括物质的和精神的、有形的和无形的多种因素。通过融合多种德育价值，使学术研究与道德修养相统一，使科学精神与人文精神相统一，以促进“大学生全面素质教育工程”的实施，促使学校在凝聚力、对外吸引力和向心力等各方面都能够得到发展，从而使德育能有效促进人的全面健康发展。

3. 比较鉴别

环境的各种构成要素能对学生产生不同的影响。德育环境的优化要通过纵向和横向的比较，才能鉴别其作用的效果。因此，在德育环境建设的过程中，应该纵向地把德育环境的影响与过去的环境影响、与创造设想的新环境相比较，找出差距；横向地把同一发展水平的环境影响相对比，区别好坏与优劣，并进行优化。通过比较鉴别，还能增强或突出德育环境的某些特征，重点发挥其作用，形成某些特定的环境条件来影响德育活动和师生的行为。这种策略要求在高校德育环境建设时，努力挖掘和创造资源，人为地、有意识地去优化高校德育环境。

4. 判断预测

环境的运动、变化、发展在特定条件下是有一定的规律的。德育环境对于人的影响也具有规律性。高校德育环境的建设者作为环境的主人，可以对环境未来的发展趋势及状况做出判断、预测并进行综合分析、择优，从而对环境建设加以正确的引导、适时的调控，不断强化、不断优化，让优质的德育环境发挥最大限度的育人功能，让反面的环境因素在建设过程中被过滤，为学生的德育发展提供一个优化的、明净的环境。这种策略主要是组织各领域的专家运用直观归纳法，也可以采取专家会议来预测环境的过去、现在的状况、变化发展的过程，进行分析判断，通过专家之间掌握的环境信息进行交流，引起思想共鸣，进行创造性思维，从而为优化选择环境资源做出正确判断。它有助于政府和学校对环境优化的舆论导向，并提供决策、立法及制度制定的依据，因此在环境优化的策略中有着重要地位。

5. 隐蔽教育

隐蔽教育策略，是由高校德育环境的渗透性特征决定的，指的是在高校德育环境建设过程中，应注重德育环境教育功能的自然化和情景化，注重创设情境和氛围促使个体产生内在的需要和情感上的共鸣，让物质环境、精神环境在不知不觉中对学生发挥教育作用，从而实现环境育人的目的。因此，高校德育的信息输出，应融于学校的一切活动中，尽可能以自然的方式出现。

首先，重视科学规划校园建设，创建一个优美的校园环境，以陶冶学生的情操，激发学生的学习热情，从而对大学生进行“无声”的教育。

其次，加强优良校风、学风建设。通过从严治校、改进领导作风、建立健全规章制度、狠抓教学秩序和考场纪律等确立符合学校传统和特色的校风学风，形成无形的舆论力量和精神力量，从而促进适合学生发展的良好校园环境的形成。

再次，组织丰富多彩的校园文化活动，活跃学生课余生活。通过融政治性、学术性、知识性、健身性、娱乐性、公益性等特征的各类文化活动为一体，有意识地创建一种有利于学生发展的良好文化氛围和教育情境。

最后，重视宣传工作在校园文化建设中的重要作用。要坚持以团结、鼓动、稳定、正面宣传为主的方针，突出主旋律，发扬正确的舆论导向作用，大力发展先进文化，加强社会主义精神文明建设，加强校园环境管理，增加一些硬件设施，充分发挥好校园广播、宣传橱窗、院报校刊等文化教育的作用。

（二）德育环境建设的实践探索

1. 高校德育的硬环境建设

高校德育的硬环境既是学生生存发展的空间，又是他们的精神家园。学校的师生员工是校园环境建设的主体，他们自己创造、建设、美化的校园环境，身临其中备感亲切也倍加珍惜，这是最微妙的德育领域，也具有奇特的感染力。建设好高校德育硬环境，使之从一般的物质环境优化为有育人功能的德育环境，往往会使这些物质环境因素成为影响学生思想感情、道德行为的重要外部力量。高校德育的硬环境建设一般包括以下内容：

（1）校容校貌建设。校容校貌是学校外部形态、整体面貌的综合表现。

首先，学校要围绕育人的根本目的，利用环境学和教育学的基本原理，结合美学、建筑学等各种学科知识，潜心设计，合理布局，精心雕琢一所学校的校容校貌、校内各种建筑及设施等物质实体的构成空间，努力使每一幢楼、每一条路、每一棵树、每一片绿荫都能寄情含意，使之体现一定的价值目标和审美意向，体现校园环境的熏陶作用和潜移默化的力量，同时也体现学校的文化底蕴和治校理念。学校在校园环境的具体建设中，要因地制宜，富有个性和特色，在高等教育国际化的大背景下，更要体现文化的交融与碰撞。

其次，校园环境建设还要体现严谨的科学精神和自由的学术氛围，教室、实验室的设计要宽敞明亮、充满现代化气息，各类学术报告厅要错落有致，英语角、生物角、读书廊等要小而精致，随处可见，使师生员工在欣赏、享受美的环境的同时，又能领略到奋发有为的时代感、增长知识的紧迫感、创造财富的自豪感。

最后，校园环境建设还要充分考虑青年学生的个性特点和成长需要。当代大学生思想活跃、解放，富有创造性和生活激情，但同时他们也追求个性、崇尚自由、抵制循规蹈矩，有的还会自由散漫、不遵规守纪，因此校园的环境设计要把学习氛围和生活氛围结合起来，把轻松愉快的氛围和严肃的制度、纪律约束结合起来。既重视学习环境的建设，也要重视生活环境的建设。如有些高校的大学生活动中心是校园最亮丽的风景线；好多高校越来越重视学生生活园区的建设，不断改善住宿条件等，都有助于学生的健康成长。此外，校园显眼之处应有校训校风，处处应有规章制度。这既符合社会主义现代化教育目标，也从一个侧面反映了学校的精神文明水平和学校的现代化管理思想与水平。

（2）基础设施建设。基础设施建设是德育活动得以正常运行的必要的物质条件。大学生的学习和生活离不开必要的基础设施。如设备齐全的宿舍、食堂，先进的学生文化娱乐活动中心、体育活动中心、演讲厅、图书馆、电教馆等，可以给大学生的学习生活带来便利，既节省时间，又提高学习效率；同时这也是在对青年学生进行一种面向世界、面向未来、面向现代化的教育，有利于激发学生为追求美好生活而努力学习的动力。

首先，引导大学生自己动手，创建优美的校园环境。如组织大学生在校园植树种花，实行美化校园责任制，营造一个人人参与校园美化和管理的氛围。

其次，信息技术作为一种现代化的科技手段，为德育提供了高端的知识信息平台，丰富了德育的素材，成为德育重要的外部影响条件。因此，高校要重视信息系统设施建设，如图书馆的信息系统建设，其他以信息技术为媒介的服务系统、管理系统建设等都是信息系统建设的重要方面。当前，要特别重视网络系统的建设，对网站的设计既要有很强的政治导向性，又要有很强的吸引力，力求增强美观教育效果。总之，高校要适应信息技术迅猛发展的时代要求，抢占网络空间，有效利用网络虚拟世界，更好地开展德育工作。

最后，大学生活是社会生活的部分缩影，高校在基础设施建设中要更多地关注学生的生活空间，同时为学生提供丰富多彩的校园生活，完善学生生活空间，促进大学生全面发展。因此，对学生活动场所的系统性建设是高校德育环境基础设施建设中的重要方面。学生生活场所的建设必须从系统性角度着手，围绕学生个体全面发展的各方面需要的整体性特征，在建设中关注人性化设计，突出隐性教育特征，把具有德育内涵的因素巧妙合理地安排在实际建设中，从而激励感染学生，促使学生养成良好的行为习惯和德性品质。

（3）德育基地建设。面向生活世界是高校德育的新视域。当前高校德育仍面临与现实生活相脱节的现象，学生一般在学校里以学习科学文化知识、全面培养自身的素质为主，而很少接触社会生活。这就造成学生对现实生活的适应能力不强，缺乏对社会现实问题的综合判断力和分析力，从而缺乏树立积极的人生观和价值观、养成良好德性的土壤。

高校德育必须和社会接轨，不但要向学生传授实用的知识和技能，还要通过建立广泛的校内外基地来培养学生的实践技能和交往能力，为提升学生的德育品质提供良好的环境氛围。这一可塑性环境的开辟对高校德育意义深远。它作为校内外德育实施的中间环节，既拓展了高校德育的实践空间，同时又在德育实践中，为社会德育提供了积极的价值引导和知识贡献。具体来说，在校内，可以通过设置与一定德育课程相关的模拟情境来深化知识、解决实际问题，如模拟法庭、模拟社区、模拟公司等。在校外，高校应和相关企事业单位、政府职能部门及一些社会机构共建社会实践基地，加强学校和其他社会组织的双向互动。

2. 高校德育的软环境建设

高校德育的软环境主要指影响大学生思想品德形成与发展的各种精神及制度因素，这些因素大多是在德育形成和发展过程中自觉构建、自然形成的。在德育环境中，硬环境是德育环境建设的基础，软环境是德育环境建设的核心和灵魂，也是学校精神文明建设的重要内容。软环境之所以能在大学生品德发展中发挥重要作用，是因为它不仅集中反映了学校精神风貌，反映了校园文化特征以及目标追求、价值体系，而且还由于各种软环境因素中的积极因素是通过学校师生共同实践并经过历史的积淀、选择凝练而成的，它所倡导的道德价值已浸透在校园内的各种环境因素和人文因素之中，会使学生在不知不觉中受到教育和熏陶，成为其自觉成才的稳定的推动力量。高校德育软环境是一个完整的系统，包含诸多相互联系的构成因素。总体来说，德育软环境建设主要包括人际环境建设、文化环境建设、制度环境建设、心理环境建设等。

（1）人际环境建设。人际环境是高校德育环境的一个重要因素，从某种意义上说，人际关系也是校园文化的一种体现。良好的人际关系不仅可以使学生全身心地投入学习，促进学生奋发向上，还有助于大学生形成良好的集体意识，形成一种向上的群体规范，是促进大学生健康成长的一种无形的巨大的力量。

师生关系是高校最基本的人际关系，它时刻影响着教育过程和结果。师生关系融洽和谐，就会取得最佳的教育效果。创造和谐的师生关系，一方面教师要起主导作用，要具有较高的师德修养、精湛的教学艺术、良好的外表形象。只有具备扎实的知识、能力素质和工作水平，才能赢得学生的尊重和信服。同时，教师要热爱学生，尊重学生，做学生的知心朋友，赢得学生的信任；另一方面，学生也要做到尊敬教师，勤学守纪，双方共同努力，才能建立起和谐的师生关系，出现乐教乐学的生动局面。

学生间的人际关系，既影响学生的健康成长，也影响优良集体的形成。教师要有目的地加以引导，强调学生间的理解、团结、互助，鼓励学生充满自信、公平竞争、大度为怀，提倡学生间学习上互帮互学，共同进步。同时要重视学生的心理疏导，帮助他们解除因人际关系而造成的各种心理烦恼，正确地引导学生在团结友爱、相互尊重的气氛中健康地成长。

（2）文化环境建设。文化环境也是重要的软环境因素，良好的校风、班风是文化环境的主要内容，它能约束每个成员，逐渐使自己的行为、态度趋同于校风班风体现出的价值规范。通过建立良好的学校道德气氛来发展学校的道德行为，而良好的道德气氛的建立需要教师的道德引导与民主精神、学校组织制度的公正合理、班级团体舆论的正确导向。学生在集体中，思想行为容易受到集体舆论的制约和同化，心理学上称之为“从众心理”。因此，学校要重视文化环境的建设，尤其是校风、班风的建设。

首先，学校要培养正确的集体舆论。学校要通过多种教育途径，提高学生的思想认识水平及明辨是非的能力，帮助学生树立正确的世界观、人生观、价值观，养成良好的道德行为习惯。

其次，学校要根据社会发展要求及自己的实际情况、办学特点，提出校训和奋斗目标，并通过开展先进个人、先进集体的评比活动，在全校形成比、学、赶、帮的良好氛围。

最后，学校要加强作风建设，包括领导的作风、教师的教风、学生的学风建设。学校领导在加强自我修养、提高自身素质的同时也需要保证在学校的各项工作以及执行各项规章制度中发挥好带头作用。广大教师要以高度负责的责任心，率先垂范、言传身教，以良好的思想、道德、品质和人格给大学生以潜移默化的影响。

总之，教师高度的事业心、责任感和无私奉献的精神以及学生远大的理想抱负、开拓创新精神会使整个校园充满一种浓厚的积极向上的文化氛围。

（3）制度环境建设。要使德育活动能有效开展，就需要严格完善的管理，使其在一定的秩序下进行，以便从约束和调整学生的行为着手达到优化德育环境的目的，如果学校管理不严格，规章制度不健全，纪律松弛，秩序混乱，就不能有效地实施德育活动。因此，制度环境建设也是高校德育软环境建设的重要内容。要着重进行校规校纪建设，完善学校各项规章制度，以形成井然有序的管理氛围，使学生感受到这种氛围并自觉按照要求去规范、约束自己的行为。

首先，规章制度应该是全方位的，做到事事有章可循，如行政管理制度、德育管理制度、教学管理制度、后勤管理制度、内部体制管理制度等。

其次，规章制度的内容具体明确，操作性强，且要符合学校的实际及各项工作的需要。

最后，规章制度制定后要严格执行，纪律严明，赏罚分明。通过制度环境建设要形成自我激励、自我约束、自我管理的制度文化环境。同时要建立一个完善的管理网络，保证德育管理制度的落实，做到分工明确，职责分明，考核到位。

总之，一个管理有序、制度健全的校园环境，总是充满着向上的朝气，学生往往会注意自己的言行举止。因此，管理并不是消极的约束，而是培养学生良好的行为习惯和作风、促进学生全面发展的育人手段。通过制度环境建设，可以创造出使教育得以发挥作用的良好环境，从而促使学生自觉养成良好的道德习惯和道德行为。

（4）心理环境建设。当代大学生作为一个特殊的群体，他们面临着怎样的心理环境以及他们的心理是如何成长的，这是高校德育面临的重要问题。心理环境建设不仅直接关系到个体正常的成长和心理健康，也影响、制约着高校德育的发展。因此，在高校德育环境的建设过程中，应该根据当代大学生的心理个性特征，在发展他们自由个性的同时，进行正确的心理引导和合理的心理疏导。心理环境建设要以高校这个共同体为范围，通过必要的心理健康知识传授及行之有效的引导、疏导工作，给学生以心灵的归属感和精神的慰藉，创造良好的心理环境，让学生在学校内养成良好的心理素质，从而健康成长。

高校德育的软环境作为高校德育的独特氛围，从各方面影响、改变和塑造大学生的认识、情感和行为。大学生能否树立正确的世界观、人生观、价值观和道德观，很大程度上受到他们所处的现实环境的影响和制约，而其中高校德育软环境的作用与影响尤为突出。因此，高校应当把德育软环境建设提高到一个新的高度来认识，并采取切实有效的措施加强高校德育软环境建设，努力营造一个优良的高校德育软环境。

第三章 高校德育的系统创新

第一节 高校德育理念的指导与创新建构

在竞争日趋激烈的今天，我国高等教育正处在改革与发展的关键时期。从改革的趋势看，高校办学模式将呈现一主多元结构，以国家办学为主，鼓励个人、社会参与办学；高等教育大众化进程加快，各种思想层次、知识水平层次、学习目标层次的学生集聚校园；高校后勤服务社会化改革不断推进，公寓越来越成为大学生学习、生活的重要场所；高校学分制的推行，传统的班级观念趋于淡化，以班级作为德育基本组织形式的情况正在改变；高校收费制度的改革，使大学生不仅是受教育者，也是一名拥有合法权益的消费者；高校培养方式将由以“教”为主转变为以“导”为主，重在教方法和培养人格；招生就业以市场调节为主，面向社会自主招生择业；学生的学习方式也在发生变化，自学和实践环节加强。“网络是现代社会的重要标志，利用网络互动促进高校德育理念创新意义深远。”① 这些发展趋势必然对德育工作提出更新、更高的要求。

一、高校德育创新的理论指导

人是具有鲜明个性心理特征的活生生的人，德育的实践主体是人，最基本要素是“人”，对象是人，其出发点和归宿依然是人。“以人为本”是科学发展观的本质和核心，而高校德育的具体对象是大学生。因此，“以人为本”是当前高校德育工作的核心和关键，树立“以人为本”高校德育理念，以切实推进高校德育工作，便成了必然。

（一）德育理念的创新

德育理念创新指人们对德育认知态度、指导思想和基本思路等所进行的创新。德育理

① 李嗣丞：《网络互动与高校德育理念创新》，载《图书馆理论与实践》2008年第5期，第110页。

念创新的前提和基础是坚持“以人为本”的思想，承认并尊重学生在思想政治教育过程中的主体地位，重视学生作为个体的内心认同、思想接受等的主体能动反映，把塑造学生的健康人格、实现学生的全面和谐发展作为德育的根本出发点。多年来我们在德育方面所形成的理念形态，是在计划经济体制的客观实践基础上产生的，迈入 21 世纪，我国高校德育的外部环境和教育对象都在发生很大变化，伴随社会实践的重大变化，作为意识形态领域里的高校德育，在继承优良传统基础上，必然要不断进行创新，以真正实现育人之功用。

1.“以人为本”的德育理念

德育创新，先要树立“以人为本”的德育理念，把人作为德育的主体和根本，把人的发展作为德育的根本出发点，充分认识和把握人的本性，充分引导和满足人的正当欲望，善于理解和把握人心，最终赢得人心，取得人的信任和教育的主动权。也就是真正实现“以人为本”这一现代教育的基本价值观，解决人的精神激励、灵魂塑造和品格提升问题。

“以人为本”是德育理念的本质内容，是加强和改进高校德育的核心思想。坚持“以人为本”的德育理念，根本目的在于对人性的唤醒和尊重，最广泛地调动人的积极因素，最充分地激发人的创造活力，最大限度地发挥人的主观能动性。强调“以人为本”就是强调学生的主体地位，主要包括以下四层含义：

（1）德育工作者要充分认识到自身工作的重要性，增强使命感和责任感，在教育教学过程中使自己的道德素养不断提升。

（2）德育工作者要全方位关心、爱护学生，充分尊重学生，促进学生人格的完善及道德终极价值关怀的实现。传统的德育目标是纠正学生思想、行为上的偏差，起到教育、规范的作用，而“以人为本”的德育新理念强调学生具有自身的尊严和人格，重视情感因素的作用。

（3）德育的根本目的是为了学生的成长，为了学生的成人成才。高校德育要立足于为学生的成才与发展服务，把服务学生放在首位。德育方式要由被动灌输型转变为主动吸引型，要充分发挥学生的主体性、能动性和创造性。德育工作者要深入学生中，和学生广交朋友，了解他们的所思所想，及时加以引导，针对学生思想需求和变化开展教育，甘当学生成才的服务者。

（4）德育工作者要把大学生德育工作做好，必须把大学生内在的积极性和主动性调动起来，努力使德育成为大学生内在的强烈要求，把德育做到大学生的心里去。

2. 系统规划和整体推进的德育理念

当前要做好德育工作不仅要靠思想政治教育工作队伍，还要靠全体教职工；不仅要靠课堂，还要靠课外；不仅要靠高校，还要靠社会、家庭的大力支持和参与。这里就提出了一个系统规划和整体推进的理念。

高校德育是一项系统工程，应该形成全员育人格局。所谓“全员”就是要在强调对学生加强教育的同时，注重教师的人格形象。高尚的人格形象，能起到情感沟通、形象净化、行为示范等作用。高校的教职员工在进行教书育人、服务育人、管理育人的同时，要以其高尚的思想道德、良好的行为规范、严谨的治学态度对学生起到耳濡目染、潜移默化的作用。做到全员育人，并处理好全员与德育专职队伍的关系，一方面，德育专职队伍必须依靠全员的渗透作用才能使德育和其他各方面结合起来，同时，依靠专职队伍的带动和指导，才能提高德育的深度和针对性；另一方面，只有提高了全员育人的认识程度，充分发挥全员育人的积极性、主动性，才能使德育变得生动具体。在全员育人的过程中，要使每一名教职工明确自己所肩负的德育使命，形成统一的教育思想，言传身教，创造一种德育环境，用这种氛围影响学生。

高校德育是一项整体工程，需要党委统一领导，党政工团齐抓共管。德育存在相互作用和相互依存的要素，包括学校的宣传、学生工作、后勤、组织、人事、教学等部门，也包括一线教师和广大学生。大学德育工作受到中小学德育工作的影响，更受到社会大环境的影响，是与中小学德育、整个社会大环境相互作用的。从横向上看，学校只是德育工作中的一个环节，家庭、社会在德育工作中具有重要作用。因此，必须努力形成学校、家庭和社会相互配合的工作格局，系统规划，整体推进，保证德育的效果。从纵向上看，青年思想道德素质的培养是一个动态的过程，德育工作也是一个动态发展的过程。在系统规划方面，高校德育还要重视与中小学德育的衔接，防止各个阶段教育的脱节。尤其是要加强研究，准确把握教育规律，了解不同教育阶段学生的身心特点、思想实际和理解接受能力，充分体现科学性、循序渐进的要求，科学地设置德育课程，从而使高校德育更具科学性和针对性。

3. 实践育人的德育理念

实践是人们能动地改造和探索现实世界的一切社会性的客观物质活动。只有通过实践才能“知行合一”，促进理论学习向内在品质的转化。所谓“实践出真知”表明了实践对于人们形成正确的认识有举足轻重的作用。高校应树立德育实践观，在德育中高度重视实践育人的作用，切实加强德育的实践性，使学生在德育的实践中自己得出正确的结论，并逐步养成正确的行为规范和优良品格。社会实践具有以下德育价值：

（1）社会实践是政治和道德知识的检验场，是强化政治和道德认识的途径。社会实践有助于学生进一步明确真、善、美与假、恶、丑的标准；有助于学生把自己与他人进行适当的比较，从而为自己找到合理的评价参照系，体悟到社会对自己的殷切期望；有助于学生将所学到的道德知识运用于实践。在实践中，学生面临着复杂的行为选择、评价，所掌握的知识理论可以逐步实现创造性转化，变成高超的智慧和良好的日常习惯，形成积极的社会适应性。

（2）社会实践是高校德育所传导的积极精神的重要载体。实践教育的最直接结果是逐步培养起学生的实践观念。实践活动有利于培养学生热爱劳动、热爱劳动人民、珍惜劳动成果的思想感情；有利于培养学生的创新精神，吃苦耐劳的作风，协作观念、全局意识和奉献精神，劳动纪律意识及艰苦创业、勤俭节约的优良品质等。

（3）社会实践是学生获得道德体验的主要方式。学生可以通过社会实践体验劳动过程的复杂艰辛，体验劳动取得成果时的喜悦，体验劳动的社会意义和个体价值，体验劳动过程中人际和谐、团队合作的必要性，体验劳动过程中的科学精神、创新意识对于社会发展的重要意义。

（4）社会实践是学生通向社会的桥梁，是个体适应社会角色的途径。社会实践作为人的社会化的重要途径，在促进高等教育与未来社会发展相适应以及在有限的学校教育里使学生逐步完成社会角色的转变方面，发挥着十分重要的作用。

因此，高校要加强实践环节，通过让大学生广泛参与社会实践，增强大学生的道德体验，从而促进其道德养成和基本素质的提高。

4. 开放性的德育理念

当今世界是开放的世界，而德育则是面向世界的开放的教育。当前德育应从全人类的共同利益出发，强调人类的共同发展和共同进步，要注重培养人的开放意识以及竞争合作精神。跨入 21 世纪以来，国际政治经济形势比较复杂，现代科学技术突飞猛进，人们的理想和信念也面临着新的挑战，在此情况下，高校德育必须深入社会生活实际，必须适应我国社会的发展要求，以增强其实效性。

德育创新是高校素质教育的灵魂，德育理念的创新是高校德育创新的灵魂。通过理念创新推动内容、方法、环境、机制等其他各方面的创新，不断在实践中探索前进，这是不断推进大学生德育的长久之道。高校德育工作者只有坚持解放思想，实事求是，与时俱进，以发展的眼光审视高校德育，以扎实的工作推动高校德育，坚持树立“以人为本”的德育理念、系统规划和整体推进的德育理念、实践育人的德育理念、开放性的德育理念，并且把这些德育理念不断地落实体现到德育实践中，德育才能真正地与时俱进并不断发展。

（二）德育内容的创新

随着社会的发展，经济和社会的变革，高校德育的内容必须随着时代的发展而不断地推陈出新。

首先，高校德育的内容要增加科技知识含量。在知识经济时代，现代科学技术知识的普及和应用可以与德育相辅相成，有效地增强德育的现代化与科学化，帮助学生远离各种愚昧，树立辩证唯物主义世界观。

其次，高校德育的内容也要解放思想，实事求是。对于外来文化与道德，要敢于取其精华，去其糟粕，为我所用。同时，对于我国传统的道德与文化，也要敢于推陈出新，不断进行完善和补充。高校德育内容只有与时俱进，体现时代特征，才能收到理想的效果。

最后，高校德育内容要从大学生的思想实际出发，应针对现代学生的思想特征、情感和行为特征，紧密联系国际环境和国内改革开放的实际，讲实话，讲心里话，既以理服人，又以情感人。

1. 文化素质教育

文化不仅是社会伦理的构成要素和支撑杠杆，而且也是社会道德的构成要素和支撑杠杆。高层次的道德感和社会责任感主要依靠文化的积淀。文化是一种精神富有，是一种从内心深处流淌的思想，是人必不可少的基本素质。道德需要文化的滋养，教育需要文化的烘托。因此，要按照全面推进素质教育要求，确立文化素质的基础地位，将文化素质教育思想落实到人才培养的全过程，促进科学教育与人文教育的融合，使大学生获得整体全面的发展。

2. 创新精神教育

高校是培养高素质人才的摇篮，也是知识创新的重要基地。重视和培养大学生的创新精神和创新能力，开展创新活动，对全面推进素质教育和科教兴国战略，具有重要的现实意义和深远的历史意义。

首先，创新教育是贯彻党的教育方针，培养高科技人才的需要。高校要把培养大学生的创新意识、创新精神和创新能力作为自己重要的工作目标，为培养创新人才提供更为宽松的成长环境。

其次，创新教育是迎接知识经济和新科技革命的需要。发展知识经济，推动新科技革命的迅速发展，就必须依靠科技创新，依靠创新人才，这一时代任务必然落在创新教育的肩上。知识经济呼唤创新教育，已成为世界各国发展经济的战略共识。

最后，实施创新教育是全面推进素质教育的重要突破口。通过创新教育活动，发展和培养学生的创造性思维能力、科学能力、实践能力以及自主学习的品质、创新开拓的意识等素质，是促使应试教育向素质教育转轨的重要举措。

3. 竞争意识教育

在社会主义市场经济条件下，竞争已渗透到社会生活的各个领域，高校的大学生们也面临各种竞争问题，如何以正确的竞争意识参与到激烈的竞争中，实现竞争对社会有利的一面同时规避竞争带来的不利方面，维持整个校园乃至社会的和谐和进步是一个不容忽视的问题。因此，大学生要正确认识竞争、树立正确的竞争意识。当代大学生应该在学习生活中树立积极进取、永不自满、敢为人先、勇于竞争的积极有为新观念，努力克服自卑心理，在竞争面前不要恐惧逃避，要勇敢地参与其中，在竞争中展现自己的能力、进一步发掘自身的潜力。

首先，大学生在参与竞争之前，对自己的能力和弱点要进行全盘扫描、充分认识，在此基础上对自己有一个合理的定位，确定符合自身实际情况的竞争目标。

其次，大学生要在各种竞争面前抱着积极的心态。大学生在校期间，有很多参与竞争的机会，各种演讲比赛、辩论赛、运动会、知识竞赛、创业大赛等都在全国高校如火如荼地开展，给当代大学生提供了很多参与竞争、展示才华的好机会，在校大学生应当珍惜这些机会，积极参与其中，享受竞争的过程，总结成功失败的经验教训，逐渐提高自己的心理承受能力，从而使自己在今后的学习生活中心态更加成熟稳定，行为更加理性。

4. 心理健康教育

社会发展，竞争加剧，大学生心理问题日益突出。心理健康教育应侧重于学生的客观的自我评价、良好的情绪调控能力、坚强的意志品质、积极进取的人生态度、健全的人格特征、和谐相处的交往能力以及良好的心理调适能力和社会适应能力。要根据大学生身心发展特点和教育规律，注重培养学生的自尊、自爱、自律、自强的优良品格，增强克服困难、经受考验、承受挫折的能力。要制订心理健康教育计划，确定教育内容方法，建立健全专门机构，积极开展心理健康教育和心理咨询辅导，引导大学生健康成长。

二、高校德育理念的创新建构

高校德育理念不仅是一个观念或理论上的问题，更是一个具体实践问题。因为理论终究要回归实践，并接受实践这个唯一标准的检验。对高校德育理念的创新建构，不是对传统德育的简单抛弃，而是在继承基础上的新的探索，在反思基础上的积极扬弃与超越、提升。高校以人为本德育理念的创新建构，实质上就是通过对传统德育的继承和新的探索，在思想、理论与实践层面切实体现以人为本，真正使以人为本这一理念成为德育思维的根本性逻辑支点，成为德育实践的根本原则与方法的灵魂。

（一）为了学生与依靠学生相统一

在人类发展的历史长河中，人始终是科技发展、社会进步的主人与目的，更是世界发展的动力与灵魂，“以人为本”的理念正是这一思想的重要体现。“以人为本”不仅回答了为什么发展，即发展“为了谁”的问题，而且也回答了怎样发展，即发展“依靠谁”的问题。它主张人不仅是发展的根本目的，也是发展的根本动力，并认为只有二者的有机统一，才能构成以人为本的完整内容。因此，高校建构以人为本的德育理念，就要在指导思想上牢固确立“为了学生”与“依靠学生”相统一的观念。

1. 为了学生

以人为本高校德育理念的根本含义是以人为中心，一切为了人，一切依靠人。其中更为根本的是一切为了人。因此，在高校德育中坚持以人为本，在思想上就要认识到，大学生是高校德育发展的本质目的，高校德育的发展就是“一切为了学生”“为了一切学生”“为了学生的一切”。这就要切实做到如下内容：

（1）将学生的成长成才作为高校德育的出发点和归宿，把关爱学生作为德育工作的基础，合理利用学校的有效资源做好德育工作。

（2）在课堂教学中建立师生双方的互动模式，改变过去教师单向知识灌输的理念，切实尊重学生的情感、需要，尊重学生的个性与主体性需求，注重学生对德育知识的内化与吸收，切实调动学生的学习积极性，提高学生的德育实践能力，从而达到德育知识的融会贯通，并能自觉做到学以致用。

（3）更加关注大学生自身价值的实现与社会的归属感，尊重、重视每一名大学生正当的利益需要与人格尊严，要积极为优秀学生、学生干部及学生党员创造有利条件，保障他们更好地成长与成才，对高校中家庭经济困难的学生，给予情感的关怀与真诚的帮助，帮助他们建立起自信，对那些存在潜在的心理问题的学生，给予重点的关注，予以适当、积极的引导，让他们更加健康地成长。

（4）树立全方位育人的理念，切实为大学生营造良好的环境与获得全方位培养的氛围，通过创造性地开展一些体验式课堂教学、素质拓展游戏、进行主旋律教育等丰富多彩的活动，让大学生在提高能力的同时，达到形成良好的道德素养与行为习惯的目的。

（5）通过学风建设、班级和宿舍的日常管理，通过鼓励大学生对各种实践活动的积极参与，培养他们的协作精神、创新精神与科研能力；通过个人或团体的方式，对大学生进行必要的辅导，帮助学生较好地完成自我认知，做好自己的职业生涯规划，从而切实减轻学生面对严峻的就业压力所产生的心理负担，更加自信与欢快地迎接美好的明天。如此，方能切实提高高校德育的针对性与实效性。

2. 依靠学生

“为了学生”是以人为本高校德育理念的价值追求，而“为了学生”必须建立在“依靠学生”的基础之上。因为“依靠学生”是真正实现以人为本的力量源泉与动力之源。道德是人为自身的立法。德育应该是人内在的自觉需要，而非任何外在的强制。因此，以人为本高校德育理念的建构并取得实效，归根到底还要靠大学生自身的努力，通过大学生积极性、主动性和创造性的充分调动与积极发挥。这就需要在观念上实现大学生由高校德育的客体到主体的转变。即转变工具论的德育功能观，尊重大学生作为“人”的本质特征，切实把学生看作高校德育工作的主体，认识到学生具有高度的独立性、自主性、能动性、创造性与主体性，尊重学生的需要、自由、尊严与终极价值，尊重学生自主话语权、取向权与选择权，不断造就学生新的需要、能力、素质、行为与活动方式，培养学生的主体意识与审美情趣，丰富学生的经验与学识，发挥学生的潜能，提高学生的实践能力，塑造学生的高尚品德与良好品质。

充分发挥大学生的主观能动性，发挥他们的自我教育作用，通过他们学习能力、思维能力、判断能力、实践能力与创新能力的不断提高，让学生自己教育自己、自己塑造自己，并通过同学之间的相互教育，达到彼此的互动与互助。如此，学生方能逐步与教育者产生情感的共鸣，自觉、主动地用理性去衡量与解决各种矛盾与冲突，自觉树立起与时俱进的时代精神，养成良好的道德品质，积极培养自身高尚的道德情操，真正将德育知识外在的“占有”上升到对德育本真的内在“获得”。只有努力发挥大学生自身的作用，通过他们自身的自我教育与自我完善，他们才能切身感受到以人为本高校德育理念中“为了学生”的本质内涵，并通过积极的行动落实，达到大学生自身素质的提高，实现自我价值，从而使以人为本的高校德育真正取得事半功倍的功效。

（二）聚焦大学生自由全面的发展

（1）从高校德育无根性向终极价值关怀转化。培养真善美统一的完美人格，便是教育的终极价值。真善美的统一，可以实现人对自身本质的科学、合理与全面的占有，实现人与自然、社会、他人及自身的和谐统一，这当然也是高校德育的最高目标。在高校，只有使德育目标转向对大学生的终极价值关怀，才能使大学生树立起更加远大的理想，具有更强大的精神支撑，才能使他们生活得更加丰富多彩、充满自信与活力。

（2）从德育目标泛化向德育目标人性化转化。我国高校在德育目标的确立上，往往只注重目标的高尚性、统一性与同一化。高校确立以人为本的德育理念，就要在德育目标上实现从泛化向人性化的转变，逐步形成和发展大学生的主体性道德人格，回归大学生的现实生活与内外环境，尊重大学生的主体地位与个体差异性，兼顾个人利益与社会整体、人类终极价值需要。高校应对大学生的崇高理想、人格完善与德性培养给予必要的引导，让大学生能够在现实的道德价值冲突的情境中，自觉、主动地做出合理的价值分析与判断，进行正确的道德选择，并能自觉践行高校德育规范，真正成为有德性的人，逐步推进高校德育理想目标与现实目标的最终达成。

（3）从德育目标世俗化向对人文精神的关照转化。高校德育在目标上，迫切需要加强对大学生人文精神上的关照，也迫切需要加强对大学生的心理疏导，唤醒他们心中对崇高理想与真善美的渴望，从而使人与外界的关系更加和谐、美好。

（4）从德育目标片面化向人的综合素质全面发展转化。高校德育在确立目标时，既要注意大学生的健全个性培养，更要关照大学生的自由全面发展。要对大学生进行必要的市场经济理论、民主法治、科技常识、技术培训、就业指导、心理健康等的教育，实现人文教育与科学教育的有机结合，使大学生的综合素质得到实质上的提高。要让大学生更有自信地坚强面对与战胜各种困难与挑战，以更大的自信去进行实践探索与创新，从而更好地实现与外部环境的良性互动与和谐发展，实现自身内在的自我转化与主体人格的完善。

（三）坚持个人价值与社会价值统一

1. 凸显个人价值

高校德育要以人为本，首先就要凸显大学生的个人价值，满足大学生的个人需要。大学生个性的发展、个人利益的满足，是国家、社会创新发展的一个重要条件。确立以人为本的高校德育理念，就要在价值追求上，既着眼于社会整体利益的满足，更重视学生个体利益的实现，既满足学生的现实需要，更立足于学生未来发展、需要的满足。

确立以人为本的高校德育理念，就要在价值追求上，贴近学生生活，贴近学生实际，贴近学生思想，不断满足大学生在学习、生活、心理、就业等现实的利益与需求。只有达到社会价值与大学生人性的通融，正视大学生的个人利益，最大限度地满足大学生最直接、最现实、最关心的现实利益需求，最大限度地实现大学生的个人价值与幸福美好的愿望，才能确保以人为本高校德育的可接受性，使高校德育更具可信度与亲和力，从而为大学生谋求到更好的生存发展，并能自觉、主动去为社会、集体利益做出更大的贡献。

2. 个人利益与社会责任有机统一

以人为本不仅肯定人的发展完善的最终目的性，而且肯定社会的发展是人发展的条件与基础。如果一所高校培养的学生在国内外更受欢迎，并获得杰出的成就，那么，这所高校距一流的目标就更近了。因此，高等教育包括高校德育要取得积极进展，离不开对大学生个人的培养，更离不开对社会、对国家的责任。而当下的很多年轻人，在自身权利不断得到满足的同时，遗忘了对社会的义务。这对高校德育的开展带来了一定的困难。其实，个人为社会做贡献，可以促进社会的整体进步，从而最终达到个人利益的满足。因为国家与社会的整体利益，正是个人现实或长远利益的反映，并且，个人只有融入国家与社会之中，才能有更好的生存与发展，才能真正有所作为，达到自我利益与价值的最终实现。

第二节　高校德育的方法创新

随着新时代的到来，我国各项事业发生了很大变化，政治、经济、文化、教育等方面取得了举世瞩目的成就。但是同时也要看到，我国高校德育也在发生变化，原有的方法已经无法满足社会发展的需要。改变传统德育方法已经成为高校德育发展中刻不容缓的紧迫任务。

高校不仅肩负着为中华民族的伟大复兴和培养素质高、专业性强的有用人才的主要任务，而且还肩负着传授知识、培养大学生各方面能力、使大学生自觉遵守法律法规，保证大学生服务于社会的重任。“创新高校德育方法，既有其相应的时代背景，也有其迫切的现实需求，更有其深厚的理论基础。”[①] 因此，我国高校的发展影响着整个高校德育的发展，乃至成为整个社会普遍关注的重要课题，高校应制定出德育方法的创新路线，提高德育质量。

① 孙璐：《高校德育方法的创新研究》，载《课程教育研究（新教师教学）》2016年第14期，第86期。

一、高校德育方法创新的原则

高校德育方法的原则是指在进行德育的过程中必须坚持的原则。因此，研究高校德育方法在创新过程中坚持的原则是一项比较重要的课题。高校德育方法的创新必须以正确的原则作为指导，结合高校德育发展的实际情况，必须坚持以下原则：

（一）科学性原则

高校德育方法的科学性原则，要求德育遵循大学生思想活动的规律，遵循德育的客观规律性，遵循高校历史发展的科学规律性，克服盲目性与随意性。随着现代科学技术的发展，特别是互联网技术的发展，我国的政治、经济、文化、军事等社会各方面都发生了变化。互联网进入高校以后，对学生的思想观念、生活方式和身心健康等带来了潜在的、深远的影响。原有的德育方法在互联网上完全不适用了，只有及时把握现代科学技术发展的脉络，尽可能地把先进的技术运用到对学生的教育之中，才能跟上科技发展的步伐，也才能增强德育的效果。

高校德育工作是对大学生进行教育的工作，因而高校德育工作者把正确的政治观点、政治立场和政治方法放在首位，在实践中接受互联网对高校德育工作的影响，改变传统的德育方法，为此，德育工作者要用科学的世界观、方法论武装自己，使自己具有正确的思想观点、政治立场、思维方法和教育艺术。只有这样才能使德育具有强大的感染力、吸引力、说服力和战斗力，提高大学生的德育水平。因此，高校德育方法一定要坚持科学性的原则，只有这样，高校德育才能沿着正确的路线不断向前发展。

（二）主体性原则

人的全面发展，以一种全面的方式，就是说，作为一个总体的人，占有自己的全面本质。高校中的“以人为本”就是以学生为根本，尊重学生的主体地位，以此来满足学生的自主性和独立性的教育目的，主体性德育是对传统德育方法的一种超越。

高校德育方法坚持的主体性原则，把着眼点放到教育对象主体性培育上，培养大学生的积极性与主动性，知与行不能脱节，不能把德育看成是一种强制教育，应该把德育内化为大学生的德育品质，走出对德育工作者的依赖，从根本上增强德育效果。

（三）层次性原则

人的发展是有层次的。由于当前国家的快速发展、改革开放的深入人心和普及高等教育，我国高校也发生了很大变化，由“精英教育”发展为“大众教育”，在德育的过程中，德育工作者要注重平时的积累，把握不同的教育对象所具有的不同的特点，有的放矢，因材施教，坚持普遍性和特殊性相结合的工作方针，这对高校德育工作者来说有着至关重要的作用。

首先，根据受教育者各项综合素质的不同特点，找到适合学生德育的工作方法。伴随着高校大学生人数增多，一些大学生由于生活学习以及社会、学校和家庭等各方面的差异，表现出各种不同的特点。从德育水平来说，大学生整体德育水平比较高，但是由于受到外界的影响，德育水平评价标准的随意性比较大；从互联网的影响看，由于互联网传播信息的方便与快捷，这种新的德育载体更容易被大学生接受；从身体素质和能力素质等因素考虑以及从社会、家庭和学校等诸多因素考虑，都可以造成学生之间各方面综合素质的层次性。

其次，增强德育方法的层次性，应该区别教育对象学习目的的多样性。由于教育对象综合素质的层次性，不同教育对象的学习目的也就不同。在对大学生进行德育教育的同时，要分层次、有重点、循序渐进，努力贴近社会、贴近生活，充分调动学生的积极性、创造性和主动性，使各种不同层次的大学生转变学习态度，真正去接受学习，从而向更远大的目标前进。

（四）有效性原则

高校德育工作在德育实践中一定要注重有效性原则。作为高校德育工作者，在德育过程中，需要及时发现大学生的问题，运用恰当的教育方法，及时解决问题。对待已经出现问题的大学生，更应该深入调查出现问题的原因，找到切实可行的方法，从根本上发现问题并及时解决问题。

高校德育工作是一项系统而又烦琐的工程，仅仅坚持以上四种原则是不够的，它需要各方面的原则作为支撑，应该做到社会教育、学校教育和家庭教育三者的结合，共同促进高校德育工作的发展，改进原有的高校德育方法，从根本上增强高校德育的有效性。

二、高校德育方法创新的内容

（一）生活化教育方法

高校德育方法越贴近生活，越能体现教育中的“以人为本”，越能发挥人的主体性，引发人的内在创造力，体验生活的美、教育的真正内涵，形成文化、社会、个性协调发展的生活世界。大学生的成长过程是一个漫长而复杂的过程，德育发展与时代的发展紧密联系在一起，在大学生的日常生活中渗透着德育，德育贯穿于整个大学生活。当代高校的德育方法需要善于突出学生的主体性，组织学生自我教育、自我管理，使高校德育工作真正做到贴近学生、贴近生活实际，引导学生正确地认识自己，不断改善自己的道德认识与行为习惯，在活动实施上突出保护自我心灵，发掘自我经验，关注自我行动，促进自我发展。

高校德育是与时代特点紧密相连的，德育工作者更应从大学生的生活实践中对大学生进行教育，关心大学生的生活，让大学生得到身心的全面教育，在德育课堂上利用“道德两难问题”去启发学生，让学生思考和检验自己的道德立场，反思自己的行为，让广大青年学生真正地从日常生活实践中得到教育。

因此，高校德育方法的生活化，是时代的发展，是社会的进步，是促进高校德育发展的条件。高校德育方法只有贴近现实，贴近生活，贴近社会，才能为社会的发展培养更多合格的高素质人才。新时期高校德育方法应该更加注重生活化的教育，在生活实践中潜移默化地教育广大青年学生，为社会培养德才兼备的高素质人才。

（二）隐性教育的方法

我国高校德育一直以显性教育为主。随着社会环境的复杂多变，仅仅依靠书本知识的教育是不够的，还必须注意在显性教育的影响之外运用一些潜移默化的教育，这样才能提高德育的实效性。隐性德育课程是指广泛地存在于课内外、校内外教育活动中间接的、内隐的，通过社会角色无意识的，非特定心理反应发生作用的德育影响因素。换言之，就是学校通过一定的教育环境，对学生进行一种间接的经验的传递与渗透，使学生在潜移默化中接受教育。隐性教育以间接性与隐蔽性为主要特点，是一种潜移默化的教育。

高校德育工作必须以大学生德育品质的形成和发展为基础，大学生受到外界环境各种因素的影响，同时也受到一些环境因素的隐性影响，如社会政治环境、经济环境、文化环境等。对大学生德育的影响一般是非计划性、无目的的影响，虽然没有立竿见影的效果，但是在无形中受到一种潜移默化的影响，高校环境建设包括物质环境和精神环境。物质环境包括学校的建筑、学校的配套服务设施等。这是保证学生基本的物质需要，是高校必备的物质基础设施。精神环境的建设包括教育者传授知识、校园文化的建设、校园网络管理等。而且随着网络的普及和发展，传播信息的方便性、灵活性、娱乐性和速度快的特点，更能吸引广大高校学生接受网络这个传播信息的新兴载体，更需要高校运用正确的教育思想占据学校的主流文化阵地，构筑健康的校园文化建设，使网络德育与网络德育方法紧密结合，更好地教育广大青年学生，提高他们辨别是非的能力。

作为高校德育工作者，在传授理论知识的同时，要根据时代的发展变化，开展具有时代特色、现实感和历史感特点突出的理论课程，强化历史观念和爱国情感，用事实和网络开展生动、鲜明的社会实践和理论讲座，从不同的学科去理解知识涵盖的不同意义。从不同学科的教育中渗入德育观念，培养大学生用积极、乐观的态度去探索知识，去对待学习、工作和生活。这是高校德育工作者肩负的重要责任。

因此，高校应该开展一些互动性和娱乐性比较强的文化活动，使大学生在耳濡目染中受到德育的熏陶和影响。另外，利用德育中的一些如大众传媒、网络载体，对大学生进行宣传教育，发挥德育的隐性影响，使大学生在德育品质、情感培养和行为方式等各方面受到潜移默化的教育，从而完成德育任务，实现德育目的。

（三）自我教育的方法

自我教育法是受教育者按照思想教育的目标和要求，主动提高自身思想认识和道德水平以及自觉改正自己错误思想和行为的方法，换言之，就是人们自己教育自己，自己做自己思想政治工作的方法。大学生健康成长不仅需要外在的教育，还需要大学生自己对自己的约束和管理，不仅要接受课堂教育，还需要进行自我教育，即自我认识、自我监督、自我调适等方面的发展，也就是一个自我教育的过程。

高校德育工作者的首要任务就是培养大学生自我教育的能力，为自我发展创造条件，增强德育的实效性，达到德育的目的，完成德育的任务。德育工作者在大学生的学习和生活中，应该采取自我批评、自我表扬和自我激励相结合的方法，充分发挥学生学习和参与实践活动的积极性与主动性，加强大学生自我管理和自我服务的能力。在实践中，德育工作者还要善于运用榜样的力量和先进事迹的影响作用，使学生既有奋斗目标又有赶超的态度，从而提高学生的自我教育能力。

自我教育并不是德育工作者不负责任，任由学生的自由教育，而是根据大学生之间有相互影响的作用，进行独立的教育。自我教育是一种特别强调主体意识的方式，需要大学生之间的相互鼓励、相互影响、相互批评，独立地发现问题、自我解决问题，为自我教育创造条件，从而提高自我教育的能力。

第三节　高校德育的机制创新

目前高校德育出现了边缘化和功能弱化的趋势，其深层原因在于德育动力及其机制的弱化和偏失。德育动力及其机制创新，不但是德育研究的应有之义，而且迫在眉睫。只有把握了德育的各种动力构造要素及其互动机理，才能明确德育动力机制的全部内涵，真正把握德育动力系统的基本矛盾、基本规律及其发展趋势，从而更好地促进德育发展。

一、高校德育动力机制的运作机理

德育动力机制是指在德育动力产生和发展过程中，德育内部要素、外部要素与整合要素之间相互作用的机理与方式，是促进德育良性运行与协调发展的各种构造、功能和条件的总和。

（一）德育动力机制的基本结构

根据动力机制的一般定义，德育动力机制由外围结构与内核结构两部分组成。

1. 外围结构

外围结构又包括动力主体、动力传导媒介以及动力受体。根据需要主体的三个层次：动力主体可以分为个体（微观层次）、群体和集团（中观层次）、国家和社会（宏观层次）。在整个德育活动中，德育主体是贯穿整个德育过程的组织者、参加者，既是德育的出发点，也是德育的目的和归属。

（1）德育动力主体。德育动力主体，根据主体在德育过程中的角色与功能的不同，可以分为教育主体、受教育主体、社会主体和政治主体。这四种主体之间的主体性与主体间性的融合，在特定的德育关系与德育实践中存在一种相互理解、相互融通的互动与作用关系，并且各主体之间所发出的动力可以通过一定的媒介互相传递。

（2）动力传导媒介。动力传导媒介是德育动力从一个动力主体传到另一个动力主体的渠道，也是德育动力积累和递增的主要凭借之一。它能把教育主体、受教育主体、社会主体和政治主体的德育动力整合为一体，成为德育的整体动力。

首先，利益是最重要的动力传导媒介。政治主体最经常的是通过利益这一传导媒介，将自身的德育动力化解，传递到教育主体、受教育主体和社会主体等动力主体身上。社会主体、教育主体和受教育主体在政治主体整体规划的德育目标所规定的利益导向下，开展创造性的德育活动，培养道德行为，形成道德习惯，以此满足利益需求。这样，政治主体就把自己的德育动力传导到了其他德育动力主体身上。反过来，其他德育主体形成道德习惯，实践道德行为又使德育计划、目标得以实现，从而使政治主体的利益得到了保证。实际上，所有德育主体的动力通过利益这一传导媒介相互传递而凝聚成为实现德育整体利益的动力集合。

其次，文化也是重要的动力传导媒介。因为文化价值观和文化模式通过社会化和内化过程，可以融入主体的人格系统里，必然对动力主体的需求结构、价值观等产生影响并可能发生改变，从而使他们的动力发生变化。

最后，信息也是重要的动力传导媒介。因为某一动力主体可以将动力以信息的形式传给另一个动力主体，使之知晓，或认同执行，或反对抵制，或置之不理。如政治主体可以通过广播、电视、网络、报纸、教科书等媒体进行德育的宣传，将德育政策、德育目标、德育规范等告知其他德育主体，使之认同执行。教育主体往往也通过丰富多彩的渠道和多种多样的形式，如利用 PPT、视频、动漫等多媒体，将德育内容（道德信息）融入其中，把枯燥的道德说教变成潜移默化的道德体验。当然，德育动力通过信息这一传导媒介可以在德育主体间进行相互传递。

（3）动力受体。动力受体是指德育主体获得需求满足的对象、工具、资源等。需求满足的对象称为满足物，最简单的划分是物质满足物与精神满足物。任何以物质形式存在的满足物都被称为物质满足物；反之，以非物质形式存在的满足物，如权力、地位、荣誉等称为精神满足物工具则是德育主体在满足需求的过程中设计和创造出来的，是动力作用于满足物或为了获得满足物的桥梁。社会资源作为动力受体，在于它可以被改造为某种满足物，或作为工具去获得某种需求的满足物。

2. 内核结构

德育动力机制的内核结构包括动力源、动力方向、动力贮存体和道德行动四个要素。

（1）动力源。动力源是指德育主体的内在需求，它产生的动力是原生性动力。

（2）动力方向。动力方向指动力与德育目标一致或相背，直接关系到动力主体的动力性质和动力机制的性质，不同动力主体的动力贮存体的形式是不同的。

（3）动力贮存体。教育主体的贮存体就是其教育能力，受教育主体的贮存体就是其接受教育和道德行为的能力，社会主体的贮存体就是团体、集体或群体的凝聚力，政治主体的贮存体就是其政治、经济、文化实力，包括现实生产力、科技水平以及建立在经济基础之上的权力体系和执政能力。

（4）道德行动。道德行动是德育动力的直接表达，各德育主体将自身的动力转化为道德行为，各主体恪尽职守，教育主体、受教育主体践行社会公德、家庭美德和职业道德，社会主体和政治主体遵循政治文明依法执政，促进物质文明、精神文明与政治文明协调发展。

（二）德育动力机制的基本类型

根据动力机制的结构性特征和构造要素，可以将德育动力机制划分为德育内生动力机制、德育外生动力机制以及德育联动动力机制。

（1）德育内生动力机制。德育内生动力机制，是指德育内在过程的动力构成要素之间相互作用的机理与方式。它涉及德育的内因，是决定德育能否有实效的关键性要素，主要涉及主体形态及其需要的结构要素。德育内生动力机制是德育形成和发展的内在依据，旨在确保德育的正确方向，增进德育的承继性。

（2）德育外生动力机制。德育外生动力机制是德育的各种外在动力构造要素之间相互作用的机理与方式。它涉及德育的外因，是促进理论形态与实践形态双向互动的各种外部要素，包括理论创新机制的动力结构要素和实践创新机制的结构要素。德育外生动力机制是德育形成和发展的外在关系机制，其功能是增添德育改革与创新的活力，促进德育的内化与外化双向互动。

（3）德育联动动力机制。德育联动动力机制是促进德育动力系统实现良性互动的各种整合要素之间相互作用的机理与方式。它涉及有效促进德育发展的各种整合要素，包括利益激励机制和适度竞争机制组成的德育动力加速机制，动力协调机制、动力保障机制和政策导向机制组成的德育动力缓冲机制。德育联动动力机制是德育形成和发展的整合要素，实质上是一种整合性、衔接性的动力机制，其功能是实现工具理性与价值理性辩证统一，保证动力机制为德育提供适度动力。

二、高校德育动力机制的创新路径

德育动力机制通过制度化的运作，为德育提供适度的动力，推动德育发展，实现德育价值，满足德育主体利益需要。

德育动力机制运作的最终指向是德育主体的需要满足。因此，主体是德育动力机制的最终目的，也是德育动力机制建构的首要内容。德育受教育主体的需要、教育主体的需要、政治主体的需要和社会主体的需要都表现为一定的利益，德育的内生动力、外生动力和联动动力都是建立在利益基础之上的，利益因素是德育动力系统有机地联系的中介。故而，利益是德育动力机制中的核心因素，探讨德育动力机制的建构，离不开对利益的考察。由于受利益最大化的驱使，在多元价值格局中建立在不同利益追求基础上的德育主体之间必然产生矛盾和冲突，因此，德育动力机制除了通过利益激发动力，还必须超越利益的视野，通过提升价值和优化价值引导德育各主体选择、确立并维系共同价值理念和基础，从而使各方利益结构趋于平衡、协调和有序，实现社会和谐。所以，价值也是德育动力机制必须建构的内容。然而，价值引领是一种柔性的利益调节方式，不带有强制性，因而必然有其自身的局限性。德育动力机制也不是随意而为的，也该有一定的规则，才能更好地规范德育活动。从这种意义上，制度是构建德育动力机制必不可少的内容之一。

（一）主体维度的创新路径

从德育动力机制的性质和实现途径看，全员参与是德育理念的核心价值所在，是德育动力机制的应然取向和现实诉求。

全员参与是整体德育合力育人观，它的核心思想是人人都是德育主体。对于德育动力机制而言，人人都可以是德育动力的主体，也是德育动力机制的主体。这既是教育本身意义的要求，也是当代教育发展的内在需求。德育工作不是德育工作者的专属领域，其他主体，包括专业课教师、学校各职能部门、后勤服务人员、学生组织、政治主体和社会主体都含有丰富的德育动力要素，对德育动力机制的建构和运作都会产生一定的影响。因为各门课程、各个部门、各种服务载体、各类组织、团体里的人都具有德育资源和德育功能，其思想、道德、品质和人格都会给学生以潜移默化的影响。

所以，德育动力机制需要全员参与，把德育工作渗透到各个工作环节和各项日常管理中去，构建各部门齐抓共管、各育人环节紧密配合、全员参与的“全员育人、全方位育人、全过程育人”的德育工作格局，形成全校上下共同推进的强大合力。从这个意义上，全员参与是德育动力机制的应然取向和现实诉求。德育动力机制的主体应该是一种由教育主体、受教育主体、社会主体和政治主体组成的多层次的、全员参与式的德育动力主体。

（二）利益维度的创新路径

利益是德育动力产生的原动力。构建德育动力机制，先要考虑利益驱动。利益驱动是德育动力机制实现张力作用的手段之一。对于德育内生动力机制而言，一切主体的利益追求都可以是德育内生动力机制的内在动力构造的源泉。

对教育主体而言，德育的利益驱动表现在两方面：一方面，德育是教育主体的职业，要做好德育工作；另一方面，德育也是教育主体，只有在实际工作中证明自己的价值才能获得职业尊严。

对受教育主体而言，物质利益是受教育主体德育动力产生的物质基础，而对物质利益的追求，享受精神愉悦、实现完美自我是受教育主体产生德育需要的内在动因。在德育过程中如果能够充分肯定和彰显个体利益和个体发展，必然会提高个体内化德育内容、养成道德行为的热情，提升道德成长的动力，最终提高德育的实效性。

对政治主体来说，其利益就是巩固统治秩序和维护统治阶级的利益。政治主体有意识地利用德育（教化）的手段来灌输主流意识形态，培育政治品质，实现自己的意志和目的，巩固阶级统治秩序，维护阶级利益。

对社会主体而言，其利益就是维护社会秩序和实现集体最大利益。道德作为一种调节社会关系的规范，是一种维护社会稳定的手段。社会主体通过德育引导学生在追求自身利益满足与个性发展的同时，也应当遵循相应的道德原则和社会规范。

（三）制度维度的创新路径

德育动力机制除了有主体参与、利益驱动和价值引领外，还必须有制度予以保障。因为制度文化是精神文化的载体，制度文化赋予物质文化以生命和活力。要提高高校德育的实效性，加强高校德育制度建设是一项有力的举措。加强德育制度的有效性和德性，有两点是必须做好的：一是社会制度本身要体现公平和正义，从而形成良好的社会道德风气；二是高校德育不能回避对于道德制度本身的德性考察，应该正视并弥补制度缺陷，不断去完善自身的道德规范和制度体系，通过道德的制度来教育人、鼓舞人。

德育动力机制的制度建设是非常重要的一环。因为各主体在利益驱动和价值引领的前提下参与德育活动，利益诉求各异，价值观念也各不相同，单靠自觉自律是不行的，还要对德育主体之间关系及其调整规则进行合理确定。这不仅有利于更好地规范个人行为、管理行为和政治行为，提高德育的质量和调整力度，也有利于贯彻以人为主体、理解与尊重主体的合法权益与合理要求的德育理念，也是完善德育动力机制，促进德育动力机制的科学化、法治化的重要环节。

第四节　高校德育的管理创新

随着经济社会的发展和社会价值观、道德观的不断变化和发展，社会和国家对人才的定义和要求也不断发展，德育在教育过程中的作用越发凸显。因此，必须明确高校德育的工作目标和任务，转变现有的德育工作观念，增强德育的实效性，为实现全面人才的培养打下坚实的思想基础。德育管理就是根据时代形势需要和受教育者的身心发展需要，对德育工作的资源、制度、形式等组织协调和优化管理的过程。高校的德育工作，是现代德育管理的重要内容，是保证大学生形成良好思想品德和高尚道德情操的重要手段，对于大学生的健康成长具有相当重要的作用。大学生是国家和社会发展的中坚力量，保障大学生的德育活动意义重大。

一、高校德育管理的创新原则

（一）主体性原则

当今时代精神的主旋律就是提升人的主体性，唤起人的主体意识。这既是德育管理的出发点，也是德育管理的归宿。高校德育管理应该在社会主义办学方向的前提下，把尊重人、理解人、激励人、发展人，充分发挥人的主体性作为高校德育工作的重要内容。

（1）坚持主体性原则是德育管理内在规律的客观要求。不论是德育管理的主体，还是德育管理中的客体，也不论是德育管理对象中各种要素，还是德育管理过程中不同的环节，这些都是人的活动，是由人组织、参与的活动。德育管理工作的成效，主要是来自人和人、人和组织的协调合作，要正确处理教育者与受教育者相互之间的关系。因此，坚持主体性原则，是德育管理规律的客观要求，是建立一个有生命力和实现高效的德育管理体系的根本所在。

（2）贯彻主体性原则是现代德育管理的发展要求。高校德育管理是以培育人、提高人的思想道德素质为目标的。德育管理系统是一个开放的系统，从社会输入学校的是人，在学校给予“加工处理”的仍然是人，最后学校向社会输出的还是人，这是一个完整的系统，较之其他工业系统、商业系统，更应该遵循主体性原则。学校的德育管理与学校行政管理、教务管理、后勤管理相比是有很大差异的。它是根据德育目标，组织、运用德育的各种力量和手段，协调和沟通教育的各种途径，以实现培育人的思想品德的教育管理活动。第一，遵循教育目标，促进学生向社会期望的方向发展，树立与社会理想、道德相一致的个人理想、道德；第二，考虑每个学生的个性特征和个性品质，为他们思想品德的发展创造条件，以充分发挥学生们的主动性和积极性；第三，高校德育管理还必须协调社会、集体和个人的利益，调节社会、集体和个人间的相互要求，在学校中形成和谐的思想道德关系。由此可知，高校德育管理作为指导、控制、协调的活动，不是限制人、压抑人、阻碍人发展的，而是要在尊重人、理解人、激励人的同时，促进人的全面发展，最大限度地激发人的潜能和创造能力，实现人的自我发展、自我完善。这是现代德育管理与传统德育管理的最大不同之处。

（3）坚持主体性原则，体现了教育者与受教育者的双向道德交往关系。受教育者是有思想情感、内在需求，有自己思考、处理问题的方式的个体存在。他们不是被动地、盲目地接受教育者的思想道德指令，而是有选择地接受来自教育者的思想道德指令，并且是积极主动地选择和接受。在高校德育管理过程中，主体与客体之间具有相关性，两者是相互依存、相互作用的辩证关系。管理主体与管理客体并不是单向的作用关系，而是表现为管理主体和管理客体的双向影响、双向交流、双向制约。在高校德育管理实践中，两者能动地认识和改造道德交往关系，不断地提高自身的能力和水平。

总而言之，主体性原则是高校德育管理的主要原则，也是管理客体的本质属性。在高校德育管理中，要尊重人、理解人、激励人，同时也要促进人的全面发展，重视人的主体地位，发挥人的能动性，才能最大限度地调动学校师生的积极性，使高校德育管理呈现生机勃勃的局面。

（二）系统性原则

在自然界和人类社会中，一切事物都是以系统的形式存在的。任何事物都可以看作是一个系统。任何管理都是对系统的管理，没有系统，就没有管理。系统性原则为认识德育管理的本质和方法提供了新的视角，从某种意义上来说，在德育管理原则的体系中起着统率的作用。按照管理学系统论的观点，高校德育管理也是由各个要素组成的整体，它是高校教育管理系统的一个组成部分。高校德育管理的系统性原则体现在以下方面：

（1）德育管理目标的统一性。不同的管理系统有不同的目标。高校德育管理作为一个系统，有与它相对应的德育目标。一个国家的德育目标，一般由国家教育部门根据社会发展的历史任务和受教育者的健康成长需求而提出。这样的德育目标要求，对青少年一代是完全一致的，具有统一性。这个统一的目标要求，对全国各级各类学校的德育，都具有完全指向和约束制约作用。就一所学校的德育管理系统而言，只能有一个总目标，作为高校德育管理者，在时间、精力和智力等方面都是有限的。因此，德育目标必须具有统一性。

（2）德育管理系统的层次性。德育管理系统的结构是有层次的，构成这个系统的要素和层次都是有顺序的，具有一定规律性。例如，学校的德育管理系统与学生德育管理，前者是一个整体系统，后者则是一个组成要素。系统与要素是相对而言的，如果组成要素杂乱无章地拼凑在一起，就不可能成为一个德育管理系统。

（3）德育管理系统的相关性。德育管理系统内各要素之间相互依存、相互制约，就是德育管理系统的相关性。一方面，表现为学生德育管理同高校德育管理系统之间的关系，高校德育管理系统存在和发展是学生道德教育存在和发展的前提，因而学生德育管理本身的发展，就要受到高校德育管理系统的制约；另一方面，表现为高校德育管理系统内部的学生德育管理与其他要素之间的关系。某要素的变化会影响另外一些要素的变化，而各个要素之间的关系的状态，对学生德育管理和整个高校德育管理系统的发展，都可能产生重要的影响。

坚持高校德育管理中的系统性。首先，必须充分发挥高校德育管理系统中各要素的作用。高校德育管理系统包括许多要素，例如管理者和被管理者、德育目标和内容、德育管理方法等。这些要素对德育管理系统来说都是必须存在的，但是各要素所发挥的作用或大或小，有正面或负面作用。在德育管理过程中，能否发挥诸要素的正面作用是至关重要的。是否发挥正面作用，发挥的程度如何，就看管理者如何把诸要素有机地组成为一个有联系、有层次的整体系统，进行统一的合作、协调、指挥和行动。其次，必须树立整体观念。以德育管理为主进行协调，局部服从整体，使整体效果最优化。更重要的是，要把高校德育管理放到整个社会主义精神文明建设的全局上考察。最后，必须深入研究德育管理系统的最优结构，使其充分发挥整体功效。改变不合理的结构，使德育管理结构处于一种相对稳定的状态，充分发挥各组成部分协调配合的积极作用，来提高高校德育管理系统的整体功能。

（三）责任制原则

高校德育管理是追求德育目标和德育实效的过程。在这个过程中，要挖掘受教育者的潜能，就必须在合理分工的基础上明确规定这些部门和个人必须完成的工作任务和必须承担的责任。挖掘受教育者的潜能的最好办法就是明确分割人的职责。职责不是抽象的概念，而是在内容、质量、时间、效果等方面的严格规定的行为规范。

(1) 明确职责。一般来说，分工明确，职责也会明确。分工，是生产力发展的必然要求。在合理分工的基础上确定每个人的职位，明确规定各职位应担负的任务，这就是职责。所以职责是整体赋予个体的任务，也是维护整体正常秩序的一种约束力。它是以行政性规定来体现客观规律的要求，不是随心所欲的产物。但是，两者的关系又不是这么简单。因为分工一般只是对工作范围做了形式上的划分，至于工作的数量、质量、完成时间、效益等要求，分工本身还不能完全体现出来。所以，必须在分工的基础上，通过适当方式对每个人的职责，做出明确规定。职责界限要清楚，并一定要落实到每个人，只有这样，才能做到事事有人负责。

(2) 奖惩分明。在高校德育管理中，对每个管理者和被管理者的综合表现和绩效给予公正而及时的奖惩，有助于提高管理者和被管理者的积极性，挖掘他们的潜能，从而不断提高管理实效，及时引导管理主体和管理客体的实践行为朝着符合高校德育管理的方向发展。有成绩有贡献的管理主体和管理客体，要及时给予肯定和奖励，使他们的主动性、积极性行为维持下去。如果长期埋没他们的工作成果，就会挫伤管理者和被管理者的积极性。这时奖赏就失去了它本身的意义。惩罚也是不可或缺的，惩罚是利用令人不喜欢的东西或取消某些为人所喜爱的东西，改变人们的工作行为。惩罚可能引起挫折感，在一定程度上影响管理者和被管理者的热情。但惩罚的真正意义在于通过惩罚少数人来教育多数人，强化高校管理的权威。

总之，责任原则是高校德育管理的主要原则，也是高校德育管理制度体系的重要组成部分。建立健全高校德育管理职责制度，使分工明确、权限清晰，奖惩适当，才能充分调动高校德育管理者和被管理者的主动性和积极性，使高校德育管理呈现生机勃勃的局面。

（四）实效性原则

德育的实效性，是现代管理本质的反映，是德育管理工作的基本任务和归宿。管理学中的效益原则是现代管理的基本原则之一。效益是有效产出与投入之间的一种比例关系，可从社会和经济这两个不同角度去考察。任何组织管理都是为了获得某种效益。效益的高低直接影响着组织的生存和发展。它使人们认识到管理的实质就是为了增加实效，要求在管理过程中合理运用人力、物力、财力和时间，使有限的要素发挥最大的效能，取得最有成效的成果。高校德育管理同样必须遵循实效性原则，以最少的人力、物力、财力和时间，获得德育最大可能的效果。为了增加德育管理的有效性，德育管理必须重视实效性原则。高校德育管理实效性，实质是德育管理目标的实现程度，具有长期性、后显性、整体性等特点。

（1）德育管理实效的长期性。德育管理实效的长期性是指受教育者科学的世界观、人生观、价值观和良好的道德品质的形成，要经过相当长的时间才能够完成。在其发展的过程中，要经历多次反复，做大量艰苦工作才能见成效。相对于物质成果而言，高校德育管理效果又具有模糊性、不确定性的特点，因此德育管理的效果，不能简单地用定量进行衡量，一般是通过定性来把握。

（2）德育管理实效的后显性。德育管理的实效具有后显性的特点。后显性是指德育管理的投入和其社会功效的显现之间，存在一个明显的时间差，投入后不可能很快就显现出来。虽然德育管理的效果不是马上就能显现出来的，但是它的作用是不可估量的，影响是长期的、深远的，并且会产生一系列的连锁式反应，产生增加积极效果的功能。

（3）德育管理实效的整体性。高校德育管理实效的整体性主要表现在两方面：一方面，德育管理过程中的整体性。在高校德育管理上，只有强调各种德育管理要素力量的一致性，才能达到最佳的德育管理目标；另一方面，对受教育者影响的整体效果。受教育者的思想品德是一个完整结构，他们的世界观、人生观、价值观、道德观以及道德认知、道德情感、道德意志、道德行为等，都是互相影响的。

综上，德育管理实效性原则，要求一切从实际出发，实事求是，这是高校德育管理目标的要求。

二、高校德育管理的创新理路

我国改革开放以来，市场经济成为经济社会的主要形式，尤其是进入 21 世纪以来，我国的经济社会发生了巨大的变化，物质极大丰富，人们的精神世界也随之发生了翻天覆地的变化。个人的思想道德素质是决定其整体素质的重要方面。作为教育桥头堡的高校教育阶段，德育是极其重要的一个环节。

（一）德育管理人本化的思想创新

高校德育管理人本化应该以对人的深刻理解和研究为出发点，在德育目标中体现人文关怀，在德育过程中贯彻人本理念，建立一支人本化的德育管理队伍，形成德育合力，增强德育实效性，以实现育人的目标。高校德育管理的人本化思想主要体现在以下方面：

1. 以育人为目标管理

任何管理活动都要有明确的目标。有明确的目标，才可能进行有效的管理。德育管理与其他管理活动不同。德育管理是以形成和发展受教育者的思想品德为目标的。这一目标是德育管理过程所特有的，是不能替代的。高校德育管理的基本任务：一方面是帮助受教育者正确地认识和确定自己的社会角色，明确自己的社会责任感，理解和遵守各种社会规范，学习和接受社会行为模式，适应社会，取得社会成员资格，不断实现个体社会化；另一方面，德育管理还必须促进受教育者自身的全面发展，充分地发挥人的主体能动性。人本化德育管理是鼓励人、支持人，是促进思想解放、改革创新，为社会主义建设事业培养建设者、接班人的实践活动。德育管理的这两方面是不可分割的，个体社会化是前提，是外在表现；个性化又是基础，是内在要求。两者相辅相成，高校德育管理的人本化，就是要把这两方面高度融合、完善发展起来。

2. 主客体系统相结合

德育管理系统由主体管理系统和客体管理系统构成，由于组成要素主要是人，高等院校的德育管理活动就包括两个内容：一是对被管理者进行管理；二是对管理者进行自我管理。在现代社会，每个人要成为与社会协调发展和对社会有益的人，就必须接受一定组织的管理。

在高校里，无论是受教育者还是教育者，都要接受学校组织的管理。每个受教育者和教育者都有其特定的角色。受教育者是德育管理的客体，服从德育管理者的同时，又具有主体能动性。这种主体能动性不仅表现在认识、改造客观世界方面，还表现在对德育管理主体的作用方面。从事德育管理的教育者，是德育管理的主体，是德育管理活动中的引导者和控制者，同时也有接受管理的义务。因此，在高校德育管理系统中，没有绝对的教育者，也没有绝对的被教育者。这种主客体在一定条件下的相互转化，对教育者提出了更高的要求，那就是教育者善于适应角色的变化。因为高校的教育者担负着对大学生进行思想品德教育的重要任务，他们既是教育者，也是管理者，是社会主义思想的传播者，是全面贯彻党教育方针的管理者，是言传身教榜样模范的教育者。

3. 教育和自我教育

在德育管理过程中，不仅要对受教育者实施教育，还要充分调动受教育者的自主能动性，激发引导其进行自我教育。教育与自我教育是德育管理系统不可分割的两方面，是辩证统一的，是相辅相成的。自我教育必须以教育为基础，教育又是通过自我教育来实现的。只有教育和自我教育相结合，才可能促进受教育者的全面发展。

4. 德育管理的渗透性

按照系统论的观点，一切事物均具有系统的属性，一切系统都具有整体性。高等学校就是由各个子系统构成的整体。高等学校包括教育工作、德育工作、教务工作、行政工作、后勤工作等，这些都是高校工作的组成部分，是实现教育目标的重要因素，只有各个子系统有效合作，才能实现育人的活动。

德育管理渗透在各个组成部分之中。德育是培养人、塑造人的教育活动。德育工作是高校整体工作的重要组成部分，高等学校的教育工作、教务工作、行政工作、后勤工作等，都渗透着德育的因素，也都能发挥德育的作用。由于德育工作和各项工作有着密切关系，因此德育管理也渗透在其他各项管理工作之中。只有把德育管理和其他各项工作有机结合起来，才能建立各部门、各方面的工作和谐运行关系。

（二）德育管理人本化的实现路径

1. 确立德育管理人本化理念

高校德育管理观念只有及时反映时代发展的变化，反映德育实践的新要求，才能促进自身的发展，也才能对德育管理理论的丰富完善发挥自己应有的作用，实现自身的价值。观念是指人们对客观事物的理性认识，它将随着客观事物的变化而发生变化。而管理观念作为一种具体的观念形态，反映了人们对各类管理现象内在的本质联系的认识，也必然要随着管理实践的深入发展而不断更新。随着社会向更深层次发展，社会的变化速度不断加快，人们的思想更加复杂多变，德育管理观念只有适应这种要求不断更新，才能指导德育管理实践不断向新的领域延伸。因此必须树立“以生为本”的新理念。

（1）加强德育管理者的尊重意识。德育的主体客体都是人，出发点和归宿点也都是人，人就是德育的核心，坚持“以人为本”是德育发展的内在要求。贯彻落实“以人为本”的科学发展观，就必须加强管理者的尊重意识。

对于尊重的需要，是人较高层次的需要，也是一种心理上的需要，包括自尊和受到别人的尊重。自尊和受到尊重是联系在一起的。要想得到别人的尊重，自己要有被别人尊重的条件。每个人都有自尊心，它更是驱使人们奋发向上的推动力。在高校德育管理系统中，管理者要注意被管理者在自尊方面的需要和特点，要设法满足被管理者的合理需求，不能伤害他们的自尊心，只有这样，才能激发他们在学习生活中的主动性和积极性。强化他们的主动性和积极性的体验，有助于被管理者认同心理的产生和个性的正向发展。

在高校德育管理过程中，被管理者同管理者一样，也是权利的主体，他们有权利对管理者、管理措施等提出要求和建议，有权利做出接受或拒绝的决定。尊重受教育者，就是要求德育管理者首先要承认受教育者的主体地位，并尊重受教育者的主观感受，树立尊重意识，保证他们的正当权利。但是，受教育者的主观感受和决定不一定都是正确的，这就要求管理者在尊重他们的同时，也要进行科学的解释和耐心的引导，促使受教育者心悦诚服地接受管理。

（2）强化德育管理者的服务意识。在高校德育管理过程中，管理者要强化服务意识，做到服务育人，管理育人。德育管理的每一项工作，都是为受教育者的学习、生活和能力发展提供服务的，也是为了创造受教育者全面发展和成才的基本环境和必要条件。德育管理者只有不断强化服务意识，让受教育者真切地感受到，管理者做的一切都是为他们的成才服务，都与他们的切身利益密切相关，都为他们的自由全面发展创造环境，使受教育者自觉地接受教育，进而增强德育管理的实效性。

2. 树立德育管理人本化目标

德育目标管理与教育目标一样，在相当程度上体现着国家、社会的期望和要求，反映着教育者、受教育者的需要和追求，预示着德育的方向及其结果。德育目标贯穿德育的全过程，是德育的灵魂、核心。可以看出，德育目标是德育的首要问题。高校德育目标管理包含两方面：一是对教育目标的管理，以育人、提高人的思想道德素质为目标；二是对工作目标的管理。

（1）确立正确、科学的目标。在德育管理活动中，确立科学的目标，明确管理的方向，根据一定德育管理准则，才能保证整个德育管理活动有序地进行，最终使德育收到良好的效果。一个切实可行、振奋人心的目标，可以起到明确方向、激励人心的作用，有利于对德育提出统一的要求。确定德育目标，必须坚持一切从实际出发，实事求是的原则，既要认真贯彻党的教育目的，与德育的根本目标相一致，又要从德育对象的思想实际出发，注意解决受教育者的思想问题和实际问题。

（2）重视人的自由和全面发展因素。我国社会主义的基本制度决定并要求德育管理工作必须把人的全面发展作为根本目的。人的全面发展包括人的体力、智力、品德、能力和社会关系的高度丰富和发展。培养全面发展的人才需要全面发展的教育，包括德、智、体、美、劳等方面的内容。其中，思想品德素质的教育居于主要地位。它在培养人们优良思想品德的同时，也对其他方面的发展产生了重要的影响。从一定意义上来说，人的体力、智力、品德、能力等的全面发展取决于人的身心潜能的开发，尤其是创造潜能的激发。德育管理能够帮助受教育者认清自己在社会发展中的主体地位，能够调动主体意识，激发创造潜能，推动人的全面发展。

3. 完善德育管理人本化过程

从管理学的角度看，在高校德育工作中贯彻“以人为本”，就是要树立平等意识，发挥德育工作中受教育者的主体性，并在两者之间进行平等的交往对话。

（1）受教育者主体性的确认。确认受教育者的主体地位，发挥和尊重受教育者的主体性，是德育管理的基本思想，对受教育者主体性的肯定，就是对其独立性、能动性、创造性和实践能力的倡导和重视，对受教育者主体性的培养，与受教育者创新精神和实践能力的培养是一致的。确认受教育者的主体性，不是一般地肯定受教育者的主体地位，而是要把教育的着眼点放在受教育者的主体性的发挥和培养上。

（2）教育者与受教育者的平等交往对话。德育过程是发生在教育者和受教育者之间的活动。平等的交往对话是“以人为本”德育过程实践的重要途径和重要形式。教育者与受教育者作为交往、互动的双方，是不可或缺、平等共生的关系，无论教育者还是受教育者都不存在完全的支配和中心地位。教育者和受教育者是平等的教育活动主体，是民主和平等的关系。教育者和受教育者双方，都不把对方看作是被动的接受对象，而视为交往对话的双方。这种平等对话就是主体间的相互尊重、相互关心、相互理解，最终达成相互间的积极影响。教育者和受教育者的相互影响，不仅教育者对受教育者具有道德影响，受教育者也影响着教育者。在交往对话中，教育者和受教育者思想与思想碰撞，心灵与心灵交流，相互激励，相互作用，不断重新构建知识结构和认知水平，最终双方获得共同发展。

（3）自我教育。在德育过程中，受教育者既是教育的客体，也是教育的主体。当受教育者作为教育者施加教育影响的对象时，他是教育的客体，当他接受教育影响进而进行自我教育时，他便是教育的主体。受教育者作为教育客体时，也并不是完全消极被动地接受教育影响，而是积极主动地对教育影响进行认识、理解和吸收。由此可见，教育者的教育和受教育者的自我教育，在教育过程中是同时存在的，并且是辩证统一的。在德育过程中，既要调动教育者的主观能动性，发挥其指导作用，又要调动受教育者的自觉性、主动性，发挥其自我教育的作用，更重要的是，使二者统一起来，从而取得更好的德育效果。

4. 培育人本化德育管理队伍

高校德育管理要以人为本，德育管理的队伍建设关系到德育目标、过程、评估能否得到贯彻落实，关系着德育的实效性。因此，要重视德育管理队伍建设，不断提高他们的思想政治素质和工作能力。

德育管理不同于一般的社会管理活动，对工作人员具有特殊的要求。德育队伍管理，要按照政治强、业务精、纪律严、作风正的要求，建设一支专兼职结合的德育队伍。随着对外开放不断扩大，在社会主义市场经济条件下，在建设和谐社会的进程中，高校德育面临许多新情况和新问题，需要有一批训练有素的职业化人员集中精力去研究、去实践，以适应新形势发展的需要。加强德育队伍管理的职业化和专业化，可以从以下方面入手：

（1）推行德育管理者的从业资格认定制度。德育管理者是德育队伍的主体，是德育队伍建设和管理的重点，应该按照职业化和专业化的要求建设和管理德育队伍。德育管理者职业化，建立统一的从业资格标准、职业规范和管理制度，完善德育工作队伍的选拔、培养和管理机制，使德育管理者把这项工作作为自己的终身职业，这样既有利于提高德育队伍的稳定性，又有利于培养出一批高水平的德育理论家和实践工作者。

（2）把提高德育管理者的素质，作为德育队伍管理的重点。面对新形势、新情况，德育管理要想与时俱进，就必须做好德育管理者素质的可持续发展工作。要做到德育管理以人为本，就要努力提升自身素质，在学习中发展，在发展中增强本领。在当前这个转变时期，德育工作者在思想教育方面的责任尤其重大。

加强德育队伍的培训，可以通过学历教育、职前培训、在职研修、自我管理和实践锻炼等多种形式，有计划地提高德育管理者的整体思想素质和业务能力。在培训过程中，要贯彻理论联系实际、学以致用、讲究实效的原则。根据需要，建构完整的德育工作队伍培训体系，制定科学的培训制度，编写科学的培训内容，完善培训的形式，做好培训后的反馈和评估总结。切实加强德育管理者用理论指导实践的本领，用正确的价值观影响被管理者的思想行为的本领，善于调查研究、思想宣传和组织协调的本领，能够独立从事科学研究的本领，使德育管理者切实加强服务意识。提高德育管理者的素质是德育管理的重要内容，也是一项长期而又紧迫的任务。

（3）构建完善德育管理者的激励机制。德育管理中的激励，是指借助物质和精神刺激因素，调动被管理者学习、工作和社会活动的积极性，充分发挥他们的智力和体力的潜能的过程。通过激励，在某种外部刺激的影响下，使管理者获得某种内部的推动力，始终保持一个愉快的状态。在我国高等学校，德育目标能否实现，德育工作的质量和效率，很大程度上受到德育工作管理者积极程度影响。激励已经成为人本化德育管理理论和实践的重要问题，建立和完善激励机制，是高校德育管理人本化的重要环节。

德育管理者作为教育者和管理者双重身份，既教育管理学生，也受学校和院系的双重领导。而如何提高德育管理者工作的积极性和创造性，就需要设置相应的激励机制。在管理实践中，物质激励和精神激励同样不可忽视。

通过运用某些经济手段和方式来组织、调节德育活动，满足德育管理者的物质需求，是实现高校德育管理实效性的途径之一。以人的多层次的需要系统来看，需要不仅有物质需要，还有精神需要。精神需要是人的较高层次的需要，它包括人的情感需要、发展需要和成就需要等。在高校德育管理中，如果管理者对学校及其教育目标有强烈的认同感，就会在德育工作中体现出积极的、主动的工作态度，对德育工作的实效性产生积极的影响。对人来说，精神需要比物质需要更重要，它的激励效果更为显著，影响更为久远。因此，针对人的需要和德育的特点，高校德育管理要使物质激励和精神激励有机结合，在满足人的物质需要和精神需要的基础上，调动人的积极性、主动性和创造性，充分发挥激励的作用。

第四章 互联网时代高校网络德育及其创新路径

第一节 高校网络德育的主体性

一、高校网络德育的主体性界定

师生主体性的提高是网络德育的本质要求，是落实德育实效的强有力保障。网络德育过程中，既要确认学生在教育过程中主体性的提高和作用，又要重视教师的主导、引导和指导作用，二者是有机的统一体，缺一不可。“网络德育主体具有观念开放性，行为自主性，身份匿名性的特点。高校应抓住时机构建网络德育主体，发挥大学生的主体性。”①

（一）德育的主体性

从宏观层面来看，德育的主体性是指德育与教育系统的其他要素相比而表现出来的自主性和独立性。从微观意义来看，德育主体性是指作为德育主体的教师与学生在德育理论学习和实践活动中所表现出来的特性，既包括教师在德育过程中的主导性、指导性和创造性作用的发挥，也包括学生在德育过程中自主性、主动性和创造性作用的体现。在积极发挥教师在德育过程中的主导性、指导性和创造性的同时，更要充分尊重学生在德育过程中的自主性，全面调动学生在德育过程中的主动性，高度重视学生在德育过程中的创造性。就学生而言，自主性是学生作为德育主体的前提和基础，主动性是学生作为主体的关键，创造性是学生主体性的最高体现。开展德育主体性研究，重点在于正确处理好教师主体与学生主体之间的关系，引导学生正确发挥自身的自主性、主动性和创造性。

---

① 张好徽，王红涛，刘倩：《构建高校网络德育主体》，载《河北理工大学学报（社会科学版）》2008 年第 8 期，第 106 期。

德育工作者与受教育者在德育过程中是有机统一的，受教育者有一个受教育和自我教育的问题，教育者也有一个受教育和自我教育的过程，尽管在德育过程中有教育者和受教育者之分，但二者必须也必然在发挥主体性的德育活动中统一起来。

（二）网络德育主体性

网络德育主体性主要包括网络德育过程中教育者的主体性和受教育者的主体性。

教育者的主体性，主要体现在以网络为媒介和平台，全面、客观地认识网络环境中的受教育者，科学地选择和运用网络媒介，改革和创新德育方式和方法，主动适应和优化德育环境，在注重提升自我素质和素养的基础上，根据受教育者的成长特点和思想发展规律，有目的引导受教育者鉴别和选择网络信息的价值性，创造性地实施网络德育。

受教育者的主体性，是指在网络德育过程中与教育者之间的平等对话、互动交流，自觉强化对德育的目的与内容的价值认同，主动加强自我教育和自身素质建构，不断提升自身媒介素养。

通过网络德育过程中教育者的主体性和受教育者的主体性的发挥，形成能够充分体现主体性要求的网络德育活动，并使教育者与受教育者的主体性在这种活动中得到真正的统一与升华。

二、高校网络德育的主体性功能

提高德育实效必须充分发挥师生在德育过程中的主体作用，体现师生在网络德育中的主体性功能，网络德育中师生的主体性主要体现为选择功能、建构功能和超越功能。

（一）选择功能

网络德育中师生的选择功能具体表现为：教师根据德育目标的要求，对教育内容和教育路径（途径方法）的选择，学生根据社会发展对自己的要求和自身成长的需求，对教育内容和教育路径的选择。师生的这种选择既体现着德育目标的要求和社会发展对人才培养的要求，又体现了教师和学生自身的内在素质水平，是一种客观要求与主观意志的统一性体现，同时也体现着德育目标确定的指向性与网络德育资源择取的筛选性以及网络德育内容安排的序列性的有机统一。

（二）建构功能

建构功能主要是指师生在网络德育过程中，对自身思想政治素质和道德品质素质的优化和整个素质体系的重构。

就教师而言，其主体性主要体现在网络德育过程中的主导作用，通过师生互动，教学相长，在对学生进行引导、指导和辅导的过程中，自身的网络媒介素养和主体性也得到提高和强化。

就学生而言，网络德育对其网络媒介素养及其主体性提出更高的要求，主要体现在学生网络德育过程中自身学习的主动性、自觉性、创造性。学生通过自己对德育内容和德育方法的主动认可和自觉接受，进而自觉将外部的教育要求转化为自身成长的需求，并通过理解基础上的内化，使之与自身原有的素质结构进行重新建构组合，最终实现自身素质结构的不断优化。

（三）超越功能

超越功能主要是指师生在网络德育过程中，所形成的德育理念和德育模式对新时期高校德育改革与创新所给予的有益借鉴。强调师生在网络德育中主体性的发挥，不仅有益于师生自身整体素质的提高，而且有助于推动高校德育的改革与创新。教师与学生以一种研究探索的态度和开拓创新精神对待网络德育，在网络德育过程中，积极探索大胆创新，不断确立体现时代特点和社会发展要求的新的德育理念和形成新的德育模式，并通过师生的实践使之得以完善和提升，同时注重在其他德育领域的推广应用，这对新时期高校德育的改革与创新提供了有益借鉴。

三、高校网络德育的主体性新要求

网络的出现为师生主体间互动的实现提供了平等交流的平台，是德育主体间性实现的重要载体。某种程度上，网络德育就是一种主体间性活动，一方面，它追求个体的自我完善与发展；另一方面，它追求自我与他我的和谐与美满。网络德育与主体间性具有同构关系。网络德育作为师生关系存在的方式，它是以主体间性为本位的，网络德育实质上就是一种主体间性的活动，而这种体现主体间性的网络德育，对德育过程中教师和学生的素质尤其是网络媒介素养都提出了新的要求，所谓网络媒介素养是指人们根据时代发展的需要，正确地利用网络媒介来满足自身需要，并能在海量网络信息中正确选择，理性分析，快速内化，不断创新的能力，这种能力具有相对稳定性，且对人的主体性的发挥具有制约作用。德育工作者媒介素养的提升是德育效果得以强化的前提和基础，是德育对象正确发挥其主体性的强有力保障，而受教育者媒介素养教育的提升是德育效果得以实现的关键，是教育者教育效果的重要体现。

因此，作为网络德育主体的教育者和受教育者应适应网络时代的需要，不断改变自身固有观念，提高自身网络媒介素养、完善自身道德人格，使自身主体性得到合理充分的发挥。

（1）网络德育中，教育者应改变传统德育观念和德育方式，提高自身业务素质和媒介素养，调整心态，转变角色。

在网络德育中，受教育者主体性的凸显要求教育者转变传统德育观念，改变旧式德育方法，形成与信息时代相适应的开放式、平等式的师生关系；要求教师适应信息时代发展需要，不断提高自身理论素质、心理素质和媒介素养，教育者要学会改变自己，扮演新的角色，与受教育者之间建立起平等、自然、和谐的师生关系，不仅在现实的学校教育中，也可以在虚拟的网络中体现教育者的引导作用和指导角色。

在网络信息时代，改进德育工作方式已刻不容缓，面对日新月异的信息技术的挑战，教育者应重视学生的主体性，以尊重学生的独立性人格为特点，在方式上反对强制的、反理性的、僵硬的、教条式的教育方式，而采用互动交流与真实体验的方法，通过学生的自主选择和自我建构来提高道德能力。因此，德育工作者要适应网络社会发展的客观要求，与时俱进，主动自觉提高自身科研水平和网络工作能力，这样，提高德育实效才有希望。

（2）网络德育中，受教育者应提高自身对信息的筛选和判断能力。网络是一个正在发展的新生事物，网络信息量大面广、更新速度快，并时时刻刻影响着受教育者，因此，在德育实践中起主导作用的教育者，要在了解德育对象、理解德育目标的基础上，注重提高学生对信息的质疑能力和选择能力，引导学生理性地选择健康有益的、积极向上的德育内容和信息，使网络媒介成为提升学生道德品质的载体。作为网络德育主体的学生，则必须自觉加强网络媒介素养的培养，提高自身的网络信息判断能力和网络活动自律能力，这样才能在网络德育过程中真正成为道德自律的理性主体。

（3）网络德育中，受教育者应培养和优化自身的道德接受和内化能力。在网络德育过程中，受教育者先要对教育者所传授的德育内容，在思想上和情感上给予认同，并在认同的基础上接受，亦即思想与情感上应与教育者达成某种共识或理想状态的共鸣，而受教育者在认同的基础上接受德育内容，这种接受即意味着其自觉地，将外在的社会道德要求转化为内在的自身发展需求，进而吸收并内化之。将“要求”转化为“需求”，基于需求而对德育内容进行吸收和内化，关键在于受教育者主体性的发挥。因此，学生应自觉加强培养和优化自身的道德接受和内化能力，真正做到在理解和认可有关德育资讯内容的基础上，将所选择的网络信息经过个人加工后内化为自身道德体系的一部分。

总而言之，在网络环境下切实提高德育实效，充分发挥教育者和受教育者的主体性，必须注重德育主体媒介素养的提升。重视德育主体媒介素养的培养与提高，是更好地发挥教师和学生在网络德育过程中主体性的必然要求。

四、高校网络德育主体性的强化

网络信息对人们的生活和思想影响日益深入，人们的自主精神和主体意识日益增强，这就要求我们高度重视和正确看待师生在网络德育过程中的主体性，并创造条件使他们的主体性得到正确发挥。德育的成功依赖德育主体对真善美的追求，德育主体性的强化与发挥是增强德育生命力的根本出路，而师生网络媒介素养的提升是德育主体性得以强化的可靠保障。

（一）媒介素养教育与网络德育的关系辨析

媒介素养教育是网络时代背景下拓展和强化青少年素质教育的一个重要切入点，一个人主动掌握和科学运用网络媒介的能力是其媒介素养教育的重要表现。在具体的教育过程中，教育者要正确引导受教育者对网络信息的选择和批判，提高对网络媒介信息的主动掌握和运用能力，提高对社会的适应能力。提高教育者和受教育者的媒介素养，是 21 世纪网络德育的新途径和新命题，是信息时代培养合格人才的重要性措施，是新时期德育的创新之举。

（1）媒介素养教育是网络德育的有机组成部分，网络德育是强化网络媒介素养教育的重要途径。媒介素养教育是网络德育不可或缺的有机组成部分，是德育与时俱进更好地适应网络社会发展的必然要求，网络德育的成功开展是强化媒介素养教育的重要途径和手段，同时又能够强化媒介素养教育的效果。媒介素养教育的目标是强化德育受教育者面对网络信息时所具有的独立性、自主性、批判性和能动性，并能外化为网络行为，提升网络应用的能力，以更好地完善自我；网络德育强调在网络环境下合理发挥教育者的引导作用和受教育者对信息的筛选和内化能力，重视德育主体的鉴别能力和处理网络信息能力的培养。因此，媒介素养教育的目标和网络德育的目的是一致的，二者在精神上是相契合的，都体现了以人为本的思想，都是为了人的全面发展和进一步完善。

网络德育的开展有利于学生正确认识和理性对待网络信息，并从中了解与网络相关的文化和伦理要求，使他们利用网络媒介时多一份责任感。一定程度上讲，媒介素养教育是网络德育的重要组成部分，而网络德育的开展是提升教育者和受教育者媒介素养的重要途径。

（2）网络德育的实施需要具备媒介素养，德育主体的媒介素养对网络德育效果具有重要的影响。网络媒介素养是素质教育的重要组成部分，是一个系统的知识体系，是教育者必须掌握的一种技能，同时也是教育者和受教育者应该具备的素质。德育工作者是德育活动的主导者，因此只有先提高德育工作者的媒介素养，才能对教育对象和德育活动进行积极引导，德育工作者要主动学习和提高自身的媒介素养，因势利导，使网络成为德育发展的重要依托和有效途径。只有这样才能有效地对受教育者实施影响，使受教育者能在众多的网络信息中正确地发挥主体性。

受教育者时刻处在网络信息的包围之中，他们又是网络使用最频繁的人，因此也难免受负面信息的影响。在网络德育中要尤其重视对学生媒介素养的培养，培养他们鉴别、选择、接受、内化信息的能力，自觉抵制不良信息，使媒介素养教育成为增强网络德育效果的重要举措。

（3）通过网络德育提高德育主体的媒介素养，更好地发挥师生在网络德育中的主体性。加强媒介素养教育，可以培养受教育者良好的信息认知、批判和选择能力，培养他们良好的信息素质。所谓信息素质，实际上就是指受教育者的信息选择、传播与接受的主体性，即指受教育者能独立自主地运用计算机技术获取和处理信息，对信息具有批判、分析和整合的能力，以及恪守信息时代所要求的网络伦理道德的基本素养。提升师生媒介素养的同时也就强化了德育主体在网络使用中的主体性。

通过网络德育，教育者和受教育者的媒介素养得到应有的提高，教育者在德育过程中引导受教育者正确地认识、分析、判断和选择有利于自己的信息，抵制不良信息的侵蚀。受教育者重视自身的媒介素养的培养，变传统的他律为自律。提高自身媒介素养，正确认识网络特点，提升对信息批判的反思能力，提高对负面信息的应对能力，学会利用有效的正面的网络信息帮助自己成长和进步。师生网络媒介素养的提高，使其在网络德育过程中的主动性和创造性得到更好的发挥。

（二）媒介素养教育强化网络德育的主体性

网络媒介素养教育的目标是提升德育师生的主体性，而德育师生主体性的提升又能够促进自身媒介素养的提升，因而媒介素养教育与主体性教育有着紧密的联系，二者相互促进，相辅相成，是不可割裂的。

（1）媒介素养教育不能绕开主体性问题而讨论。媒介素养教育与主体性问题之间是毛和皮的关系。二者是交互的、共生的、不可分的。前者是基础，是渠道，是必由之路；后者是方向，是本质，是核心目标。媒介素养教育重在培养学生面对网络信息时能独立地判断和选择适合自己的信息的能力，能够理性地批判和吸收网络信息的能力，能够适度发挥自身创造性的能力，媒介素养教育过程是教育者对受教育者进行教育的过程，是受教育者自主建构、自我发展的过程。从某种意义上讲，媒介素养教育的目标就是提高德育师生的主体性，媒介素养教育的本质是提升德育师生主体性，使他们在网络世界中得心应手，游刃有余，同时，媒介素养教育是一个教育和自我教育的过程，在这一过程中始终要以发展强化德育师生的主体性为方向，而不能偏离这个方向。

（2）德育主体性的强化是媒介素养教育的核心目标。媒介素养教育的目的是使德育主体正确认识和理性使用网络媒介，增加德育主体对媒介的认识和了解，学会用批判的意识筛选和接受网络信息，并懂得利用网络所提供的各种条件提升自我，完善自我。网络媒介素养教育的内容重在了解网络媒介基础知识和使用网络媒介技术和技巧；学会判断网络信息的真伪和选择网络媒介知识的意义和价值；学会创造正面的网络信息和传播正确的网络技巧；学会利用网络媒介宣传自己，让更多人了解自己，同时增强自身对网络负面信息的免疫力。

实际上网络媒介素养教育就是要培养德育主体的主体性，即师生在使用网络媒介时，不是不加选择和思考地接受各种信息，而是充分发挥自身主体能动性，经过筛选过滤掉那些负面的、不利于自身发展的信息，选择自己需要的那些信息，并利用媒介创造性地发展自我教育能力。

（3）媒介素养教育是强化德育主体性的必由之路。德育工作者作为学生的引路人，在网络时代更应适应时代需要，注重提升自身媒介素养，理性发挥教师主体性，如此才能帮助受教育者正确认识自我，更好地强化其主体性。作为德育主体的学生是接触网络频率较高的群体，网络媒介对他们的影响也更为深刻。因此，要引导受教育者正确认识网络媒介，使其更好地利用网络媒介。认清媒介素养教育影响与受教育者成长的关系，强化受教育者媒介素养教育，为学生厘清媒介幻象的真实面貌，输送理性判断的健康思维是强化德育主体性的有效路径。

第二节　高校网络德育的目标与内容

一、高校网络德育的目标

高校网络德育是适应网络社会应运而生的，作为德育工作者必须明确网络德育的目标，这是做好网络德育工作的基本前提。

高校网络德育目标，是指教育者根据社会（网络社会和现实社会）的要求与人的发展要求，通过开展网络德育活动使学生网民的思想品德和心理素质在一定时期内所要达到的预期效果。简而言之，就是网络德育所期望达到的结果。高校网络德育目标规定网络德育的任务和内容及其发展方向，是网络德育的出发点和归宿，制约着整个网络德育活动。网络德育要取得成功，一个基本的前提是必须有一个科学的目标，只有目标明确，才能为确立网络德育的任务、构建和实施德育的内容指明正确的方向，使之沿着正确的轨道发展，从而才可能取得更大的成效。

高校网络德育目标贯穿于网络德育的全过程，它自始至终发挥导向、凝聚、前提纠偏和激励的作用。网络德育目标的确定，是开展网络德育活动的基础，是提高网络德育主客体的主动性、自觉性的关键，是检验网络德育效果的重要依据。它的确立，不仅使网络德育活动有了明确的方向和评价标准，而且还起到凝聚、激励作用，能产生一种强大的整体合力，能振奋人的精神，提高人们行动的自觉性，增强教育活动的有效性。确立科学的网络德育目标，对于卓有成效地开展网络德育活动，具有极其重要的意义。

二、高校网络德育的内容

高校网络德育的内容是根据信息网络时代社会发展的要求以及学生网民的思想实际而确定的。根据网络的特点，以知识体系与学科分类的方法把网络德育的内容分为网络思想教育、网络法制教育、信息素养教育、网络心理教育、网络伦理教育、网络人文科学知识教育等内容。

（一）网络思想教育

网络思想教育主要是运用互联网进行世界观与方法论的教育，着重解决学生网民主观与客观相符合的问题。

网络思想教育侧重于思想政治教育传统内容的灌输。它是网络德育的核心和重中之重，着力于促进学生网民进一步解放思想、转变观念，培养创新思维和创新能力，指导和推动他们的实际工作、学习和生活。由于网络教育具有个性化的自我教育的特点，网络思想教育要采用渗透式教育，更容易为学生网民所接受。要把思想教育内容贯穿或融入政治教育、法制教育、伦理教育和心理教育等之中，让学生网民在这些教育的实践过程中提高自我的思想认识水平和辨别能力，确立其科学的世界观和方法论，从而达到思想教育的目的。

（二）网络法制教育

网络法制教育是对学生网民进行约束、提高他律的必要手段。网络化的出现及其对人们生活、学习、工作和社会、政治、经济、文化等的全面介入和深刻影响，突破了教育者和受教育者间的主被动关系。受教育者在接受和发布信息方面有很大的自主权。网络的匿名性和交互性使不同国籍、不同地域、不同意识形态间的交流变得相当便利，舆论导向的控制也更加复杂，这就迫切要求将法制教育引入网络，尤其是引入德育网站。

网络法制教育就是通过网络媒体进行法制宣传及普及教育。进行有关网络法规的宣传教育，目的是促使学生网民保持网上和网下行为的一致性和合法性。这是依法治国的迫切需要，同时也是实施依法治国方略的一项基础工作。

当前的网络法制教育，首先，系统地介绍整个社会主义法制体系，通过正面和反面的案例及生动的现身说法，让学生网民感受法、体验法，进而“知法”；其次，要传播法理知识，包括社会主义法的基本原则和精神，让学生网民了解法的精髓和精神，树立起守法和依法办事的意识；再次，通过网络开展法律服务和实践，培养网民运用法律的基本技能；最后，开展依法治国教育，要营造法治的网络环境，树立遵纪守法的网络新风尚。

（三）信息素养教育

信息素养是现代文明人的重要素质，指人们所应具有的信息处理能力，对信息进行筛选、鉴别、使用等方面的综合能力，包括信息意识和情感、信息能力、信息道德和信息法律意识四方面。信息意识指对信息的敏锐度，捕捉、分析、判断和吸收信息的自觉程度；信息情感指使用信息的态度和兴趣；信息能力主要包括信息获取能力、信息处理能力、信息表达能力和信息传递能力；信息道德是调节信息创造者、信息服务者、信息表达者之间相互关系的行为规范的总和，包括信息交流和传递目标应与社会整体目标协调一致，社会责任感，良好的创作精神等；信息法律意识主要包括遵循信息法律法规，抵制各种有害信息，尊重知识产权，尊重个人隐私等。信息素养作为一种高级的认知技能，同批判思维、解决问题的能力一起，构成受教育者进行创新和学会如何学习的基础。

信息素养不仅是一定阶段的目标，而且是每一个社会成员终生追求的目标，是信息时代每个社会成员的基本生存能力。多媒体和信息高速公路将成为信息时代重要的物质基础和社会条件，成为使人类走出工业文明，步入信息时代的两个最重要的技术杠杆。而适应多媒体和信息高速公路所创造的数字化生存新环境，则成为每个公民必须具备的基本生存能力，成为每个社会成员能否进入信息时代的“通行证”。

因此，进行网络素养教育是网络德育的一项重要内容。学生网民的信息素养直接影响着对网络信息资源的有效利用，因此，一方面要加强信息技术的宣传和普及；另一方面要加强信息法律法规的教育和信息伦理道德修养教育，帮助学生网民树立正确的网络观，提高分辨能力，做知法、守法的学生网民，使其网上言行符合法律法规的要求，自觉维护网络安全。

（四）网络心理教育

网络心理教育，主要针对信息化社会里人们出现的情绪低落、精神不振、消沉、孤独、苦闷、焦虑、压抑、多疑、恐惧、防范、麻木、冷漠等各种心理障碍和心理疾病等问题，运用心理学、教育学原理以及心理咨询理论和信息网络快捷性、匿名性等优势，对受教育者施加一定的影响，帮助学生网民化解心理矛盾、减少心理冲突、缓解心理压力、优化心理素质，使他们保持良好的心理状态，形成良好的个性和思想品质，促进人格的成熟及素质的全面发展。

互联网改变了人们日常的交流方式，实现了一种人—机—人的交流，这样非常容易造成学生网民的“网络孤独症”“网络饥饿症”等心理疾病，如何解决这种信息化给学生网民所带来的种种心理疾病问题，必须依托于网上心理教育的开展。

首先，开设心理咨询网站，通过 BBS、E-mail 等方式与受教育者进行一种平等坦诚的交流，缓解或解除他们心中的困惑与心理的冲突。为防止信息疾病的产生，学校要定期地对学生网民的心理健康进行调查、研究，及时地发现问题、解决问题，并利用网络介绍一些预防心理疾病的知识，使受教育者能够自觉利用这些信息进行自我教育，养成良好的心理素质。

其次，注重网上的情感教育。这也是网络心理教育的一个重要组成部分。网络的技术化加剧了人们的自我封闭，造成了现实人际关系的淡化，人们更倾向于用BBS、E-mail等方式与别人进行沟通，出现了现实社会中的“情感沙漠”，这就需要加强网络情感教育。在网络的内容上要特别注重人性化、艺术化，可以开设网络情感咨询热线，与学生网民进行情感的沟通。

（五）网络伦理教育

网络伦理教育是对学生网民进行自我意识培养和提高自身道德素质的有效方法。当前科学技术的发展带来了一系列新的伦理难题和挑战，诸如生物、医疗技术的快速发展，向生命伦理道德提出了挑战；现代工业技术广泛运用于经济建设，其在促进经济发展的同时，也引起了全球化的环境问题，给传统的生态伦理和经济伦理带来了挑战。

针对科学技术的发展带来的一系列新的伦理难题，可以利用网上伦理论坛等渠道，帮助学生网民靠内心的道德立法，提高自觉性和自律的意识，使其在网上的行为时刻顺从道德责任的命令，自觉抵制网络垃圾和精神污染。具体说包括集体主义教育、网络公德教育、网络道德规范教育、中华民族优秀的伦理道德文化教育、生态伦理教育、生命伦理教育、技术伦理教育、现代人际伦理教育、网上伦理教育等，通过这方面的教育，可以培养学生网民健全的人格。

（六）网络人文科技教育

人文科学知识是历史的积淀，已经成为学生健康成长不可缺少的主要因素。网络德育承载着知识教育的使命，其中重要的一项就是人文科学知识教育，网络人文科学知识教育主要包括以下内容：

（1）中西方优秀的文学、历史、哲学等人文科学。特别是中华民族生生不息的五千年优秀传统文化，在面对今日中西方文化冲击与激烈碰撞之时，传统优秀文化的教育可以让人们保持一颗清醒的头脑，是学生网民健康成长不可缺少的因素，可以引发一种对世界、对人生的客观看法，培养一种高尚的人格。

（2）自然科学。作为科普内容的自然科学知识能够使学生明智，形成科学的思维、科学的品质。自然和人文的充分交融，能够提高学生网民的文化内涵和道德底蕴，能够提升教育者和受教育者双方的网络人格素质。

（3）网上的科技活动。从形式和实践上主要是利用网络上的自由优势，通过网络知识、网络创意、个人网站以及网络软件设计等活动，让受教育者体会数字时代以知识论英雄的创业精神，激发他们的上进心和创造性。把这些内容纳入网络德育的内容，必定能使高尚情操和科学精神内化为学生网民重要的人格素质。

第三节　高校网络德育过程及其规律

网络德育过程理论是网络德育理论体系的核心。高校网络德育过程是一个由多种要素构成，有其内在矛盾运动，并按其内在规律辩证发展的过程。

一、高校网络德育过程及其要素

（一）网络德育过程的理解辨析

网络德育过程是指教育者根据一定社会的思想观念、政治观念、道德规范、心理素质等方面的要求和学生网民思想品德形成和发展的规律，通过计算机网络，对学生网民施加的有目的、有计划、有组织的影响，使他们形成符合一定社会发展需要的思想政治品德和心理的过程。这一过程的实质就是把一定社会的思想观念、政治观念、道德规范、心理素质转化为学生网民个体的思想品德和心理。

对网络德育过程的理解，应该包含以下方面：

（1）网络德育过程是一种虚拟实践活动。所谓虚拟实践，就是指人们运用虚拟现实技术，在计算机网络空间中有目的地进行的能动地改造和探索虚拟客体的一切客观活动，网络德育就是这样的客观活动。

（2）网络德育过程是一种有目的的矛盾转化过程。所谓目的是指依据一定的社会要求、学生网民精神世界发展的需求及其政治思想品德实际所确定的德育目标。网络德育过程就是借助网络通过“三次矛盾”的转化和“两次”飞跃来实现网络德育目标的过程，也就是通过“三次矛盾”的转化和“两次”飞跃，使学生网民在思想、政治、道德和心理方面逐渐达到网络社会和现实社会要求的过程。

（3）网络德育过程是一种网上双向互动的传播活动。网络德育过程是一种网络传播。网络传播将人际传播和大众传播融为一体，网络传播兼有人际传播与大众传播的优势，又突破了人际传播与大众传播的局限。网络传播具有人际传播的交互性，受众可以直接迅速地反馈信息，发表意见。同时，网络传播中受众接受信息有很大的自由选择度，可以主动选取自己感兴趣的内容。因此说，网络德育过程是一种网上双向互动的实践活动。只要登录网络，教育者和受教育者就可以通过人机对话，达到交流、沟通的目的。

（二）网络德育过程的基本要素

网络德育过程在某种意义上讲，等同于网络德育实践活动，它是网络德育主体、网络德育客体、网络德育介体和网络德育环体四个基本要素，也称“三体一要素”，即三“体”：教育者、受教育者、教育环境；一“要素”：“媒介”即介体相互联系、相互作用构成的复杂的运动过程。

1. 网络德育主体

一般来说，网络德育是有主体的，网络德育虽然是各类学校的职责，但必须有一个基本而稳定的队伍。网络德育的主体即网络德育活动的组织、实施和调控者。在现实德育中，教育主体是与受教育者矛盾对立的特定教育者，他们是思想权威的代言人，其主要职责是进行政治思想理论灌输。而在网络德育中，网络德育主体是网络传播中的“把关人”，他们制造、传播、监控网络信息，兼具信息传播者和德育工作者的身份，他们具有高新技术和广博的知识以及良好的品质，但不一定是思想权威。

网络中的教育主体不具有特定的身份，甚至可以不被称为“教育者”，他们具有非主体性特点，不进行“说服”，而是提供“选择”和“引导”。网络德育主体不仅相互之间地位平等，不具有上级和下级的层级性，而且与工作客体（也是网民）的地位也是平等的，因此，他们更具有人情味，更具有亲和力，也更具有取得德育效果的魅力。

网络德育主体的特点包括：教育对象的确定性与不确定性共存；工作内容的虚拟性与真实性共存；主体队伍的稳定性与广泛性共存；主客体之间的权威性与平等性共存；主客体之间交流的单向性与双向性共存；工作性质的教育性与技术性共存。

在整个网络德育活动中，网络德育主体占据主导地位、发挥着主导作用。这种主导作用在网络中具体表现为：“把关”功能（制造、传播、监控网络信息）、教育功能（对教育内容的传输、对教育对象思想行为变化的引导等）、调控功能（获取德育过程中的各种反馈信息，进行分析、整理，并据以调控自己的组织行为及教育行为等）。

因此，网络德育的主体要具有的基本素质包括较高的思想理论素养和水平、良好的政治素质、科学的世界观和人生观、娴熟的说理艺术、有熟练的网络技能、机敏的预见性和前瞻性、熟悉社情和民情、较宽的知识面、快速的反应能力。

2. 网络德育客体

网络德育的客体，即网络德育的受教育者。网络德育和现实德育相比，主要是所处的环境的不同，网络德育处于一个虚拟的环境，它的客体对象除具有现实德育的一般特征外，还有自身的客体对象特征。现实德育的客体（对象）具有一定的确定性，主要指青少年学生，而且对客体的各方面的综合素质大体有所把握。

网络德育的客体具有不确定性，如在网上实施德育时，客体的姓名、年龄、性别、地域等都具有不确定性，客体之间存在很大的差异性，如年龄、文化水平、需求程度都存在较大的差异性，因此，这种客体的不确定性给网络德育实施提出了更高的要求，也增加了难度。

网络德育是以网络社会中的“网络人”为主要对象，主要是上网的学生，这是一支日益壮大起来的队伍。他们的共同特点包括：①年轻、家庭经济条件好、追求高知识、有理想、积极上进；②反传统、重时尚、思想开放、个性鲜明、行动独立、富有创造力。他们是一群充满好奇心和怀疑精神的现代人，同传统受教育者相比，独特之处在于：①他们在教育活动中主动性多于被动性，在网络中不是被动接受信息，而是主动寻找、选择、接受信息；②他们在教育活动中经常发挥教育主体性作用，喜欢交流和发布信息，常常通过操纵信息的行为影响其他学生网民网友，网络德育客体总想说服他人却不易被说服，从某种意义上讲，他们可以说是“业余的”或“兼职的”教育者。作为网络的特殊受众群体，网络德育的受教育者具有个体性、虚拟性、自主性和参与性的整体特点。

在网络德育诸要素中，网络德育的客体比现实德育中的客体更具有多变性和双重性，并且作为客体的受教育者地位开始增强，网络主体的平等性决定了受教育者在虚拟状态下的相对平等地位，因此网络德育的客体具有主动作用。网络德育客体主动作用表现在：网络德育客体的实际状况制约和决定着网络德育的出发点和落脚点。无论是网络德育还是现实德育，其最终目的都是为了影响受教育者——学生的思想和行为，培养一定社会需要的具有一定思想政治道德心理素质的人。网络德育的最终效果要在受教育者身上体现出来；网络互动性决定了网络德育客体主动参与网络德育过程，在教育内容、教育方式的接受上具有选择性，主动寻找信息，选择、接受信息。尤其是他们在网络教育活动中身份经常转换，发挥教育主体性作用，常常通过操纵信息的行为影响其他学生网民网友，从受教育者变为信息传播者。

3. 网络德育环体

网络德育环体就是网络环境。人的品德的形成是与环境的熏陶是分不开的。从通常的意义上说，环境是环绕在人的周围并给人以某种影响的客观现实，德育环境是学校思想政治教育所面对的，环绕在教育对象周围，并对其产生影响的客观现实。虽然网络社会并不能脱离人们日常生活的现实社会，但毕竟是一种与以往不同的人类生活空间。网络德育的环体，是环绕在学生网民周围并对其产生影响的客观现实。网络德育作为现实德育的组成部分，是现实德育在网络上的延伸，它所面对的是一种特殊的环境，与现实德育相比，有其自身的特征：①虚拟性；②开放性；③导向性；④交互性；⑤趣味性；⑥预见性；⑦超时空性。

网络德育环体，主要是网络（网络在这里既是环体又是载体），有广域和局域之分，也有广义和狭义之分。

从广义上讲，网络德育环体根据构成的内容分为物质环境（包括计算机、网线、辅助工具）、精神环境（包括网络信息影响下学生的价值取向、心理及思维方式）、制度环境（包括与网络有关的法律和各种规章制度）。

狭义的网络德育环体是由网络的各个情境组成的，与网络的基本功能和学生网民的行为密切相关。一般可以按规模划分为宏观网络环境和微观网络环境。宏观网络环境指网际网、广域网、城域网等，既包括世界范围的互联网和一个国家或洲（省）的广域网，也包括覆盖一组临近的公司、单位和一个城市的城域网。微观网络环境指局域网，即处于同一建筑、同一大学、同一园区或方圆几千米的局域网络。局域网常被用于公司、办公室、学校或工厂里的个人计算机和工作站，以便共享资源和交换信息。如大学的校园网等。一般说来，宏观网络环境对人思想、行为、心理的影响多元而强烈，而微观网络环境对人思想品德的影响具体而深刻。宏观网络环境和微观网络环境之间相互联系、资源共享，从而使人们的生活、工作、学习和娱乐环境发生了变化，对人们的思想、行为和心理乃至价值观产生潜移默化的影响，最终导致人的思想品德的变化。因此，必须注意优化网络德育的环境。

在网络德育诸要素的相互关系中，网络德育环体起着条件作用。网络德育环体影响网络德育的教育效果，没有一定的环境和条件，网络德育无从谈起。一方面，网络德育环体通过对主体确定的网络德育的指导思想、目标、原则、内容和方法等起作用；另一方面，直接参与网络德育过程中客体思想观念的形成，以及客体思想观念的实现，即外化为学生网民的网络行为。

网络德育的环体提供网络德育的材料，对主体根据环体的特征有目的、有计划地选择介体起着重要的作用。网络环体是一种特殊的德育环境，对受教育者的思想品德的影响是双重性的，积极和消极并存。因此，教育者在网络环境的优化过程中，一方面要充分发挥其积极影响，并有效利用网络资源优势，激发学生网民的进取心；另一方面，要通过制定一些网络法律和规范，约束和限制一些学生网民偏离德育目标的行为。

4. 网络德育介体

网络德育的介体，即网络德育的媒介，是网络德育的教育目的、教育内容、教育方法和教育活动的总称。网络德育介体，指网络德育的教育主体，用来影响教育客体的一定社会所需要的思想品德规范等以及把这些思想品德规范等，传授给教育客体的各种方式、手段及其活动等，即网络德育主体与客体之间相互作用的各种方式、手段等活动。

教育目的就是网络德育工作者，根据一定的要求所期望的教育结果，是教育者制定的网络德育工作的整体目标和具体目标的总和。

教育内容就是教育者为实现网络德育目标而安排的教育内容的总和。在网络德育中，教育内容具有的特点包括：①多媒体技术使德育内容的形态从平面化走向立体化，从静态变为动态，从现实时空趋向超时空；②因网络的超信息量和信息的固有本质，教育内容变得丰富而全面，并且具有客观性和可选择性；③具有极高的文化和科技含量，教育内容的政治性本质隐含在历史文化知识和现代科技信息之中；④计算机网络也不可避免会有过滤不了的负面教育信息。

网络德育的方法和手段，就是网络环境下教育者为实现网络德育目的而采用的教育途径、方式和方法的总和。

教育活动就是教育者为实现网络德育目的而组织的各种类型的网络教育实践活动。

在网络德育诸要素的相互关系中，网络德育的介体具有纽带作用。网络德育介体是网络德育主体、客体和环体相互联结的纽带。网络德育介体的纽带作用表现在：它在网络德育主体、客体和环体之间承担和履行着传播、反馈、调节德育信息的职能。没有介体，网络德育就无法使主体和客体联系起来，也无法使理论和实践相统一。网络德育的介体决定着网络德育信息输出、输入的效能，决定着网络德育目的的实现程度，在很大程度上影响网络德育的效果。

二、高校网络德育过程的特征

网络德育作为现实德育的组成部分，是现实德育在网络上的延伸，现实德育过程的多端性、同时性、广泛社会性、反复性和实践性都适用于网络德育。但是网络德育过程除了具有现实德育过程的一般特征外，还具有以下特征：

（一）网络德育过程的交互性

交互性是网络德育过程的一大特点。网络德育过程的交互性是指在网络德育过程中网络德育主体和客体所形成的一种特有的思想、知识和情感之间的相互关系。它体现了网络德育过程必须依赖各种各样的网络图标或象征符号作为其活动中介。它包罗了网络德育主体、客体之间以及网络德育主体、客体内部围绕着信息和知识生产、传递、交换、流通、竞争和冲突等环节而产生出来的一种相互参与、相互操作。

高校网络德育过程的交互性，打破了教育者与被教育者的固定地位，变被动式教育为互动式教育，教育者与被教育者都是网络主体，教育者要尊重并认识受教育者的主体性，在更加平等的环境中共同面对问题；受教育者的主体意识被极大地调动起来，可以在网络上平等地发表自己的思想看法，与教育者或其他受教育者互相沟通探讨。

（1）网络德育过程的交互性分类。按照交互的时间的先后，网络德育过程的交互性可以分为实时交互和非实时交互。

实时交互分为两种：一种是人与人交互，另一种是人机交互。人与人交互是指人们通过网络进行一对一、一对多和多对多的双向交流，受教育者可以在“网上论坛”或“在线指导”上发表自己的观点，大家一起讨论。人机交互是指网络德育中的教育者，针对某一专题预先设计好以实际道德事件为基础的、错综复杂的、千变万化的、虚拟的道德情境或道德困境，围绕这个虚拟的道德情境，设计一系列道德判断题目，当受教育者访问该专题时，由机器提问或解答，实现人机对话。

非实时交互，指网络德育中的教育者和受教育者通过 E-mail、万维网、电子公告板等来相互传递信息。因为现实德育中的教育者和受教育者的关系是确定的，教育者是教育的主体，在德育活动中占据主体地位。这个特点有助于帮助教育者明确自己的责任，在德育活动中坚持党的教育方针，完成德育任务。

（2）网络德育过程交互性的实施途径。实施网络德育过程的具体途径有：①通过 BBS（电子公告板系统）进行网络交互；②通过网络聊天进行交互；③通过 E-mail 进行网络交互；④通过新闻组（全交互式的超级电子论坛）进行交互；⑤基于 IP 电话交互。

（二）网络德育过程的开放性

网络德育过程，主要是指网络德育的教育者对受教育者施加德育影响以及受教育者接受影响的过程。网络德育过程的开放性是指网络德育必须打破“问题—解答—结论”的封闭式过程，构建“问题—探究—解答—结论”的开放式过程，以启发、讨论、探究、质疑、收集信息、自主学习为网络德育的基本形式，根据实际情况灵活安排各个网络德育环节。具体表现如下：

（1）网络德育内容的开放性。网络含有丰富的文字、图片、声音、图像等多媒体信息资源，也拥有各种信息传播功能，是一个完全开放的世界。网络德育尤其要处理好教材的相对滞后性与现实的不断发展性之间的矛盾，不能过分拘泥于教材的文字表述，静态地、封闭地看问题。设计的问题也要有开放性，一方面，网络德育是对传统的封闭式静态的德育方式的大胆突破，打破了“问题—解答—结论”的封闭过程，以启发、收集信息、探究、质疑、自主学习、师生互动、生生互动等开放式教学为基本形式；另一方面，结合所学内容，学生可以通过网络获得更加丰富的信息，扩大视野，了解社会动态、科技水平，加深和扩展对所学知识的理解，有利于解决现代社会政治、经济、文化迅速发展与政治课教材内容相对滞后的矛盾，网络使德育的内容呈现全方位的开放状态。

（2）网络德育方法和手段的开放性。网络德育既要继承和发展以往的经验和科学方法，又要向现代化迈进。网络使人们的视野更加广阔，民主意识不断增强，突破了由单一的政工机构、专职政工人员去做工作的状况，使网络德育渗透到学生日常生活、学习和工作中，有形无形地向他们施加各种影响。

（3）网络德育主客体相互关系的开放性。

一方面，主体和客体接受网络德育信息的同时性。信息的传播已经不再需要经过一段时间的逐层逐级的传达，而是由一点同时向各层面多方面的辐射，接受者不受时空限制，无论是领导者还是被领导者，教育者还是被教育者，都可以同时接收到来自上级直至中央的完全相同的网络德育信息。

另一方面，主体接受德育信息的广泛性和客体德育信息的无限性。由于网络信息传播的广泛性和人们的自主选择性，作为接受教育的无数客体，可以自由地、多角度地、多方位地接受来自世界各方的信息，形成随机无限发散。而作为主体的网络德育的教育者的有限个人，接受信息是无限的，面对的是多个人瞬息万变的思想动态。因此必须掌握广泛的信息，方能应付自如。

（4）网络德育资料的开放性。网络德育资料的选择不能局限于教材和教参，更多地要从网上下载。古今中外，自然、社会、政治、经济、文化、军事、科技等都可涉及。网络德育资料的利用不只局限于某一个教师、某一所学校、某一个学科，而是所有教师、所有学校、所有学科。网络德育资料本身所包含的观点要具有发散性，能给学生以广阔的想象、思维的空间，鼓励学生进行发散思维、求异思维。

（5）网络德育时空的开放性。提高网络教学的时效性，就要把课堂向学校的电脑室、电子阅览室以及家庭延伸，向课余时间延伸。这既是培养学生创新素质、开阔视野的需要，也是现代科技牵动教育的必然走向。教育行政主管部门和学校要建立适合学校、家长特别是适合学生学习内容的丰富全面的城域网和校园网，并在自修课、双休日、节假日尽可能多地开放以上场地设施，为学生提供尽可能广阔的网络教学时间和空间；教师在上课之余也要对学生的网上学习进行随机辅导；家长要加强引导和指导。

（三）网络德育过程的复杂性

在网络德育过程中，教育者把含有符合社会要求的政治观念、道德规范、心理素质等信息，有目的、有计划地灌输给特定的受教育者。受教育者在各种因素的作用下，有选择地接受信息，转化为个体意识，即内化。尔后，受教育者又把个体意识转化为良好的行为，并多次重复良好行为使其成为习惯，实现网络道德行为转变成现实的道德行为，这是外化。

在这个过程中，教育者必须先了解受教育者的思想信息，适时、适当地向受教育者灌输具有特定内容的信息，又不断地从受教育者那里得到反馈信息。其他种种环境因素，也对教育者和受教育者传递着含有各种内容的信息，不同的信息传播方式都直接地影响着教育效果。在现实德育过程中，主要通过课堂宣讲、个别谈心以及报纸、广播、电视等大众传媒来进行。这些方式的一个重要特点就是可控性，教育者可以通过精心筛选，有意识地选择合适的材料向教育对象集中地、持续地、高强度地传播，促使教育对象的思想发生转变。

在网络环境下，教育形态从平面走向立体，从静态变为动态，从现时空趋向超时空；因网络的超信息量，教育内容变得丰富而全面，并且具有客观性和可选择性；网络具有极高的文化和科技含量，教育内容隐含在文化知识和科技信息之中。受教育者能动地接受教育影响的选择性和自主性增强，一定程度上也弱化了教育者的教育影响的作用。正是由于网络信息的不可控性，使得网络德育过程更加复杂。

三、高校网络德育过程的环节

网络德育过程的基本环节，是网络德育中教育者为了对受教育者施加教育影响，促使受教育者形成一定社会所期望的思想品德和心理素质的一般操作程序。它存在于网络德育过程各基本要素的结合部，存在于网络德育过程基本矛盾运动的焦点处，突出地反映了教育主体、教育客体、教育介体和教育环体之间的相互联系和相互矛盾，推动着网络德育过程的各阶段的展开和网络德育过程中各种矛盾运动的发展。

网络德育过程包含着三个基本环节，即网络德育方案制订；网络德育的实施；网络德育的评估。

（一）网络德育的方案制订

网络德育方案包括确立网络德育目标，制订网络德育计划。确定网络德育目标是网络德育过程的起点。网络德育目标是网络德育中教育者实施教育活动的指针，是调节、控制和评估网络德育的依据，也是受教育者的努力方向。网络德育的目标必须建立在对网络德育过程的基本矛盾及其运动趋势的正确反映基础上。这就要求网络德育的教育者进行深入的调查研究，全面掌握一定社会对受教育者的思想品德和心理素质要求和受教育者目前的思想品德和心理素质状况。在此基础上，进行科学的分析和综合，弄清两者之间矛盾产生的根源和运动的趋势。

网络德育计划是网络德育目标的具体化，是完成网络德育目标的具体实施方案。制订网络德育计划，通常包括确定网络德育内容、选择网络德育方法和安排网络德育过程的程序等。制订的网络德育计划要有针对性、预见性和弹性。

（二）网络德育的全面实施

这是网络德育过程的中心环节。其主要任务是把网络德育方案付诸网络德育实践，对受教育者实施全面的教育影响，并促使受教育者在网上活动过程中接受教育影响，并经过其能动的认识、体验、实践等逐步形成一定的思想品德和心理。这实质上是帮助、引导受教育者实现“三次转化”和“二次飞跃”的过程。因此，为了保证网络德育过程的顺利进行，保证受教育者的知、情、信、意、行等方面素质的综合提升，应着重抓好以下工作：

（1）建立良好的教育关系。在网络德育过程中，主客体建立良好的教育关系对网络德育活动的顺利进行关系重大。一方面，良好的教育关系会使教育者在一种轻松的网络交往氛围中更自如地开展工作，其所传授的道德观念、规范更易为受教育者所信赖、所接受；另一方面，良好的教育关系有利于受教育者形成积极的、健康的心理状态，也就是形成接受教育、提高自己思想道德境界的精神需求和信任、尊重教育者的态度。有了这种需求和态度，受教育者就可能更顺利地接受德育目标，更自觉地接受教育影响。

影响教育关系的因素是多方面的，建立良好的教育关系有赖于教育者和受教育者多方面的努力。尽管在网络德育中，教育者和受教育者的地位是平等的，但是教育者还是处于组织教育活动的地位上，他们比受教育者负有更大的责任。因此，教育者必须坚持主动灌输和互动交流相结合的原则。

在互联网时代，每个人都以平等的身份进入网络，网络教育者必须讲究工作的艺术性，用受教育者所熟悉的网络语言风格进入网络，在互动交流和对话中开展德育活动，一方面，为学生网民提供宽松自由的环境；另一方面，开创了德育工作的新领域，网络互动交流的特点，使工作可以更加灵活、更加亲切。网络德育的工作者一定要习惯网络环境，走向对话，走向与被教育者的互动交流。为此，良好的网络德育关系的建立关键在于教育者必须树立新形象，通过网络，应该塑造一种对人切实关心、循循善诱、解决问题的形象，让网络德育真正进入受教育者的脑中、心中。

（2）把握知、情、信、意、行的矛盾运动。受教育者的思想品德一般由知、情、信、意、行等心理要素构成。由于网络虚拟性、网络环境因素和主体内在心理因素的复杂性，在很多时候，受教育者的知、情、信、意、行诸要素在发展方向上并不完全一致，在发展水平上也是不完全平衡的，这就构成了诸因素之间的矛盾。正是因为存在这样的矛盾，才需要坚持对受教育者进行德育，促使受教育者内在心理要素逐步在发展方向上达成一致，在发展水平上达到平衡，使其形成良好的思想品德和心理素质并不断向社会要求的方向发展。因此，全面把握受教育者的知、情、信、意、行之间的矛盾运动，通过各种途径和形式，促使受教育者完成从思想品德认知到品德行为的转化，是网络德育过程的基本任务。

（三）网络德育的客观评估

网络德育的评估，是检验网络德育指导思想是否得到充分贯彻，网络德育的特征及内容是否得到充分体现，网络德育方式方法是否有效，进而网络德育的根本目标是否实现的主要手段，是网络德育过程的重要环节之一。网络德育评估必须依据网络德育指导思想和内容的规定，制定科学的评估指标体系，运用科学的评估方法，对网络德育的现状做出全面客观的分析和评价，从而纠正网络德育过程的实际效果和教育目标的偏差。它是网络德育过程不可缺少的环节，不仅标志着一个具体的网络德育过程的结束，而且为新的网络德育过程的开始奠定了基础，提供了条件。

四、高校网络德育过程的规律

规律是指客观事物内部的、稳定的、区别于其他事物的本质联系。网络德育过程的规律就是指网络德育过程中各要素之间的本质联系及其矛盾运动的必然趋势。如存在于网络德育过程中的教育者和受教育者之间的联系及其互动趋势，社会要求的思想品德和心理素质与受教育者个体思想品德和心理素质的联系及其相互作用的方向等。研究网络德育过程的规律，就是要探求这一过程中各要素之间是如何联系的，其相互作用的趋势如何。

（一）双向互动规律

教育者的主导作用与受教育者的主体作用辩证统一的规律，简称双向互动规律。这是网络德育过程中十分重要的并具有全局意义的规律。网络的互动性打破了教育者和受教育者的固定地位，变被动式教育为互动式教育，教育者与受教育者都是网络的主体，教育者要尊重并认识受教育者的主体性，在更加平等的环境中共同面对问题；受教育者的主体意识也被极大地调动起来，可以在网络上平等地发表自己的思想看法，与教育者或其他受教育者互相沟通探讨。

网络德育过程是以网络教育影响为中介的，是教育者与受教育者相互影响、相互作用的双向互动的过程。一方面，教育者在网络德育过程中发挥着主导作用，教育者是一定社会的思想品德和心理素质要求的表达者，是网络德育过程的组织者，也是受教育者自我教育积极性的激发者；另一方面，受教育者在网络德育中也发挥着主体作用。受教育者是能动地实践思想品德规范并影响教育者、其他网民及教育活动的主体，也是自我教育的主体。教育者和受教育者相互影响、相互作用的双向互动规律可以包括三个阶段：①网络德育的教育者积极施加网络德育影响的过程；②受教育者能动地接受网络德育影响的过程；③受教育者自身思想矛盾运动的过程。

在网络德育过程中，教育者的主导作用和受教育者的主体作用是辩证统一的。一方面，教育者主导作用的实现，离不开受教育者主体作用的发挥；另一方面，受教育者的主体作用的体现，也离不开教育者的主导作用的发挥。离开了教育者的主导作用的发挥，离开了教育者对受教育者的思想品德和心理的激发与引导，受教育者的主体作用就不可能得到充分的体现，也就不可能形成自觉的网络德育过程。

双向互动还体现在教学相长之中，在网络德育过程中，教育者和被教育者不再局限于面对面的教育，相互之间也不再具有制约关系，教育者和被教育者都可以在网上自由平等地发表自己的观点，相互沟通探讨，这种教育理念是人本主义的，即相信受教育者有可能自己发现自己的问题，并通过自我探索，从而获得对自己最有价值的收益，解决自己的问题。教育者将与受教育者有更多的交流、沟通和探讨，成为受教育者完善自身道德的一个心灵朋友。教育者也常常从受教育者身上学到东西、受到激励。因此，在网络德育过程中，教育者和受教育者是双向互动的，教育者的主导作用和受教育者的主体作用是相辅相成、相得益彰的。

网络德育过程是教育者主导作用和受教育者的主体作用辩证统一的过程，由于网络的虚拟性和互动性对受教育者思想道德观念影响的无限加大，导致在实施教育、接受教育、自我教育过程中，教育者主导作用宽度和广度无限延伸，增加了教育者施加教育影响的难度。同时，受教育者能动地接受和参与教育影响的选择性和自主性增强，一定程度上也弱化了教育者施加教育影响的作用，给教育者对德育工作的控制力出了一道不小的难题。受教育者的接受和参与，使教育者更能及时和广泛地了解受教育者的所思所想，受教育者接受参与的面越宽，教育者越能较广地掌握受教育者的思想动态，教育者发布的信息也就更具有针对性。

因此，要增强网络德育的时效性，教育者在网络德育的实践中必须遵循双向互动规律，将它贯穿于网络德育的全过程，实现教育者的主导作用和受教育者的主体作用的辩证统一。教育者的主导作用发挥得越充分，受教育者的主动性、积极性就越能充分发挥；而受教育者越能发挥主动性，就越能体现教育者的主导作用，二者统一起来才能收到良好的网络德育的效果。

（二）协调控制规律

协调自觉影响与控制自发影响辩证统一的规律，简称协调控制规律。这是网络德育过程中的另一重要规律。网络德育过程是立体的、开放的、互动的过程。这一过程存在着两大方面因素的影响：不仅存在着来自教育者的多种教育影响，而且存在着来自网络环境的复杂的自发影响。因此，网络德育过程也就是各种影响相互作用的过程。

（1）教育者施加的自觉影响的交互作用，包括同质的教育影响的交互作用和异质的教育影响的交互作用。在网络社会，由于网络环境的虚拟性、开放性和复杂性，教育主体思想水平和认识能力有很大的差别，自身素质与网络的要求也存在诸多不适应的地方。

（2）网络环境因素的自发作用。网络德育环境的开放性、虚拟性、导向性、交互性、趣味性等特点，使网络环境对受教育者的思想品德和德育过程都在自发地产生影响，要高度重视网络德育中的自发影响的作用效果，利用并强化其中的积极影响，使之与德育主体的自觉影响协调统一起来，从而形成良好的德育氛围，促进受教育者的思想品德朝着社会要求的方向发展。

网络德育过程是各种自觉影响和自发影响相互作用的过程，那么，要增强网络德育的时效性，教育者在网络实践中就必须遵循协调控制规律，实现协调自觉影响与控制自发影响的辩证统一。一方面，教育者要积极协调不同教育主体的各种自觉影响，要不断强化正确的自觉影响，及时纠正错误的自觉影响，使各种自觉影响汇成一股合力，推动受教育者的思想品德朝着社会要求的方向发展；另一方面，教育者要有效控制环体的各种自发影响。要及时搜集环体信息，并对他们已经或可能对受教育者产生的自发影响做出科学的分析、判断和预测。要尽可能地利用各种自发影响中的积极因素，使他们与自觉影响形成合力。要及时采取有效措施，预防并帮助受教育者抵制和减少自发影响的消极因素，增强受教育者的免疫力。要积极创设良好的网络环境，把网络环境中的各种自发影响都引导到与一定社会的思想品德要求相符合的方向上来。

（三）辩证统一规律

虚拟的思想品德行为与现实的思想品德行为的辩证统一规律。这是网络德育过程的第三个规律。无论网络德育还是现实德育，都是教育者有目的、有计划、有组织地帮助和引导受教育者实现内化和外化，使受教育者形成一定社会所期望的思想品德和行为的过程。其目的都是促使学生形成符合社会发展需要的思想品德和心理素质的实践活动。因此，在网络德育中，受教育者虚拟的思想品德行为，最终转化为现实的思想品德行为。虚拟的思想品德行为与现实的思想品德行为的辩证统一规律表现在以下方面：

（1）虚拟的思想品德行为离不开现实的思想品德行为。虽然网络中学生网民思想品德行为具有虚拟性，但是由于参与虚拟空间交往活动的学生网民是现实社会的人，因此，虚拟的思想品德行为本质上反映了现实的思想品德行为。

（2）虚拟的思想品德行为又不同于现实的思想品德行为。现实空间人们的社会交往、活动方式受制于各种条件，容易规范，能够控制。而在网络空间，由于互联网所采用的特殊离散结构（没有中心、没有界限，不受任何组织机构控制）以及网络运行的“数字化”“虚拟化”的特点，使人们的交往表现得非常自由，难以控制。因此，网络德育就是要善于利用网络先进性的一面，让学生网民自觉地接受科学的、先进的道德观，并使其内化为大多数学生网民的道德心理，成为日常网络交往的一种道德行为，从而自觉地抵制种种消极的影响。

（3）虚拟的思想品德行为最终要回到现实社会接受检验。虚拟的思想品德行为通过受教育者自身的内化过程后，逐渐走向成熟，最终带入现实社会中。人们在网络社会虚拟的实践条件和环境中形成的判断、观念和行为，必须回到现实实践中去考察和检验，虚拟世界中的行为并不能代替人们进入现实社会和接受现实社会实践的检验，网络德育同样必须是在与现实社会的联系中求“真”，换言之，现实社会实践的检验是最后的决定因素。因此，虚拟的思想品德行为，最终要转化为现实社会的思想品德行为，网络德育目的才得以完成。同时现实思想品德行为是虚拟思想品德行为的基础和前提，现实思想品德行为，可以经过网络德育使其得到扬弃和再生，成为虚拟的思想品德行为。

因此，虚拟的思想品德行为和现实思想品德行为是辩证统一的。人们的虚拟思想品德行为也是现实社会实践活动的一部分，虚拟思想品德行为和其他社会思想品德行为应该是统一的，因此，必须加强网络德育的宣传力度，让人们明确现实社会的道德品德行为规范在网络社会中的价值和意义，并引进现实社会道德教育的方式方法，指导人们在多元道德体系中遵守适合我国国情和社会发展要求的网络道德规范。同时教育者在实施网络德育的过程中，要注意把网上规范与网下规范结合起来。网上规范旨在确保学生网民在上网过程中不出现违背网络道德的行为，网下规范主要是为了使学生网民在下网后仍能自觉遵守社会主义道德规范，能正确处理和使用在网上获得的各类信息，善于从虚拟的网络交往回到现实生活。

第四节　高校网络德育的创新路径探索

一、更新高校网络德育的思想观念

网络德育的创新，先要更新思想观念：更新德育价值观，确立社会价值和个人价值有机统一的新价值观；更新德育任务观，确立灌输社会规范与培养个人能力有机结合的任务观；更新德育过程观，确立教育者与受教育者相互交往的教育过程观；更新德育主体观，确立实在主体性与虚拟主体性辩证统一的新主体观。

网络的普及，信息传输打破了国界区域的限制，地球变成了“网络村”，学生通过计算机网络了解到越来越多生动新鲜的社会现实，在这种条件下，德育必须理论联系实际，正视纷繁复杂的现实，有针对性地帮助大学生解决思想认识中的问题。

二、提高高校网络德育的实效性

充分重视和运用网络技术，提高网络德育的实效性。

首先，在人力、物力、财力等方面加大投资力度，建立德育专业网站，占领网络阵地，形成青年学生教育的网络体系，积极主动地开展网上正面宣传和准确的信息传播。同时，充分利用网络开展德育活动；如充分利用校园 BBS，建立德育宣传版块，在网上开设国情教育、法制教育等专题的平台。

其次，对校园网的建设要进行明确规范的管理，运用网络宣传媒体，做好典型宣传、热点引导和舆论监督，营造积极向上的网络舆论氛围，确保网上舆论的正确导向，使网络成为新型的德育基地。

最后，把网络道德教育作为德育工作的重点及难点，要进行网络道德规范教育，培养其内在的、自觉的网络道德情感、道德责任和自律意识。一方面，加强对网络的监控和管理，建立网上道德规章制度，通过有效的技术手段，防止有害信息进入校园网，创造好的网络环境；另一方面，树立正确的网络观，倡导自律意识和自制能力，提高法治意识，增强抗干扰力和免疫力。

三、营造生动、活泼的网络教育氛围

开发网络德育软件，营造生动、活泼的网络教育氛围。德育工作者要充分运用现代教育技术，抓住网络这个良好的教育载体，认清现代网络技术在教育中的优势，比如多媒体展示的集成性，超文本链接的选取性，大容量存储的丰富性，人机交换的操作性，超时空交流的共享性等，使德育更生动、更直观。组织专家制作一批思想性高、教育性浓、趣味性强、适应性广的信息资源用于德育。这样既能充分发挥多媒体技术图文并茂、声像交融的特点，又能把德育由“平面”变“立体”，由“单向”变“多色”，使其更生动、鲜活，更具感召力和吸引力，为网上德育提供运作载体。

四、增强大学生的辨别与抵御能力

积极引导学生正确使用网络，增强学生对网络文化的辨别能力与抵御能力。网络德育必须针对新情况新问题，加强对青年学生的网络伦理道德教育，帮助他们树立科学的世界观、人生观、价值观，引导学生运用科学的立场、观点、方法去观察问题、思考问题，以提高其抵御意识形态入侵的自觉性，增强其对网络文化的辨别能力和抵御诱惑的能力。对学生进行适当的网络意识教育，并对其网络行为进行一定的规范，教育青年学生在网上汲取有益精神食粮的同时，一定要增加对网上信息的正确选择能力和抗干扰能力，使其成为遵纪守法和道德高尚的优秀网民。

五、规范网络行为，净化网络环境

齐抓共管，防范网络的负面影响。面对多元思想观念和道德规范并存的网络环境，要正确引导，让学生在教师价值引导下自主地做出选择，把传统的道德规范和价值观的传承变为主体自主选择、自主建构的过程。加大德育在网上的信息流量和信息质量，营造浓烈的正面宣传氛围，造成强有力的正确舆论态势，对上网学生的思想形成一种大趋势的引导。与此同时，加强网络立法，规范网络行为，净化网络环境也是必不可少的。

首先，采用互联网内容选择平台、信息过滤软件等先进技术对网络信息进行审查和监控，控制信息源头，阻止有害信息的入侵。

其次，进一步加大网络立法力度，健全网络法规，并通过立法和建立管理制度来规范网络行为，为青年大学生网民营造一个良好的网络文化环境。

六、强化德育工作队伍的网络素质

“大学生网络道德教育是大学生网络思想政治教育的重要内容，也是高校德育工作的重要组成部分。”① 网络德育的顺利开展要求德育教师不但要学习网络知识、了解网络、运用网络，而且要学会把德育和网络技术结合起来，这样才能从容面对熟知网络的青年学生，解决好网络时代德育工作面临的挑战和问题。

首先，尽快地对德育工作者进行系统的网络知识的培训和教育，使他们具有较高的网络技术水平，能够使用和驾驭网络，及时解决网络传播中的问题，使网上的宣传思想工作既观点鲜明，又生动形象，富有强烈的吸引力和感染力。

其次，德育工作者要有高度的责任心和快速的反应能力，能够以敏锐的思维，迅速地抓住问题，有的放矢地开展工作。

最后，面对网络文化的渗透，德育工作者必须具备更高的政治责任感、政治敏锐性和政治鉴别力，善于对网络文化进行分析、鉴别、判断和引导。

① 贾友枝：《高校德育教师推进大学生网络道德教育之路径》，载《学理论》2015 年第 26 期，第 177 页。

第五章 互联网时代高校德育资源与评价创新

第一节 新媒体背景下高校德育的课程资源开发

高校德育课程资源有效开发是时间上不断延续、内容上不断生成的过程。“高校德育资源作为德育介体的组成部分，为德育系统的良性运作提供现实条件和载体。”[①] 结合新媒体共享、即时、开放等特点，高校德育课程资源有效开发的过程从观念、目标、原则、主体、经费以及技术手段、相关管理制度、评价反馈等环节进行全方位变革创新。

一、新媒体背景下高校德育的课程资源观与有效开发意识

（一）树立“共建共享”的课程资源观

树立正确的课程资源观是高校德育课程资源有效开发的首要问题。新媒体背景下，革新观念，形成“共建共享”的课程资源观是时代必然发展的基础。

“共建共享”是有机整体。“共建”指的是新媒体背景下高校德育课程资源有效开发是多主体参与共同建设。高校领导、德育工作者、学科教师、学生以及新媒体“意见领袖”均可参与开发，恪尽职守，尽心竭力开发高水平课程资源，开发创新推动高校德育的发展。首先，高校领导作为课程资源有效开发的引领者，其课程资源观决定着开发的基本方向，而德育工作者以及学科教师担任课程资源开发的建设者，其课程资源观影响开发的具体实施。其次，学生和新媒体意见领袖是课程资源有效开发的补充者，其课程资源观决定着开发的实践效果。因此，开发主体应清楚认识到课程资源是高校德育过程的所有要素之和，是一个整体，不可割裂，它无处不在，无时不有，尤其是新媒体平台提供的大批课程资源，均为真实存在的。从单一的课程资源中能够开发出多种不同的课程内容，且实现

① 孙丹薇：《论高校德育资源的开发和整合》，载《黑龙江教育（高教研究与评估版）》2006年第1期，第60页。

别具一格的教育功能，使课程资源和高校德育紧密融合在一起，更好地为高校德育服务，体现课程资源的开发价值。

“共建共享”的课程资源观中，“共享”的含义即是指资源和成果共享。新媒体打破时空、国界的限制，让课程资源在平台上集体呈现，使社会成员获取途径便捷，且平等享受资源。另外，在课程资源有效开发过程中，主体筛选整合的过程中，去其糟粕，汲取更多积极向上的课程资源应用在高校德育过程中，学生和教师共享开发成果。因此，提高认识，树立“共建共享”的课程资源观是新媒体背景下高校德育课程资源有效开发最具分量的基础性条件。

（二）增强有效开发意识

“有效”是指达到课程资源开发预期结果的程度，更是高校德育课程资源开发的目标追求之一。开发的实际结果与预期结果的契合度、开发过程的效率以及开发结果的效果收益是课程资源开发要解决的问题，也是高校德育课程资源开发渐进过程的有效输出。增强有效开发意识，提高课程资源开发的质量，是新媒体背景下高校德育课程资源开发的必要依托。

首先，新媒体背景下课程资源层出不穷，更新速度快，开发主体根据高校德育目标在拓展多途径寻找课程资源的同时也会“眼花缭乱”，但都需要围绕德育目标开发课程资源。高校德育目标在宏观上指导课程资源开发的方向，但有效开发是具体方向，可以在实际操作中不断调整、修正开发的方向，同时还可以对课程资源开发的效果进行评估。

其次，课程资源是指支持课程活动的实施条件，或是进入课程中成为课程内容的一切物质与非物质，无论哪种类型的课程资源最终都是为高校德育服务。高校德育课程资源开发的直接目标，是达到开发价值的最大化。有效意识可以在一定程度上提高课程资源开发效率。

新媒体背景下，课程资源传播范围广，渗透力度强，在开发过程中由于更新速度快，导致部分课程资源开发周期长，时效性降低。开发主体在开发过程中保持有效意识去寻找开发课程资源，可以在一定程度上提高开发效率。增强有效开发意识，促进课程资源质量以及效率的提高，是新媒体背景下高校德育课程资源开发的必要依托。

二、新媒体背景下高校德育课程资源开发的目标与原则

（一）课程资源开发的目标导向

“立德树人”是高校提倡的教育目标，是支配、调控和评价高校德育的准绳。以“育新人”为导向，是高校德育的立足点，也是课程资源有效开发的目标导向。

高校办学要坚持正确方向，完成育人育德的使命，因此，德育课程资源有效开发研究要以“育新人”为导向，使其如灯塔般指引贯穿始终。从宏观上来说，“育新人”对高校德育课程资源有效开发研究具有协调的作用；从微观上来说，“育新人”控制课程资源有效开发的具体手段、技术以及内容，保证不偏离其根本导向。综合来看，“育新人”可以整体调节课程资源的有效开发，在筛选、整合、开发德育课程资源整体操作过程中牢记“育新人”的根本导向，不断增强党对意识形态的领导，扣好大学生人生最重要的一颗扣子。

“育新人”的成效是检验高校德育课程资源有效开发的根本标准，有悖此目标的课程资源都应该摒弃。“育新人”规定了高校人才培养的使命，更是规定了高校德育的最大方向和价值追求。课程资源作为高校德育的要素，是否实现“育新人”的功能是评价课程资源有效开发的根本标准。新媒体时代是开放的世界，海量的课程资源呈现，扩展课程资源开发范围的同时也带来不可辨识的隐藏的意识形态，所以，以“育新人”为根本导向，挖掘育人育德相统一的课程资源，是开发工作的重中之重。以“育新人”为导向是新媒体背景下高校德育课程资源有效开发的主旋律。

（二）课程资源开发的正确原则

正确的开发原则可有效指导课程资源有效开发实现高校德育功能，新媒体背景下高校德育课程资源有效开发要坚持继承与发展兼容的开发原则。

长期以来，我国十分重视高校德育工作的发展，在长期摸索前进的过程中，积累了丰富的经验和方法，这些宝贵的财富对新媒体背景下高校德育课程资源有效开发具有一定的借鉴意义。立足新背景下，高校德育吸纳过去积累的精华，不断创新发展。新媒体是变幻莫测开放的世界，并且学生对新媒体呈现依恋的趋势，高校德育要扩大思想教育领地及其影响范围，占领高校德育的制高点，必须在课程资源有效开发过程中坚持开放原则，主动迎接新媒体带给高校德育课程的考验。在开发课程资源的同时，也要考虑课程资源开发的

最终成效，实现效率与经济的相对平衡。换言之，在追求课程资源开发的效率的同时，也要尽可能地减少时空以及经济物质支出，争取用最少的投入换取高校德育课程资源的价值最大化。新媒体带来的便利条件，开发主体要保持高度的敏感性，不要在课程资源选择上浪费太多时间和精力。另外，最重要的一点是课程资源有效开发本身就是教师和学生教学相长的德育过程，以学生的需求为起点，促进教师和学生知、情、意、行平衡发展，在瞬息万变的新媒体世界中，师生之间要在交流互动、积极思考中找到和这个世界相处共存的方式。

新媒体悄然改变了人们的生活方式和思维方式，对千篇一律的信息容易产生审美疲劳，想要牢牢把握党对意识形态的领导权，就要学会创新。要用新媒体思维和全新的视野拓宽课程资源有效开发的纵向发展，构建当今时代的新型课程资源体系，给高校德育提供新鲜的血液。着眼于学生关注的热点，保持课程资源的动态性，实现与学生的生活无缝衔接。新媒体背景下，坚持继承与创新兼容的开发原则，是高校德育课程资源开发有序发展的必然选择。

三、新媒体背景下高校德育课程资源开发的主体

（一）重塑教师主体地位

教师不仅是学问之师，还是品行之师，更是学生全面发展的一面镜子。在高校德育过程中，教师不仅传递学生知识，还是学生价值体系的筑造者，其潜在的价值不可估量。重塑教师在课程资源有效开发中的地位是新媒体背景下高校德育发展的必然要求。

传统的课程资源开发过程中，主体一般是德育领域内少数学科专家或是国家教育主管部门，并没有赋予高校教师参与开发的权力，其主体地位没有受到重视。新媒体背景下，应重塑教师的开发主体地位，革新课程资源观，赋予其挖掘课程资源的权力，为高校德育添砖加瓦。教师的地位之所以不可撼动，原因有两点：①高校教师的学科知识底蕴深厚，接受新鲜事物的速度快，和学生交往机会多，奋斗在德育工作一线，对课程资源有更深的理解，在全新的角度下可以挖掘更优秀的课程资源；②高校教师不仅本身是德育课程资源，还是课程资源的实践者。课程资源终将成为课程的重要因素，进入高校德育中，教师参与开发过程再使用课程资源时更加得心应手，并且直观地感受到课程资源的开发价值，满足教师内心自我需要的成就感的同时，也会让教师深思课程资源开发是否仍有不足之处。

教师发挥主观能动性，积极投身开发课程资源，既丰富了课程内容，吸引了学生，又促进自身课程资源开发能力的提升。高校德育不仅存在德育课程中，各学科知识都渗透着德育元素，教师在挖掘课程资源时不能忽视蕴藏在其他学科领域内相关的德育资源。教师要调动自己全部的智慧，把孕育在学科知识中的课程资源，通过教材、图书馆、报纸、期刊、新媒体平台或者与学生交流经验，总之一切渠道都要利用起来，拓宽课程资源开发的广度和深度。在研究设计的过程中，教师对课程资源的不断接纳、不断反思，让创设性合理开发的课程资源成为高校德育的活源头。

（二）尊重学生主体行为

高校德育的一切活动针对的对象是学生，任何德育课程资源开发也是为了服务学生，其所取得的效果更是由学生外显行为表现出来。高校德育课程活动中的基本要素是学生，他们的心理发展、知识储备、生活经验以及情感状态都是高校德育课程资源。新媒体背景下，学生既是课程资源的消费者也是开发者，教师应尊重学生的主体行为，充分发挥学生的主体性。

传统的高校德育是教师占据主导地位，学生是被动的接受者，只作为课程资源的消费者，在德育过程中处于边缘位置。新媒体背景下，原有的师生之间，简单的授受关系逐渐嬗变成主体客体化和客体主体化的“双主体”模式。新媒体改变学生原有的学习模式，学生应主动学习，增强课程资源开发意识，由课程资源的客体转变成主体，以实现更高的自我需要。

新媒体背景下高校德育课程资源的有效开发，学生是不可或缺的主体。一方面，学生在高校阶段，具有一定的德育知识和判断水平。随着新媒体的发展，学生和教师将在人格、权力以及获取课程资源的内容和途径上均达到平等。大学生群体以原有的基础知识作为依托，探求新知识，掌握前瞻技术，自主学习的能力逐步加强，想法更加多元化，从学生的角度出发有效开发德育课程资源会更加满足学生的需求。另一方面，学生是自我发展和教育的主体。学生是有意识、有情感的个体，不是盲目、机械、被动地接受教师的知识传递，是具有主观能动性的人。在课程资源有效开发中，学生作为主体参与，就是一种自我德育发展的过程。课程资源比较复杂，整合开发此课程资源，是学生提升鉴别信息能力、强化主体意识、塑造魅力人格的发展过程。新媒体无国界无时空的限制，让学生接触到更多的课程资源，视野随之变得更广阔，创造力也有所提升，有巨大的潜在可能性。因此，尊重学生的主体行为是新媒体背景下高校德育课程资源有效开发主体队伍建设的关键因素。

（三）关注新媒体主流导向

活跃在新媒体平台上，具有较强的专业解读能力、独特的见解以及共同的兴趣形成的社群，通常具有一定规模的受众。新媒体时代改变了人们的交往方式和人际关系。新媒体平台上的交往衍生出各种方式，比如依靠 QQ、微信、微博、电子邮件以及 BBS 社区等新媒体平台来交流，就会形成新的道德观念和道德伦理。新媒体社群还可以自行组织话题进行讨论，增强社员之间的互动性。部分新媒体社群甚至会提倡将线上交往延续到现实生活中，从而进一步扩大了学生的交往范围，形成全新的实际的话语体系或团体。再者，在新媒体时代，人人都可以在新媒体平台上针对热点问题发表意见，某条微小信息，经微博、微信、热聊群等转载、评论，就可以引起“蝴蝶效应”，迅速在新媒体平台上“流行”。新媒体社群与普通用户互动频繁，通过实事求是的材料和富有个性的言论吸引众多网民的跟帖、转发，包括依赖新媒体的大学生群体，让新媒体社群的主流思想迅速占据新媒体阵地。

另外，新媒体社群成员一般都具有广泛的资源渠道，能够获得更多一手的资源，在课程资源开发主体队伍中不可替代。新媒体社群在新媒体背景下的地位不言而喻，其可以根据新媒体平台的交流，获取学生近期的思想状态以及关注的热点事件，为课程资源有效开发提供切入点，继而高校教师在德育过程中更容易抓住学生眼球，吸引学生的兴趣，进行正确的道德引导。因此，新媒体社群在高校德育课程资源有效开发中的作用不言而喻。

四、新媒体背景下高校德育课程资源开发的基础

（一）师资建设与财力支持

建设知识素质过硬、道德情怀高尚、理想信念崇高的教师队伍是高校建设的基础性工作。教师是高校进行德育的实施者，最了解高校德育需要的课程资源类型，并且还是和学生交往关系最密切的个体，其成为课程资源有效开发的中坚力量是理所应当的。另外，课程资源是开展高校德育的外部条件，课程资源开发的顺利进行，是新媒体背景下高校德育课程资源有效开发研究的资金来源的必要保障，资金的投入力度决定了课程资源开发的纵深度以及开发队伍的规模。因此，加大开发课程资源的资金投入和建设高素质教师队伍，是新媒体背景下高校德育课程资源有效开发的重要保障。

教育信息化的不断发展，传授方式、知识获取方式和师生关系发生变化，教师的素质

决定高校德育发展水平。首先，教师要树立正确的课程资源观，拓宽视野，发挥能动性，增加主动开发课程资源的概率。教师在参与课程资源有效开发的过程中，提升自身开发能力。视野宽广、能力提升，可以大大提高课程资源有效开发效率。其次，教师要提高敏锐洞察力，认真判断分析新媒体平台呈现的课程资源背后隐藏的真正意识，迅速捕捉课程资源的利用点，将其和德育课程进行融合。再次，教师要以德立学、以德立身、以德施教，努力提升自身的道德修养。学生具有向师性的特点，教师的言行举止、讲课风格、思维方式都会熏陶感染学生，身教胜于言传，不可忽视教师作为学生榜样的力量。最后，教师要善于反思。在开发过程中，善于发现问题，总结问题，反思问题，才会磨炼开发出更符合社会和学生需要的德育课程资源。在反思过程中，不仅展示教师智慧的一面也让其在反思中学会成长。

课程资源开发的每一个过程都需要资金支持，但资金的支持力度尤其对课程资源开发的纵深度有着决定性的作用。高校根据实际情况加大资金的投入力度，尽可能为开发主体提供物质充足的外部条件，完善课程资源开发的技术支撑，为课程专家、教师、学生以及其他主体拓宽课程资源开发范围做好基础措施。另外，课程资源开发队伍在资金的支持下，可以进行实地调查以及培训进修，提升自身的技术开发水平，更深层次地了解课程资源本质，在课程资源的开发深度上更进一步。同时资金的支持力度还制约着课程资源有效开发主体队伍的规模。对于教师来说，高校增加资金支持，意味教师可以申请课程资源开发相关的科研项目，适当的延长课程资源开发周期等，没有后顾之忧，保持足够的热情参与高校德育课程资源的开发进程中。从学生的角度出发，高校以小额奖金奖励为主，鼓励他们主动地发挥自身已有的知识经验挖掘课程资源，为开发主体提供学生群体中热点关注的德育课程资源。高校有了资金的支持，还可以引进德育课程专家和新媒体技术人员，与教师学生一起组建课程资源开发队伍，为高校德育的实施提供资源支撑。

一切从实际出发，加强师资和财力建设，夯实课程资源开发的重要基础，使高校有效开发大量优质的德育课程资源，推动新媒体背景下高校德育课程资源有效开发更上一层楼。

（二）课程资源开发制度化

课程资源的有效开发不仅需要资金的支持，还需要规章制度上的保证。完善规章制度，促进课程资源开发的制度化是高校德育课程资源有效开发的必要保障。

从国家角度来说，教育部要根据新媒体时代特征制定与时俱进的规章制度，出台相关文件，首先在政策上肯定高校德育课程资源有效开发的价值。国家不能全面顾及每个地方和高校的德育课程资源开发情况，尤其是新媒体发展迅速，课程资源膨胀，但是可以在宏观上调控各高校德育课程资源有效开发的进程。国家制定的规章制度从整体上规定课程资源有效开发大方向，实时把控课程资源有效开发的进行。各地方以及高校根据自身的实际情况建立适用性规章制度，及时为国家政策制度补充内容。从地方政府角度来说，政府在教育政策上必须为高校提供新媒体设施、分配足够的德育课程资源，开发保障达到国家政策要求的起码标准，在国家政策的基础上去完善课程资源有效开发的相关规章制度。从高校本身来说，高校领导要意识到课程资源有效开发的重要性，制定完善的规章制度体系。此外，教师和学生作为课程资源的使用者和开发者，有着不可替代的地位，同时本身也是德育课程资源，有待开发，高校领导应保障课程资源有效开发的顺利进行以及教师和学生的合法权益，促使课程资源有效开发的制度化。

只有给予课程资源有效开发物质条件和规章制度的双重保证，才能有效实现新媒体环境下高校德育课程资源有效开发的价值，加快课程资源开发制度化发展的脚步。

（三）课程资源开发技术革新

随着科技的进步以及信息技术的不断发展，新媒体促使人类的生活进行改革，同时新媒体技术也成了大学生高校德育的新兴工具。采用前沿的新媒体技术，将理论应用于实践，整合课程资源整体系统，是新媒体背景下高校德育课程资源有效开发的必需手段。

高校德育要主动占领新媒体领地，牢牢把握意识形态的主动权，主动出击，顺应新媒体趋势。新媒体已经成为大学生学习和生活娱乐的重要场域之一，也是大学生获取信息资源的主渠道，更是高校德育需要攻克的新领域。课程资源有效开发要与时俱进，促进高校德育发展，就要不断加强新媒体技术的前沿性，技术是课程资源有效开发创新的坚实保障和前提条件。

新媒体技术是一种崭新的媒介力量，在继承传统媒介功能的同时也创新了传统媒介的形态。新媒体具有覆盖面广、传播方式扁平化、受众平等化等特点，为高校德育构建全新的教育环境，拓宽了开发主体挖掘课程资源的渠道。但新媒体技术提高开发效率、创新开发形式的同时，也带来技术更新速度快等不可控的因素，因此需要了解和掌握有关新媒体技术的知识和操控技能，时刻保持技术的前瞻性，更好地利用新媒体技术，使课程资源有效开发保持时代性。

依托新媒体技术，整合开发课程资源的同时，保障德育课程资源的安全性。新媒体冲击传统的教育模式，增加高校德育的困难，无屏障式的传播更让教师无法控制资源的安全性。一方面，采用前沿的新媒体技术，建设课程资源校园绿色过滤机制，保障课程资源的安全性；另一方面，课程资源有效开发采用新媒体技术，不仅给学生带来形式新颖的高校德育课程，而且更重要的是掌握新媒体技术可以提高教师和学生的媒介素养，推动清洁、文明、健康的高校德育主阵地建设。在高校德育课程资源有效开发中，采取先进的新媒体技术进行课程资源整合，使新媒体这个最大变量成为高校德育最大的增量。

（四）课程资源体系的完善

1. 新媒体课程资源与文本课程资源的高效结合

课程资源依照其可利用价值，划分为校外、校内课程资源和信息化课程资源。校内课程资源包括教材、图书馆、教育设施等课程资源，高校德育最常用的课程资源是教材；新媒体课程资源是信息化课程资源的一种特殊资源。随着教育现代化进程的推进，新媒体课程资源是最富有开发利用前景的课程资源，将新媒体课程资源和原有的文本课程资源有机结合，是完善课程资源体系的必然趋势。

文本课程资源是高校德育课程资源系统中使用频率最高的资源，也是教师直观传递德育知识的载体，从任何一个角度来考虑，文本课程资源仍是课程资源有效开发的重点内容。随着时代发展，文本课程资源也在不断随之发展，活用文本课程资源，科学开发利用是新媒体背景下有效开发文本课程资源的转换路径。

新媒体课程资源是具有信息和资源双重属性的资源，技术手段高，呈现效果别具匠心，渗透力度较高，极易吸引学生注意力，引发学生更多思考，促进学生德育知识内化。更重要的是新媒体课程资源智能化，对于扩大德育空间和提高德育效果有着极其重要的作用，覆盖面积广，无时无刻地对学生进行隐性教育，是高校德育的其他课程资源所无法替代的重要因子，是其他课程资源所无法替代的。发挥文本课程资源和新媒体课程资源各自独特的教育功能，有机结合促进高校德育数字化和高效化的发展。

新媒体课程资源作为相对独立于文本课程资源的特殊形态，其即时的传播方式、广泛的覆盖面积、丰富的内容选择等独特性教育功能是文本课程资源无法匹敌的。只有全方位开发课程资源，将文本课程资源和新媒体课程资源高效结合，完善课程资源体系，才能更好地为高校德育提供课程载体，推动信息化进程发展。

2. 本土课程资源与外域课程资源的深度融合

新媒体技术的发展迅猛，开辟了高校德育的新环境，从内涵和外延上都拓展了高校德育的空间，实现资源共享。许多外域课程资源也呈现在新媒体平台上，丰富了高校德育课程资源。

新媒体为外域课程资源和本土课程资源的互动提供了途径和平台，人们可以接收更多的外域课程资源，紧随时代步伐，用国际眼光发展我国高校德育，正确比较本土课程资源和外域课程资源的优劣势，做出客观的评价，将本土课程资源和外域课程资源深度融合，使高校德育水平绝不落后于其他国家。一方面，不能将外域课程资源完全不经过筛选整合就作为我国高校德育的课程资源支持；另一方面，将外域课程资源引入是为了让高校学生在比较学习中坚定信心。

外域课程资源，尤其是外域的新媒体课程资源比我国本土课程资源的发展速度要快，对我国新媒体背景下高校德育课程资源有效开发有借鉴意义。高校应去其糟粕，取其精华，和本土课程资源深度融合，有效开发更高层次的德育课程资源，促进新媒体背景下高校德育的发展。

3. 国家课程资源与地方课程资源的相互渗透

从课程管理的政策角度出发，将课程资源划分为学校课程资源、地方课程资源、国家课程资源三大层面。课程资源是丰富多彩的，高校要充分挖掘利用所在地独特的课程资源，打造具有鲜明特色的高校德育课程，促使高校德育和社会生活水乳交融。

新课程改革后，国家提倡开发地方课程资源，立足地方，依托本土优势，将国家课程资源和地方课程资源相互渗透，协调发展高校德育。

首先，高校可以开发地方自然景观类的德育课程资源。山川河流、花草树木、古老建筑等独特的自然环境贴近于生活，都可以向学生展示地方所蕴含德育的教育意义，培养学生亲近自然、爱家乡、保护传统文化的道德情操。

其次，高校可以开发地方风土人情类的特色德育课程资源。中国是国土辽阔、地方风俗差异大的国家，全国各地的风土人情姹紫嫣红，国家课程资源有效开发时，即使细细考虑多种方案，也不能面面俱到，还是会存在各种各样的矛盾。高校教师和学生要积极探索当地的风土人情，促进国家课程资源和地方课程资源的相互渗透，从而为德育课程资源增添一抹特色。

国家课程资源和地方课程资源具有统一性，是有机的整体。国家课程资源开发依赖地方课程资源，地方课程资源也要以国家课程资源为标准，相互协调、相互创造、相互渗透，使国家课程资源和地方课程资源共存。

五、新媒体背景下高校德育课程资源开发的反馈与评价

（一）线上线下整体联动推进协同反馈

在新媒体背景下推进高校德育课程资源有效开发，不仅要求思想认识、服务保障到位，还要做到组织协调，反馈与评价到位。评价课程资源是否符合学生实际需要、是否实现高校德育目标，是否发挥其开发效用，都需要线上线下整体的课程资源使用者不断反馈评价。新媒体为大家反馈与评价提供交流平台，即时反馈，因此，线上线下整体联动以强化反馈效果是高校德育课程资源有效开发的必要途径。

课程资源如何达到开发目的、完善课程资源体系、呈现良好的教育效果等作用，需要及时反馈，反复调整，才能使其发挥最大的德育效用，所以，课程资源的反馈环节不容小觑。教师和学生作为高校德育课程资源的使用者和开发者，对于其发挥的效用和影响程度最具有发言权，应该发挥主观能动性，成为课程资源反馈与评价的首要主体。

首先，教师可以根据课程资源和德育目标的契合度、对学生的影响度以及在高校德育中课程资源的使用率来进行反馈评价，促进课程资源有效开发目标的现实性和开发原则的创新性发展。

其次，新媒体环境下学生可以随时和开发队伍人员进行沟通交流，从课程资源的启发性、自身的吸引性以及课程资源的时效性角度，分析课程资源的有效开发，为队伍提供课程资源有效开发的方向及其纵深度。

再次，新媒体课程资源相比于其他课程资源，是一种特殊的课程资源，高校须配备专业人员对其安全性、影响力、覆盖范围等问题及时反馈，更要及时更新新媒体课程资源，保持课程资源的时效性。

最后，线上线下深度融合推进虚拟空间的现实性。加强线上线下整体联动，强化反馈环节的作用，为更好地有效开发课程资源做好铺垫。

新媒体背景下，课程资源的种类以及存在的方式多彩多样，其延伸力度、挖掘层次以及对高校德育的影响都难以控制。因此，线上线下的整体联动推进现实环境和虚拟空间的协同反馈，保持课程资源的即时性，最终形成动态发展的课程资源反馈环节。

（二）多元评价体系提高开发的有效性

评价是课程资源有效开发过程的重要环节，也是促进高校德育发展的重要保障。依据

不同的标准，评价方式各有不同。根据评价主体的不同，可以划分为内部评价和外部评价；根据评价所起到的作用不同，可以分为诊断性评价、形成性评价和终结性评价；根据评价标准的不同，也可以分为相对评价、绝对评价和个体差异性评价。对于课程资源有效开发的评价应该引入多元化评价方式，提升课程资源开发的有效性。

首先，评价主体的多元化有利于提高课程资源开发的有效性。地方政府、高校领导、开发人员、教师、学生以及任何可能利用高校德育课程资源的人员都可以作为评价的主体，对已开发的高校德育课程资源进行评价，开发主体可以根据不同的使用者的评价对课程资源进行反复深度的开发。

其次，评价标准的多元化有利于提升课程资源开发的有效性。新媒体背景下，课程资源的类型千差万别，开发主体在开发过程中要不断地评估课程资源的开发效果，而评价标准的多元化可以引导课程资源开发的主导方向，并为提升课程资源开发的有效性提供依据。

最后，评价方式的多元化有利于提升课程资源开发的有效性。相关部门应将定性与定量评价相结合，对开发出的课程资源进行质、量等多方面的评价，保证课程资源开发的实用性；终结性评价和形成性评价方式相结合，实现评价重心向课程资源开发过程的转移，形成一种动态的系统的评价方式。在课程资源开发的过程中，形成性评价可以及时了解其开发进度、使用效果，以便开发主体及时进行修正、调整和强化，另外，新媒体背景下课程资源更新速度较快，为了保证开发的课程资源的时效性，形成性评价方式可以发挥其作用，促进课程资源发挥出最大的效用，大大提升了课程资源开发的有效性。

多元的评价体系，提升了开发的有效性，既强化了评价与反馈，也保证了课程资源有效开发的质量。新媒体背景下，反馈与评价形成合力，提高高校德育的效果，稳步推进课程资源有效开发的长远发展。

第二节　移动互联网背景下高校德育的队伍建设

一、提升移动互联网认识水平

（一）加深移动互联网的认识

移动互联网本质就是“颠覆”。移动互联网带来了技术的革新，催生了很多新的商业模式，对人们的日常行为和生活方式都产生了深刻的影响，并且还会随着手机用户的增多，影响更加强烈。高校德育队伍必须更新观念，深化对移动互联网的认识，可以从以下两方面着手：

（1）高校德育领导干部队伍鼓励创新研究，制定激励措施，引导高校德育实施更多利用移动互联网，开展教学工作和学生管理工作。

（2）高校德育队伍要加强移动互联网理论研究，为创新高校德育方式提供理论基础，为提高队伍理论知识水平提供智力支持，加强对于丰富智能手机终端载体功能、移动智能办公系统改进等方面的研究。

（二）“移动互联网+”思维

移动互联网时代下，每个人都是信息的接受者和参与者。要抢占高校德育网络新阵地，就必须抢占移动互联网的理论宣传阵地。“移动互联网+”就是将高校德育工作与移动互联网技术连接融合起来，采用新技术，利用新媒体，顺势而为，提高高校德育管理工作和教学工作的效率。高校德育队伍管理方面，要充分发挥主观能动性，加强与学生的互动，和学生干部队伍紧密联系，挖掘移动互联网的资源，发挥其优势。例如，建立师生微信群交流，建立思想建设的微信服务号、订阅号，录制生动活泼、喜闻乐见的微课程。调动学生的积极性，将德育宣传工作与平常生活中的热点事件结合起来。

二、建立严格的德育队伍准入制度

高校要健全体制，明确队伍的职责，分工明确，共管齐抓专兼职队伍，建立严格的准入制度，选拔任用从学历结构、知识结构、年龄结构以下三方面严格执行：

（1）完善队伍的学历结构，提升高校德育队伍的教育层次。在选拔任用上，提高选拔的门槛，选拔德育素质高，具有学生干部工作经验的人才，制定具有竞争力的聘用待遇机制，让高素质人才开展工作无后顾之忧。加大经费投入，引进人才，建立高素质的领导队伍和教学队伍。

（2）完善队伍的知识结构，促进教育者之间优势互补，发挥各自优势。德育是以人为本，开展工作需要良好的沟通技巧。要能够与学生打成一片，学会设身处地地站在学生的角度上考虑问题，了解他们的心理活动特点，这就需要丰富的心理学、伦理学等相关学科知识。学生干部在高校德育队伍中至关重要，要管理好、领导好、发挥好学生干部的力量，这就需要良好的管理、领导、协调能力。因此，高校德育人员需要具备社会学、管理学、组织行为学等学科知识。定期召开德育工作会议，分享经验，加深队伍建设理论研究，举办知识讲座，在人员的选拔、任用、考核中采用多种方式完善高校德育队伍的知识结构。

（3）完善队伍的年龄结构。高校德育队伍中的中青年和中壮年居多，年轻人所占比例较少。领导部门应该加强对高校德育工作的重视力度，逐步扭转人文专业投入经费远远低于自然科学专业的局面，打破这种不平衡，吸引更多的年轻人加入高校德育队伍中。

三、强化对移动互联网的运用能力

（一）加强移动互联网知识培训

在网络信息时代，人人都需要信息，作为教育者更需要懂得利用网络。

第一，营造移动互联网媒介学习氛围。如今互联网经济发展繁荣，高校可以加强与企业的合作，邀请互联网创业家来学校进行演讲，邀请优秀的媒介工作者和教育专家走进校园，举办“互联网+”的主题学习报告会，举办移动互联网教学比武活动，鼓励老师创新教学方式。通过研讨会的方式提升高校德育工作者的兴趣，加深认识，撞击思想。做到培训不是仅仅增加理论知识，还要掌握移动互联网时代的新趋势、新变化。将理论培训和参与实际结合起来，将培训学到的理论知识积极应用到实践中去。

第二，设立专门的移动互联网知识培训课程。高素质的高校德育队伍应该是学习型的组织，定期学习，结合移动互联网信息技术发展的特点，不断丰富相关知识。移动互联网德育队伍组织一批人员，设计培训课程，组织学习和研讨，学习与实践相结合，进行经验分享。

（二）增强移动互联网素质培养

首先，高校德育工作者要认清移动互联网带来的机遇和挑战，积极面对移动互联网带来的教育环境的多样性，敢于面对严峻的形势，勇于突破传统的教学方法，创新工作方法。

其次，高校德育工作者要主动利用移动互联网技术，关注主流的教育类移动自媒体、公众号，了解前沿动态。积极学习其他高校运用移动互联网进行德育工作的有益方式、方法，结合自身的实际情况，思考创新的对策，形成自己的思想。

最后，深入实践，与时俱进。移动互联网时代，信息技术瞬息万变，今天兴起的社交方式可能很快就会被改造、取代甚至颠覆。高校教育者面对思想活跃的大学生，通过移动互联网与学生进行互动，社交软件的应用也随着时代的潮流更新、升级，从最开始手机上网登录校内人人网到社区、校园论坛，后面普遍受欢迎地变成了 QQ、微博、微信。因此，高校德育工作者需要与时俱进，积极掌握移动互联网变化的新态势。

（三）建立系统完善的培训机制

对高素质的高校德育队伍来说，扎实的专业知识至关重要，同时也要紧跟移动互联网时代的步伐，更新知识体系，发挥移动互联网德育的功能。因此，建立完善的培训机制至关重要，建立规范的规章制度，切实保障培训课程能够收到实效。

（1）建立多层次培训制度。高校德育队伍包含不同职能的人员，具有层次性，因而德育队伍的培训工作也要因人而异，需要对应建立不同层次的培训制度。高校德育队伍分为领导队伍、教学队伍、辅导员队伍以及其他队伍，不同队伍的工作内容和职责是不同的。领导队伍的培训应该侧重于高校移动互联网络教育顶层制度的设计、教学考核评估制度的完善。教学队伍的培训应该侧重于将移动互联网与德育工作融合起来的教育方式，积极探索利用移动互联网开展德育的新载体、新途径。辅导员队伍的培训应该侧重于职业化、专业化方面的内容，以及与网络相关的新事物、新方法的培训。心理健康队伍和学生干部队伍的培训，侧重于德育工作技能的培训。

（2）采用形式多样的培训方式。突破过去常用的培训方式，除了举办专题培训班、研讨学习会、参加座谈会、学习最新报告之外，还应该通过移动互联网加强线上培训。打造移动学习社区，建立手机客户端，设计德育交流园地模块。打通线下培训与线上学习的交流通道。对于培训成果的验收，可以让高校德育工作人员将教案、学习心得通过手机载体提交，大力开发手机网络的传播功能，研究开发手机教育软件，服务于德育工作人员培训。切实加强高校德育队伍的网络素养和运用能力。

（3）将培训与考核结合起来。培训的目的是为了切实提高高校德育队伍的综合素质，而不是仅仅走过场，流于形式。每次培训都设置相应的任务，并对工作成果进行动态的考核和验收，密切关注学生对德育工作人员的评分情况，定期考核。对于未达到要求的人员进行再次岗位培训，根据考核结果制订相应的培训计划，并设置配套的奖惩制度，努力做到每一次培训都达到最好的效果。

第三节 网络环境下高校德育绩效评价的发展创新

各高校如火如荼地开展着网络德育工作，在网络中倡导社会公德已成为高校德育工作的新阵地。高校网络德育绩效评价已成为高校网络德育研究的一个重要内容，将绩效评价引入高校网络德育中，明确高校网络德育绩效评价是对以往开展工作成效的评估，是高校网络德育整个过程中的重要内容和环节。“实施绩效评价是高校德育评价工作科学化的必然要求，也是提升德育工作水平的重要手段。”① 针对高校网络德育自身的实际发展情况，为实际中的高校网络德育绩效评价工作进行操作指导，旨在促进高校网络德育绩效评价体系的建立和完善。

一、高校网络德育绩效评价的价值与辨析

高校网络德育的绩效评价是判断网络德育工作效率、效果的重要途径，是整个高校网络德育过程的重要环节，也是高校网络德育的重要内容。建立评价制度是为了在德育的过程中，考察高校的网络德育工作是否与其目的发生偏离，及时纠正偏差，对德育的效果进行有效评价。

（一）高校网络德育绩效评价的价值

高校网络德育的受益者主要有社会、德育者和德育对象，并相互影响着。高校网络德育的客体主要包括高校德育工作者。通过对高校网络德育资料的整理分析得出，高校网络德育绩效评价的价值主要体现在：①高校网络德育绩效评价的影响功能是以战略导向性为主；②高校网络德育绩效目标方法的改进；③高校网络德育绩效评价主要彰显实效性。

1. 战略导向性的影响功能

网络德育的功能是德育本质和网络本质的外在集中显露，网络德育最重要的功能是具有战略导向作用，导向功能主要是网络德育目的性、超越性本质的体现，是德育的本质体现，是其他任何教育无法代替的功能。

为了将高校网络德育工作做得更加突出，需要对网络德育工作的绩效有正确的评价，

---

① 李吉庆：《关于高校德育绩效评价的几点思考》，载《新余学院学报》2013年第18期，第126页。

对网络德育工作进行引导，高校的网络德育工作与教育方针、“以德治国”战略方针息息相关，网络德育绩效评价的工作方针关系到高校生存发展和国家长治久安的战略地位，须把此项工作放在高校其他各项工作的第一位，德育工作是促进学生德智体全面发展和健康成长的根本保证，须准确客观地了解和衡量高校大学生思想政治品德等各方面的表现和发展水平。

对高校开展的网络德育工作进行绩效评价，须通过引导大学生在网络上进行道德自律，对运行的网络情况进行戒备与管理，以达到促进良好的网络德育的效果。在进行绩效评价时，必须把此点作为绩效考评的战略方向，并作为绩效考核的标准，引导高校在网络德育方面朝此方向发展，从而达到影响高校网络德育工作方向的目的。

2. 寻求德育目标的改进点

网络的发展，给现实社会带来很大的冲击，给高校的日常德育工作带来了严峻的挑战，网络社会的人们可以进入网站发表、接收和传递各种信息，一个庞大的、适用的信息资源向现实社会延展。

高校网络德育绩效评价要以德育目标为准绳，是因为德育目标是德育工作的首要问题，它规定德育活动的价值方向，是对现实政治性网络德育资源的一种选择性的认识和反映，体现一定社会和国家的期望与要求。

高校网络德育的目标是高校网络德育工作的最终结果，主要涉及：①体现国家的教育政策与方针；②贴近生活，贴近文明社会的发展；③适应大学生的身心发展特征。

3. 引导与规范中彰显价值

道德是价值体系和规范体系的一种，主要的功能是调整人性与生活。道德本身的价值是对于人性与生活的调节和提升，高校网络德育就是对大学生在网络新时期高校德育创新发展研究活中产生的问题进行引导与规范，并在其过程中彰显价值。高校网络德育主要是为了让学生对网络中思想教育的意义有个正确的认识。网络德育的价值就在于引导学生趋利避害，在浩如烟海的信息中分辨信息，善于“批判地吸收”。在面对万千信息的时候，通过各种形式的网络道德教育，能对大学生正确认识网络及网络的发展有所帮助，掌握与网络时代相适应的信息观念和道德，提升他们的道德意识，正确处理网络时代的学习、工作与生活，真正给大学生的学习、生活带来实效性，有效解决网络对大学生身心、学业、道德观念以及世界观的负面影响，对大学生的德、智、体全面发展有促进作用，在网络的使用过程中能够真正受益。

网络世界存在的隐匿性、全球性，为道德行为的控制带来挑战。教育者必须利用网络这个途径，去摸索适应网络特征和大学生特点的网络德育途径和教育方法，通过各种互动的网络德育形式，对大学生价值观等问题开展网络讨论，帮助他们澄清思想道德观念中的模糊认识，促进良好道德的形成。

（二）高校网络德育绩效评价的辨析

高校网络德育工作的开展不同于传统的思想教育，在方法方面存在着差异，对人力、物力、财力的投入增加，通过对高校开展网络德育工作进行绩效评价，有助于引起各高校教育工作者的重视，并发现总结工作中存在的不足，学习其他高校杰出的方法，使网络德育工作的开展更加有效，更加适应时代发展的需要。

1. 评价目的具有监督有效性

高校网络德育绩效评价的目的是研究的核心问题。其评价的目的关乎绩效评价的实施情况，不同的目的会带来不同的效果，也会有不同的实施方法。假设高校网络德育绩效评价没有明确的评价目的支持，仅是为评价而评价，只会使评价出来的结果流于形式，评价的结果不能为日后高校网络德育的改进充分利用，而在财力、人力、物力方面造成损失。高校网络德育绩效评价的目的就是为了监督高校在网络德育方面的投入价值是否与产出成正比，所采取的相关方法、措施是否真正具有时效性。

高校网络德育绩效评价的主要目的，是高校网络德育工作开展的主要方向，明确高校网络德育的绩效考评目的，有助于对高校网络德育工作的开展情况进行监督，考评是否符合高校网络德育绩效评价的目的，也是考评高校网络德育工作是否具有实效性的重要依据。

2. 考核原则具有客观性、科学性

高校网络德育绩效评价考核原则的确定，是绩效考评的重点，考核原则最重要的是客观真实地反映网络德育的实际成效，综合考虑影响网络德育其他方面指标之间的关系，尽可能选取能够反映高校网络德育的衡量指标，以求对高校网络德育有一个真实、全面、可靠的评价。考核高校网络德育除了要有客观性的原则，还必须具有科学性的原则。绩效考评的方法有很多种，但必须符合高校网络德育工作本身的特质，用科学的绩效考评方法对高校网络德育工作进行考评。

高校网络德育绩效评价，有助于实现网络德育在高校工作的科学化，高校的德育工作是与学生的生活息息相关的，很多事情就处于日常事务中，高校工作者常常陷于一些事务堆中间，经常需要充当救火员。科学的网络德育绩效评价体系的建立，有助于高校管理者在明确网络德育的教育目标导向下，对收集的信息进行整理、分析，然后做出决策贯彻实施，有助于根据现有大学生的网络德育工作经验，对未来工作的开展动向做出科学的预测；高校网络德育绩效评价体系的建立，也有助于网络德育工作的职责、任务、政策的明晰，使理解和认识更加具体。并根据这些标准运用现代信息处理手段，如计算机技术、网络技术以及统计分析技术处理数据，建立相应的评价模型。对高校网络德育绩效进行评价，不仅提高效率，还进一步促进高校网络德育工作的科学化水平。

3. 选择标准具有实事求是性

高校网络德育绩效评价的实质是一项教育价值判断活动，主要回答的是高校网络德育工作做得怎么样的问题，强调从事实出发做好网络德育绩效评价的相关工作。高校网络德育的标准涵盖的内容比较全，具有比较深远的意义。

网络社会中巨大的信息量，给个人生活带来了无尽的选择，方式更加自由、多样化，但在网络中也要遵守现实生活中的原则和道德底线，必须明确应该坚持、反对、倡导、抵制的内容，从事实的角度出发，制定一些明确的行为准则和相关的网络使用条约，为大学生在网络使用过程中指明方向。明确高校网络德育的绩效评价标准，有助于高校在网络中实事求是地开展德育工作，有助于对高校网络德育工作进行全面指导。

二、高校网络德育绩效的模糊综合评价法

对高校网络德育绩效评价方法的详细分解与研究，为高校网络德育绩效评价工作开展奠定基础。同时，将模糊综合评价法应用到高校德育绩效评价中，以此解决网络德育绩效评价的模糊性、单一性等特征。下面对模糊综合评价法进行详细介绍，并构想运用此方法评价高校网络德育绩效的过程，建立高校网络德育绩效评价的指标。

模糊数学中应用得比较广泛的一种方法是模糊综合评价法。对某一事物进行评价时常会遇到由于评价事务是由多方面的因素所决定的，因而要对每一因素进行评价；在每一因素做出一个单独评语的基础上，考虑所有因素而做出一个综合评语。

（一）模糊综合评价法的优势

模糊综合评价法对人们在评价的过程中，本身所带来的主观性和客观所遇到的模糊情况都能有效解决。模糊综合评价法是运用精确的数学方法，为模糊不定的现实世界和经典数学之间搭建一架桥。模糊综合评价法就是借助模糊数学的原理，将一些边界不清、不易定量的因素进行量化处理，从多个指标因素对评价对象的隶属登记方面出发，进行综合评

价的方法。

模糊综合评价法的优势主要是容易掌握相关的计算方法，在现实中容易操作，建立模型相对较为简单，同时能处理好多层次多因素的复杂情况，对存在模糊性、不确定性特征的事物及现象，具有强大的生命力，使用起来极为方便有效。

（二）模糊综合评价法的原理

模糊综合评价法是用于设计模糊因素的对象系统的综合评价方法，对某些事物的概念、边界等不易定量化的方法，其主要的原理包括：首先，确定被评价对象的因素（指标）集；其次，分别确定各个因素的权重及它们的隶属度向量，获得模糊评判矩阵；最后，把模糊评判矩阵与因素的权重集进行模糊运算并进行统一化，最终得到一个评价的结果。各种不同的因素就构成了事物，在对其进行评价过程中，不能简单地对其中的部分因素进行评价，而应该综合考虑多个因素的影响条件，包括定量和定性的。此方法对那些精确化程度要求高、目标较多、因素较多的情况特别适合，是对事物进行综合评判的好方法。

三、高校网络德育绩效评价体系的构建

（一）高校网络德育绩效评价的指标构成

开展高校网络德育绩效评价最重要的是确定评价指标，其工作涉及很多方面，进行合理评价的基础是建立在一套科学的评价指标体系上的，首先必须确定其评价的目标和主客体，其次确定具体评价指标，最后是对各个指标进行权重分配。

（1）用德尔菲法确定评价指标。广泛应用于各种评价指标体系的建立和具体指标确定的方法是德尔菲法。在最终指标的构建和初始权重的预测过程中均采用该方法进行操作。德尔菲法又名专家意见法，德尔菲法根据此法的系统程序，采用匿名发表意见的方式，即专家之间不得互相讨论，不发生横向联系，只能与调查人员发生关系，通过多轮次调查专家对问卷所提问题的看法，经过反复征询、归纳、修改，最后汇总成专家基本一致的看法，作为预测的结果。这种方法具有广泛的代表性，较为可靠。

高校网络德育绩效评估体系的建立，是为高校开展网络德育工作提供的组织保障，同时也为高校和学生、家庭、社会架起了沟通桥梁。高校网络德育绩效评价的目标，是为通过绩效评估考察引起高校对网络德育这方面的重视，并持之以恒地开展下去。开展网络德

育不同于传统德育的工作，涉及的方面更全、更多，需要投入更多的人力、物力、财力，且大学生的网络思想教育工作不是高校的独家买卖，需要全社会的关注和支持，通过评估的考察，发现问题并向社会公布，调动社会的力量，创造良好的外部环境，逐步形成全社会共同关心和努力的工作局面。

（2）绩效评价指标的具体内容。高校学生的网络德育工作是一项内容涵盖比较多的系统工程，涉及教育过程的方方面面。高校网络德育工作绩效评价的指标，既可以考评高校网络德育工作情况，又可以作为高校开展网络德育工作守则，从宏观层面全面贯彻落实考评指标方向的工作，从微观层面细化每项工作，指导高校网络德育工作的开展。

一级指标包括受教育者、教育者、学校整体、教育阵地、教育途径，然后每个一级指标划分为详细的二级指标，并根据二级指标内容确定详细的评价标准。在高校网络德育绩效评价指标的选取上，选取这五方面的指标，全面和系统概括网络德育工作的各方面，为高校网络德育绩效评价的实践做指导。

（3）绩效评价标准与权重设置。当确定了绩效评价的目标、主客体和具体内容后，还需要对各项指标评价标准和权重进行设置。评价的标准即是考评方向的参考，权重是某评价内容或评价项目（评价要素）在整个评价中占的比重。不同的评价指标涉及的内容不同，每个因素对其评价的影响和重要程度不同，以不同的权重进行处理，才有助于对高校的网络德育绩效做出科学的评价。

高校网络德育工作绩效评估体系，主要运用层次分析法确定绩效评价的权重，利用模糊综合评价法，对高校网络德育工作的绩效评价数据，进行整理分析而得到结果，两种方法的结合建立的高校网络德育绩效评估指标体系，具有较高的可靠性，为评价高校网络德育绩效提供有效参考，也为提高高校的网络德育水平提供量化依据和评判标准。

（二）高校网络德育绩效评价的实施阶段

为高校网络德育建立合理、有效的绩效评价的实施程序，是实现网络德育绩效评价规范化、科学化、制度化的重要举措，是开展网络德育评价工作的关键环节。网络德育评价体系包括绩效评价准备、绩效评价的实施、绩效评价的分析和绩效评价结果的反馈等阶段。

（1）设立绩效评价小组。在对高校网络德育工作进行绩效评价前，先成立高校网络德育绩效评价的工作小组，在评价过程中负责具体事务性工作，并选择适当的评价人员，组成强有力的高校网络德育的绩效评价小组。高校成立专门的网络德育工作组织机构，由分管校领导担任组长，党委、学生工作部、研究生工作部、校团委、人事处等相关职能部门负责人，组成高校网络德育工作评价的领导小组。领导小组的主要工作职责是组织全校的网络德育绩效评价工作，并对绩效评价的目的、指标、权重、标准进行统一，形成制度；再发放到院系进行评价和监督实施，最后对全校高校网络德育绩效评价结果进行分析、处理，同时将评价存入该院系的档案，作为院系评优、经费批准等相关工作的重要依据。通过对全校网络德育绩效工作的评价结果的全面分析，确定网络德育工作的改进之处和发展方向。

（2）采集绩效评价信息。绩效评价信息的收集是至关重要的，是对网络德育工作进行绩效评价的依据。采集绩效评价的信息必须运用不同的方法。所以，这就要求指标数据来源真实、全面可靠、指标数据处理准确无误。

绩效评价信息的收集方法即绩效考评的方法，在网络德育绩效考评中，主要由院系自我考评、同级院系互评、学生代表评价、校考评领导小组考评，根据职能不同，将各考评成员的考评成绩进行权重划分。同时在绩效评价信息收集的过程中，可以将整个执行过程看成是上下级互相沟通的过程，通过有效沟通，将该校在网络德育中的工作情况进行沟通并发现问题，解决问题，并将考核过程公开化和考评权力分散化，保证考核过程结果的全面性、公平性和公正性。

（3）反馈绩效评价结果。绩效评价结果的反馈，是绩效评价体系的一个环节，是绩效评价的延伸，是绩效评价体系实施成功与否的关键环节。它能为高校网络德育以后的工作指明方向，而且还可以激发各院校在网络德育工作中的责任心和工作的积极性。

在评价过程中，及时的反馈是激励人追求卓越和优秀的最重要条件之一。在网络德育进行绩效反馈工作时，能够给高校德育工作者带来激励作用，引导工作中存在问题的改进方法。当然绩效反馈也要遵循一定的反馈技巧和原则。只有针对原则开展绩效反馈，才能使绩效的价值得到发挥。总之，高校网络德育的绩效考核的关键不在于考核本身，而在于是否形成改善绩效的考核循环，把握绩效反馈环节带来的信息同样重要。

（三）高校网络德育绩效评价的结果运用

高校网络德育绩效评估的结果，并不只是单纯的一种对该校的网络德育工作的评价，还可以对绩效结果进行反馈，在其他方面进行运用。

（1）院系网络德育绩效评价的模式。高校网络德育绩效评价体系，可以在开展网络德育工作的院系之间作为评比的模式，督促、检查各院系网络德育开展的情况。高校开展网络德育工作，除宏观层面把握整体的德育走向以外，具体的工作是以院系为单位进行落实的。当对网络德育工作进行绩效评价时，重点关注院系工作开展情况，对院系工作情况进行检查和验收。

院系开展的网络德育工作，主要是针对该院学生的心理素质情况，有针对性地开展工作，且更加接近学生，了解学生动向，细化到院系开展工作，有助于高校网络德育工作的实效性和成效性。高校根据网络德育考评的指标，构建详细的考评方案和标准，对院系开展网络德育的情况进行评价。将院系开展网络德育的情况，纳入高校的人才培养体系中，从中观层面进行统筹考虑，长远规划，达到以评促建，以评促改，评建相结合的目的。

（2）政府网络德育绩效评价的标准。高校网络德育绩效评价体系可以作为教育部门对高校开展网络德育工作考评的标准，全方位地对高校网络德育工作进行考评，督促、检查高校在网络德育工作方面的投入和成效。政府可以建立一套完善的科学的评价指标体系，对高校在网络德育方面的投入取得的成效进行跟踪和测评。首先，根据需要考评高校的哪些方面，确定绩效考核指标；其次，进行权重的分配，为评价高校网络德育绩效提供了有效的参考工作，更为高校网络思想政治教育水平提供了量化的依据和评判标准。政府根据高校网络德育绩效体系的调查情况，再有针对性地开展工作。

（3）改进网络德育实际工作的参考。高校网络德育绩效评估体系的建立和实施，其实质并不是为了绩效评价而开展的评价，关键在于为了发现工作中存在的问题，通过分析存在的问题，提出合理解决问题的方法。同时将考评结果与工作指导结合起来，总结网络德育工作中的教育经验，及时发现工作中存在的问题，并对高校网络德育工作存在的问题进行及时的反馈和修正，以指导高校网络德育工作的实践。

绩效评价工作是一个循环的过程，在得到相应的结果后进行反馈，在整个绩效过程中起着承接作用，是进行评估结果应用和绩效改进的基础，是必不可少的沟通环节。当高校完成网络德育工作的绩效评价后，通过反馈，可以使被评估的高校了解到自身在实际工作中的评估结果，对存在的问题进行分析，探讨解决问题的方法。还可以通过绩效考核反馈，了解评估机构对该校的绩效网络德育工作的具体评价详情，掌握评价的意见，从而进行改进，有针对性地开展网络德育工作，有利于高校在网络德育工作方面的重点开展。高校应该认真对待绩效考评的结果，从中详细了解其工作中突出的优势和不足之处进行修改，在高校中开展的绩效评价工作偏多，都是为了培养社会主义合格人才服务。所以必须将高校网络德育评价工作纳入高校的人才培养体系中，统筹考虑，长远规划，真正达到以评促建、以评促改、以评促管、评建结合的目的。高校网络德育绩效体系并不是一成不变的，必须随高校网络德育工作的战略目标调整和评价指标的变化而进行不断修正。

第六章 互联网时代高校德育的实践与创新

第一节 互联网时代高校德育实践的原则与思路

一、互联网时代高校德育实现的原则

教育是民族振兴、社会进步的基石，是提高国民素质、促进人的全面发展的根本途径。“高校是人才培养的摇篮，道德教育作为智识教育的方向标对大学生成才具有重要意义。”[①] 坚持德育为先、推进素质教育，是教育改革发展的战略主题，是贯彻党的教育方针的时代要求。高校德育功能的主要途径与创新必须立足我国国情和我国高校的实际，整体布局，科学谋划，特别是面对互联网时代新的发展契机，更要坚持正确的方向，根据高校学生思想品德素质发展的现状和高校德育工作的实际，有效推进德育工作的创新发展。据此，高校德育的实践必须坚持以下原则：

（一）方向性原则

方向性原则是高校德育实践创新的根本原则，这是由德育的本质所决定的。高校德育是教育者按照一定的社会或阶级要求，有目的、有计划、有系统地对受教育者施加影响，并通过受教育者积极的认识、体验与践行，以使其形成一定社会与阶级所需要的品德的教育活动，即教育者有目的地培养受教育者品德的活动。高校德育实践创新坚持方向性原则，具体如下：

1. 办学方向

高校德育实践创新必须坚持社会主义的办学方向，高校思想政治教育对大学生的思想行为有着重要的导向作用。随着我国改革开放的不断深入和社会信息化发展的不断加快，

---

① 王喜：《高校德育实践的四重反思》，载《教育探索》2016年第9期，第107页。

社会关系发生着巨大的改变，人们的生活状态和思想领域也发生着深刻的变化，各项事业要保持良好的发展势头就需要进一步的深化改革和锐意创新。我们要正确认识任何改革和创新都是有方向、有立场、有原则的，必须毫不动摇地沿着正确方向不断推进改革、全面深化改革。高校德育实践的创新应该通过改革创新使高校德育工作的各项制度、各个环节更加成熟、更加完善，更加适应当前高校所处的外部环境和发展趋势。

2. 教育方针

高校德育实践创新必须紧扣国家的教育方针政策。教育方针是国家或政党在一定历史阶段提出的有关教育工作的总的方向和总指针，是教育基本政策的总概括。它是确定教育事业发展方向，指导整个教育事业发展的战略原则和行动纲领。因此，教育方针政策具有全局性的指导意义，高等教育各方面和环节的工作都应该以国家的教育方针政策为指导。作为高校教育工作的一部分，高校德育实践应该紧跟国家的教育方针政策，以国家政策为指导和宗旨，推动德育实践的改革和创新发展。

总之，在互联网时代的大背景下，高校德育实践必须紧扣教育方针政策，保持正确的、鲜明的改革发展方向，紧跟国家教育信息化发展的步伐，把信息技术作为德育实践创新的重要手段。

（二）科学性原则

科学性是判断事物是否符合客观事实的标准，高校德育工作是一项科学性很强的工作，德育工作富有科学依据，涉及教育学、心理学、管理学、社会学、哲学等多个学科和相关领域。高校德育工作不能盲目或随意地执行，它有很强的学科和理论支撑，同时，德育过程必须遵循教育规律和管理规律，贴近学生实际，着眼于学生的全面和可持续发展。高校德育的实践创新必然要坚持科学性原则，坚持科学发展。

1. 遵循客观规律

高校德育实践创新必须遵循客观规律。客观规律是指不以人的意志为转移的客观世界的规则，是事物运动过程中固有的、本质的、必然的、稳定的联系。高校德育实践创新必须遵循教育规律、管理规律等客观规律，才能在改革创新中将德育的功能彻底释放出来，激发出最大的德育效果。

互联网本身就是信息技术发展到一定阶段，生产力为了更加适应生产关系的发展而诞生的，互联网时代的到来是非常有代表性的客观规律的体现。在这样一个时代，高校德育实践创新必须遵循的客观规律又有了新的描述：德育目标的设定，要充分体现以人为本的理念，坚持社会目标、组织目标和个体目标的统一；德育内容和德育资源的构建，要体现出国家意志、政治导向和时代追求；德育途径的拓展，要更加尊重个体的行为规律和个性需求；德育方法在设计和选择上，要更多地体现出全员育人的理念，形成社会、学校、家庭、虚拟空间的教育网络格局。高校德育实践创新在德育的目标设定、内容构建、途径拓展和方法设计上，要体现出极强的科学性，才能够达到预期的效果。

2. 坚持科学发展

高校德育实践创新必须坚持科学发展的理念。发展是解决我国一切问题的关键和基础，发展必须是科学发展，必须坚定不移贯彻创新、协调、绿色、开放、共享的发展理念。当前，随着信息技术的飞速发展，人们的生活环境、学习习惯等社会关系已经发生了很大的变化，高校德育实践已经无法满足大学生的现实需求。基于此，一方面，高校德育实践创新的关键是要体现出以人为本的教育理念，要尽可能地贴近学生的现实需求，把握学生的时代特征，立足现在、放眼未来，促进学生道德水平和综合素质的全面协调、可持续发展；另一方面，高校德育实践创新要不断地接受和利用信息技术发展的划时代成果，准确掌握大学生所习惯、喜爱的信息技术和手段，剖析其中的奥秘，充分利用这些大学生所推崇的新的媒介方式，提升德育实践创新的实效性。

（三）整体性原则

整体性原则强调的是德育实践的内容、过程、载体等各方面都要成为一个有机的系统，分别发挥出各自的教育力量。如果可以将创新过程划分为几个阶段或主要环节的话，那么创新可以发生在任何阶段和任何环节。高校德育系统的基本要素包括德育的主体、客体、介体、环体，每个环节和阶段的创新都是德育实践创新整体的组成部分，创新的目的是不断提升德育主体的主导性、德育客体的主动性和发挥德育介体的纽带作用与德育环体的条件作用。因此，在德育实践过程中，要用整体性的教育思想和理念指导德育活动，从而达到德育目标的整体性和学生身心发展的整体性的完美境界。

高校德育工作从来都是一个非常复杂的系统工程，社会环境、学校条件、家庭情况和个体特征等都在德育过程中影响着德育功能的实现。从学校层面来讲，德育实践过程中，诸如德育课程、文化营造、管理服务等各种育人载体、媒介、途径也都是整个德育实践体系里不可或缺的部分。高校德育实践创新应该是整体性思考和整体性推进的一个过程，应以德育系统整体目标的优化为原则，协调德育实践中各个组织和环节的相互关系，确保德育实践工作的平衡性和完整性。

1. 注重整体思维

高校德育实践创新要注重整体思维。事物之间错综复杂的联系是构成整体的前提条件，整体思维是一种从整体和全面的视角把握对象的思维方式，非常重视整体和局部的关系。高校德育实践是一项系统性、层次性和参与性都很强的活动，德育过程是各个局部按照一定的秩序组织起来的，德育效果受到各种客观原因的影响，那么权衡好德育实践整体系统中各个组织和环节的关系，将直接决定德育实践的效果。

高校德育实践创新要注重整体思维必须做好两方面的工作：一方面，德育创新应该建立在对德育过程进行全面的、全方位审视的基础上，德育实践体系的创新必须有整体的目标和计划，创新过程整体实施，分类分层次推进；另一方面，德育实践创新还应该衡量、评测德育过程中各个环节、途径、组织在创新整体构架中的地位和作用，梳理和把握好各局部创新环节之间的逻辑联系，通过局部创新的作用激发整体创新的能量。

2. 激发德育合力

高校德育实践创新要充分激发德育合力。高校德育工作具有科学的实践体系，德育实践中只有全体教职员工、各种途径和环节的德育目标一致、协调配合，才能提高德育的实践效果，形成卓有实效的德育合力。高校德育实践创新应该进一步重视和发挥德育过程中学校、家庭、社会等各种力量的整体教育功能。

（1）德育实践必须通过创新不断适应社会环境和社会关系的变化，将社会资源通过过滤和提纯转化为有价值的德育资源，呈现在大学生面前；同时，要达成德育主体对实践创新的高度共识，高校各德育实践单位和组织要统一德育创新理念，理清德育创新思路，形成德育创新机制，激励德育工作者贯彻德育创新思想，与家庭保持沟通，互通有无，形成联动，将创新举措落到实处。

（2）德育实践创新应把握好德育过程中各个环节的创新要点。德育课程创新要通过提升课堂的活力、增强德育资源的张力，来不断提高课程德育在理论学习方面的优势；校园文化活动要通过创新不断提高自身的亲和力和吸引力，进而提升大学生的文化气质和文化自信；管理服务育人应该通过创新手段切实提高管理科学化水平和服务高效的能力，不断增强学生的荣誉感和归属感。高效德育实践创新只有通盘考虑、整体思维、协同推进，才能最大限度地发挥出德育合力。

（四）适用性原则

高校德育实践创新的适用性原则是指德育实践的对象、内容、过程等各方面的创新必须符合各单位的自身特点，以满足本单位和组织德育实践的实际需要为准则。高校德育工作一直十分强调理论与实践的结合，德育实践的设计与实施也一直以大学生的实际需求为第一要素。当前，我国经济飞速发展，人们的社会生活层面和精神生活层面都已经发生了巨大的变化。特别是互联网时代的到来，具有更加鲜明的时代特征，德育实践创新必须以大学生的需求为指向，遵循适用性原则，才能使德育实践创新真正满足广大学生的需要，切实提高德育实践的功能和效果。高校德育实践创新要实现适用性就必须从以下三方面着手：

（1）高校德育实践创新要保持对社会环境的适应性。社会环境对高校德育实践产生着重要的影响，高校德育乃至整所学校教育都是整个社会文化巨系统的一个较为基层的子系统，它与社会的经济、政治制度及社会文化的其他方面是相互作用的，高校德育不仅是文化积累和突变的产物，更重要的是它参与了整个巨系统的量变和质变。高校德育实践创新必须思考社会现实生活需要大学生具备何种思想道德品质，帮助大学生提前培养新的观念和行为方式，减少大学生走入社会的不适，培养出真正的社会政治和道德生活的主人，从而提升德育实践的准确性。

（2）高校德育实践创新要以具体校情为出发点。当前，虽说国家社会的发展不断缩小着地域、区域、组织的差距，但教育发展的不均衡、不公平还客观存在着，各级各类学校在资源配置、硬件设施、师资力量、专业设置等多方面的差距不可避免。高校德育实践创新不是对工作经验和优势进行一步到位、千篇一律的复制，一定要从各所学校的实际情况出发，把握学校的具体优势和不足等特点，扬长避短，有针对性地开展改革创新，确保德育实践创新的适用性，方能使德育工作取得良好的实践成效。

（3）高校德育实践创新要充分尊重个体的适应性。高校德育实践的基本任务，是帮助大学生学习理论知识，并通过生活实践来锻炼提升适应社会的能力。当前，生活在互联网时代的大学生，在信息爆炸、文化多元的背景下，不仅其生活方式、学习方式、行为方式发生了深刻的变化，价值观念也面临巨大的考验。高校德育实践创新要考虑到个体的适应性，主要使命就是尊重个体的身心发展规律，从大学生的实际需求出发。高校德育实践创新必须对个体的德育接受行为及能力进行充分的研判，准确掌握个体的生活习惯、心理特点、兴趣爱好等行为特征，有针对性地组织德育实践活动，在多元化的社会环境中不断追求德育创新和德育效果的个性化。

二、互联网时代高校德育实现的思路

在高校德育实践创新的具体构思和研究过程中，必须先确立主导思想和条理脉络，即

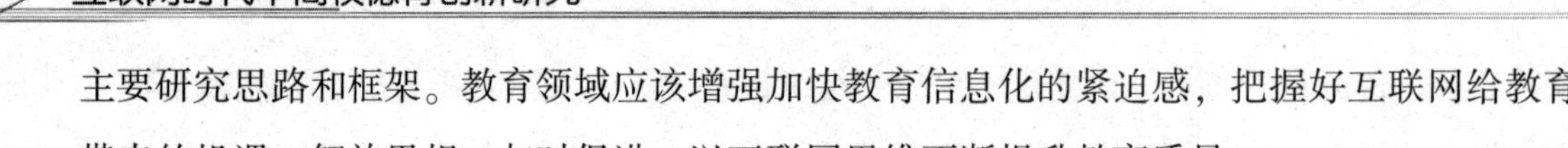

主要研究思路和框架。教育领域应该增强加快教育信息化的紧迫感，把握好互联网给教育带来的机遇，解放思想、与时俱进，以互联网思维不断提升教育质量。

（一）德育主体素养提升的关键——思维塑造

德育主体在德育过程中发挥着极其重要的作用，德育主体的素养直接影响着德育实践的效果，因此，高校德育创新应以德育主体素养的提升为关键。当前互联网已经渗透于人们生活的方方面面，并深刻地改变着社会的生活、学习和交流方式。创新从来都不是一个新的概念，它是由社会发展而引起的必然行动，高校德育实践创新是互联网时代的必然要求。德育主体素养一般包括道德素养、专业素养和能力素养，处于互联网时代的高校德育主体，在思维和能力上都必须紧跟社会发展的脚步，不断提升自身综合素养，使高校德育工作符合时代的要求，从而彰显德育实践的成果，所以，德育主体素养的提升是高校德育实践创新的关键。

1. 塑造互联网思维

思维是人类所具有的高级认识活动。按照信息论的观点，思维是对新输入信息与脑内储存知识经验进行一系列复杂的心智操作的过程。换言之，思维就是思考、思索，是人们为了完成一项任务大脑所进行的活动，人们的思维方式不同，会导致对相同问题的思考所得出的结论也不同，可见思维方式对于思考和解决问题是至关重要的，正确的思维方式可以帮助人们迅速地接近事实的真相。

思维包括智力、知识和才能三个基本要素，因此，思维其实是一种能力，是先天与后天结合的能力，是学习与实践结合的能力。互联网思维，就是在互联网不断发展的背景下，对市场、用户、产品、企业价值链乃至对整个商业生态进行重新审视的思考方式，互联网时代的高校德育主体只有运用互联网思维进行思考和解决问题，熟悉互联网的特性、提高互联网使用能力，才能够充分体验和分享这个时代的便利和优势。

（1）德育主体必须熟知互联网的特性。互联网时代一切行业的行为方式都发生了变化，熟悉互联网的新特性，对于准确把握行为规律、得到满意的行为结果有决定性的作用和意义。作为德育主体的教师和学生都必须明白互联网时代的教育面貌已经发生很大的变化：互联网的信息传递和获取比传统方式快了很多，内容丰富了很多，德育资源配置的优势尽显无遗；互联网让人们表达、表现自己成为可能，每个人都有表达自己的愿望，都有参与到一件事情的创建过程中的愿望，德育过程中对师生相互尊重和参与互动有更高的要求；互联网让数据的搜集和获取更加便捷，并且随着大数据时代的到来，数据分析预测对于提升用户体验有非常重要的价值，德育过程中的对象体验分析同样可以利用数据分析来提高准确性。德育主体必须熟知诸如此类的互联网特性给高校德育实践带来的变化，并且转变传统的思维方式，用全新的视角和方式来对待德育实践，方能在新的环境和条件下争取主动。

（2）德育主体必须具有互联网的意识。高校师生从来都是思维最活跃的群体，容易接受新事物和新思想，接受能力也非常出众。当前互联网时代的大潮滚滚而来，无数的新事物、新思想、新理念充斥着人们生活的每一个角落，在高校各种各样的教育思潮下，全新的教学方式、手段迅速替代原有的内容。特别是在互联网时代，通过互联网来实现教育资源的共享，教学手段的提升，在以往看来不可能的教育形态现在正在一一实现，在这种背景下，高校德育主体必须快速接受和具备互联网的意识，与时俱进，尤其是要交流当下的互联网使用的知识；德育主体更要有学以致用的意识，把互联网的新知识、新内容与高校德育更好地联系起来，不断更新和掌握互联网的知识，发挥互联网的作用，才能紧跟时代的要求，适应新形势下的高校德育实践工作。

（3）德育主体必须具备基本的互联网能力。德育主体具备了互联网意识只是德育实践创新发展的第一步，互联网能力的具备才是核心竞争力。在互联网的背景下，互联网的科学技术如何与德育过程深度融合成为高校德育实现的一个核心命题。德育主体能够将互联网技术灵活地融入德育实践中，不仅能够充分地适应互联网时代的主客体特征，而且能够让德育过程呈现出脱胎换骨的面貌，极大地提升德育的亲和力。

德育主体需要掌握的互联网能力包括：能够独立制作和使用各种多媒体工具，利用生动的现代化教育手段，使学生能够更加容易地掌握复杂的知识；要熟练掌握信息化的德育手段和交流方式，通过新媒体的方式建立受学生欢迎的教育和交流途径；不断加强互联网知识的学习，互联网知识是更新极快的，学习不是一蹴而就的，它是一个系统的工程，同时又是一个不断更新的过程，对于内容德育主体要学会分辨和筛选。在这个大背景下，德育主体只有不断地提高自身的互联网素质，应对互联网大潮对高等教育的冲击，紧跟互联网的发展和变化，才能真正抓住互联网时代的大好形势，克服高校德育实践在互联网高速发展中的各种不适，把互联网的优势发挥得淋漓尽致。

2. 创新能力的培养

德育主体创新能力的培养能否落实，是高校德育实践创新成功与否的关键所在。创新能力是在各种实践活动领域中不断提供具有经济价值、社会价值、生态价值的新思想、新理论、新方法和新发明的能力。具有创新能力的群体或个体能够运用新颖、独创的方法解决现实中的问题，他们通常是突破常规思维的框架界限，以新的视角和方法去思考问题，提出与众不同的解决方案，从而产生新颖的、独到的、有社会意义的实践成果。创新的展开与实现，都是以创新主体特有的能力为基础和条件的，是主体的创新能力的产物。德育主体的创新能力是高校德育工作者进行创新活动的能力，是开展德育实践活动中产生新想法、实施新举措的能力。高校德育实践创新的过程中必须培养德育工作者运用已有的基础知识和可以利用的资源，联系相关学科的前沿知识，创造新颖的、独特的、有价值的思想、观点和方法的能力。培养德育主体创新能力要注重培养以下素质：

（1）培养自信健康的心理素质。自信健康的心理素质让德育工作者保持良好的适应能力，并以积极的心态面对纷繁复杂的工作，始终坚持自己工作的方向，面对困难挫折仍然努力不懈；拥有自信健康的心理素质让德育工作者敢于正视工作中的问题，接受现实并勇于承担责任，找到工作的乐趣；自信健康的心理素质也会让德育工作者善于发现自己的不足，乐于找到他人的长处，善于学习、不断进步才能让工作有更大的收获。

（2）培养好奇求变的思考习惯。心理学认为，好奇心是个体遇到新奇事物或处在新的外界条件下所产生的注意、操作、提问的心理倾向。求变的习惯让人们不墨守成规，凡事都以新的视角去重新思考，那么会得到不一样的结果。好奇求变的思考习惯会让人们对某一事物感到疑惑，进而深入地进行思考，以求弄清事情的原委，这种思考和行为习惯往往被认为是创新的前奏，是产生创新的起点动机和驱动力。培养德育工作者好奇求变的思考习惯，不仅能够激发其学习的内在动机，以强烈的求知与求学的欲望去寻求知识，同时也是德育主体创新意识和创新基本素质提升的体现。

（3）培养目标意识和实践能力。所谓目标，就是要达到的目的、标准或境界，目标意识是指人在言语、行动时及其过程中有意识地达到的目的或标准，做任何一件事时，都应该要达到一种目的，或者形成一种标准。实践是创新的最基本途径，是检验创新能力水平和创新活动成果的尺度标准，实践能力就是把自己的创新思考和想法通过实践去实现的能力。高校德育实践创新中必须制定合理的目标，每一步创新过程必须是在一定的方向和目的的指引下开始的，创新目标的确定使德育过程始终对目标实现保持较高的期待，从而产生克服各种困难的坚强意志，通过大量的创新实践活动，向目的地不断前进。

（二）德育实践体系优化的驱动——信息技术

互联网是新一代互联网信息技术飞速发展的产物，是基于各种革命性科学技术的积累和创新的成果，互联网时代以去中心化、平台化、用户需求导向的特征宣告了新的信息获取和传播方式的到来。互联网时代给教育、高等教育、高校德育所带来的技术和方式上的变化，并由此产生的理念上的变化已经是势不可挡的。基于互联网的高校德育研究，互联网新一代的核心技术成果是其创新研究的切入点，准确把握和利用好新兴的互联网技术的特性，结合高校德育实践的具体特点和需求，使互联网新一代的核心技术成果在高校德育实践中成功落地，是高校德育实践创新研究重点要解决的课题。以互联网技术驱动来优化高校德育实践应该从以下三方面入手：

1. 优化德育资源

互联网时代对教育资源的影响尤为深刻，随着互联网技术的飞跃发展，在线学习、微课程、慕课、泛在课堂、翻转课堂等各种新生的教育资源和教育形式层出不穷，互联网让教育资源打破了传统的壁垒，变得更加多元和开放，这也使得高校德育能够通过互联网获得更加丰富和充实的教育资源。互联网技术为教育资源的丰富创造了无限可能，高校德育实践创新要抓住这一技术红利，在德育资源的内容延展和质量提升上下功夫，方能最大化地将互联网技术的优势运用在德育资源的优化上。

（1）注重德育资源的内容延展。对于教育资源的内容延展，互联网技术体系最大的优势在于它能够突破时间和空间的限制。互联网时代为人们以技术驱动引领教育资源延展为核心，大量集成和整合各种教育资源提供了强大的理念和技术支持，也为教育资源的内容延展带来了前所未有的契机。高校德育实践在德育资源和内容上的创新发展，需要充分挖掘和运用互联网技术的优势，以德育课程资源的内容再造为重点，探索构建互联网德育资源库，打破时空的限制，让德育内容无限延展到人学生的学习、生活和娱乐的每一个角落，学生随时随地都可以按需获取德育内容。

（2）注重德育资源的质量提升。随着互联网信息技术的发展，网络上各种各样的教育媒体、教育机构和教育平台应运而生，人们不仅已经开始习惯了这种网络学习方式，同时，这些互联网学习资源表现出与众不同的一面。与传统教育资源相比，这些教育资源显得更加生动有趣，更加能够体现现代科技感，符合学生需求的同时，也更加能够深深地吸引学生，发挥出众的教育功能。随着互联网云技术、大数据的发展，诸如微课程、泛在课堂、慕课、虚拟课堂等各式新鲜的教学资源正在逐步发展壮大。在开放的大背景下，全世界的优质教育资源不断地充实和丰富着课堂，这些教育资源通过互联网连接在一起，使得人们可以畅游在知识的海洋。社会、经济、文化、生活等各个领域的最新知识，都能够快速刷新至课堂之上，这将彻底改变传统教育资源内容陈旧的现状。德育资源的质量提升是高校德育实践创新要积极面对的难题，互联网信息技术的革命性成果让这些难题迎刃而解，高校德育实践的创新必须将互联网技术自然渗透到德育内容之中。

同时，增加德育资源的吸引力是质量提升的关键，高校德育实践创新应发挥技术驱动的支撑作用，如利用图像采集、数字虚拟、视频动画、社交网络等技术，构建更生动、更直观的德育内容。此外，以大数据和人工智能为核心技术的新一代互联网，使每个人都成为网络社会中的一个独立的信息源。学生不仅是教育资源的接受者，同样也是教育内容的生产者，高校德育资源的构建应充分融入学生的参与和智慧，这将使德育内容更加人性化且具有亲和力。

2. 重构德育关系

互联网时代，不仅是教育内容的生产和传播的方式发生了巨大的变化，受教育者的知识、信息获取方式和学习方式也发生着变化。由此致使教育过程也改变了原有的面貌，以教师为中心的传统教授模式中，教师的中心地位正在逐渐减弱，教师在教育过程中的权威地位不那么明显了，教师也不再是教育内容的唯一来源，因此，可以说互联网时代受教育者对教师和课堂的依赖性将明显减弱。互联网时代的高校德育实践创新必须清晰洞察、重新梳理德育过程中的师生关系和德育方式，方能让德育实践创新在师生和谐中形成合力、产生实效。

（1）师生关系的重组要讲究“对称交流”。所谓“对称交流”就是指师生的平等关系和获取信息的对称性。“互联网+教育”打破了教育系统中原有的各种关系结构，并对其进行优化重组，使教师与学生的关系、教育单位与学习个体的关系发生根本变化。在互联网的环境中，知识和信息的获得变得更加自由和便捷，不管是教师还是学生都能够根据自己的需要方便地找到学习内容，故而学生对教师的依赖性逐渐减小，或者说教师不再是学生获取知识的主要渠道。

师生关系的传统内涵被打破，现实中的师生关系，到了网络上，可能成为同在学习某项新鲜知识的同学关系，现实世界与虚拟世界界限变得模糊。这时，教师的身份和作用可能就从教育过程的主导者变成了学生学习的辅助者和服务者，教育过程从灌输式转变成互动式。高校德育实践创新就是要对师生关系进行重组，建立与互联网时代相适应的师生关系，着力发挥和增强教师在信息化条件下对学生的个性化学习需求的辅导功能，让教师具有足够的互联网能力，让学生拥有足够的选择权利，在德育过程中实现德育主客体的对称交流。

（2）德育学习方式的重建要注重“学监并重”。“学监并重”强调的是学生自主学习的地位与教师监管指导的地位同等重要。随着教育现代化的飞速发展，多元化、实时化、碎片化、个性化的互联网新形态，无限放大了受教育者的主体地位，而更加自由和便利地获取各种知识信息，也使受教育者能够自主制定学习目标和计划、安排学习进度、选择学习时间和地点等，他们的自主性、个性化和能动性将得到充分的发挥。

高校德育实践创新要明确学生学习习惯的特点是互联网时代的特点决定的，学习方式的改变既然不可逆，就要顺应这种改变找到新的合理的德育学习方式。一方面，要尊重学习者新的学习方式和习惯，要利用互联网信息技术为学生创造更便利的学习条件，充分满足学生在网络上的学习需求，将之作为学生课后自学的补充；另一方面，要构建互联网学习和现实教育的良性互补关系，发挥德育教师的经验优势，在现实教学中不仅帮助学生对互联网海量的教学资源进行筛选、过滤和把关，把握德育内容的健康性，监督指导学生的学习进度，而且对学生在互联网学习中解决不了的问题给予解答，进一步提高学生学习的针对性和目的性。高校德育实践在这种新的德育学习方式的推动下，将更加体现出对差异的尊重，也将从整体上促进德育质量的提升。

3. 提升德育实效

德育实效，是德育主体按照德育计划，通过一定的德育途径和手段，完成德育目标的程度，通俗地说就是对德育工作的效果和效率的考量。高校德育实效的基本内涵，是高校德育在一定德育计划的指引下，通过德育过程来实现德育效益、德育效果和德育效率的统一。德育的实效性是高校德育工作价值的出发点和归宿，也真实反映了高校德育实践工作的成败，所以，德育工作的实效性，一直是学校乃至社会都非常重视的一个话题。促进高校德育实践效果提升的途径和方式很多，包括政策上、机制、手段上的等，而在互联网时代背景下，高校德育实践创新研究的重点是如何以信息技术为驱动来提升德育的实效性。

（1）促进德育实效的可能性提升。提升德育实效就必须回归到德育实践的本身，洞悉德育实效得以实现的基本规律，找到提高德育实效的着力点，解决制约德育实效的障碍和问题。影响德育实效达成的是德育过程中包括德育工作者、学生、德育内容及环境等在内的基本要素，不断加强这些基本要素的素质提升和质量建设，德育工作自然会达到理想的德育实效。换言之，就是要努力确保德育过程的高质量完成，才能保证德育实效的实现。那么，互联网时代就要求高校德育实践从德育过程中的基本要素出发，把握互联网时代德育实践各个基本要素和德育环节的特性，通过信息技术手段的创新，落实德育过程中各要素的质量提升，保证德育环节的圆满完成，从而提高高校德育的实效性。

（2）推进德育过程的科学化控制。德育实效性的提升与否是德育目标达成与否的关键指标，德育过程的每个环节都是德育实效性得以实现的保障。互联网时代科学技术的飞速发展，为人们带来了与以往大为不同的技术优势。互联网时代的信息技术对德育过程具有极大的应用前景，在信息技术的协助和驱动下，德育实践的过程会更加科学地被掌控，将严格地遵循德育计划，按照德育的目标取得满意的德育效果。

（3）提供德育评价的可靠性依据。德育评价贯穿于德育实践的每一个环节，德育实践需要通过德育评价来分析其德育过程是否合理，评判德育效果是否满意，从而判断德育目标是否实现，因此德育评价的功能对德育实践的不断完善和发展具有重要的意义。互联网时代，大数据分析的结果是最客观的现实反映。德育实践可以充分利用大数据带来的技术优势，在德育过程中对德育内容教授各环节的指标进行测评和反馈，更加有效地指导德育过程的调整及优化，促进德育实效的提升。同时，德育实践要利用可靠的德育评价系统，准确地把握个体的德育接受特性，根据反馈的结果制定有针对性的、个性化的德育目标和计划，形成差别化德育的生态系统，以最大限度保证德育的实效。

（三）德育过程模型构建的目标——需求导向

德育过程的模型构建是高校德育实践创新研究的重要指标，高校德育工作本身就是一项十分注重实践的工作，德育实践创新研究旨在通过对包括德育环境、德育主体、德育途径、德育手段等在内的德育过程的分析和研究，建立一套具有科学化、标准化、代表性、可复制的德育工作模式，切实提高高校德育实践的实效性。

模型构建的过程具有极强的目的性，是把握研究对象主要特征的一种简化描述，通过概括性、结构化的表达来形成人们思考和解决问题的基本模式，在这一点上，正好切合了德育实践以学生需求为导向的特点。因此，当前高校德育实践的模型构建是基于互联网背景下社会所期待的德育模式尝试，模型的构建，不仅要以德育的过程需要和学生的现实需求为导向，克服德育过程中存在的现实问题，解决学生学习、生活中的具体困难，同时，还是对社会各界“互联网+教育”期待的一种现实回应，是顺应社会生产力发展和生产关系变革的实践创新。

1. 决策模型的构建

德育实践是非常注重人文关怀的一个过程，其中势必会夹杂许多主观的和感性的因素，而德育目标的制定、方法的使用、效果的评价应该是非常严谨的工作，必须有系统的原则和科学的依据，因此，在德育过程中处理和平衡好这些关系，做好德育实践的决策，对于实现德育实践的效果至关重要。决策是为了实现特定的目标，根据客观的可能性，在占有一定信息和经验的基础上，借助于一定的工具、技巧和方法，对影响目标实现的诸因素进行分析、计算和判断选优后，对未来行动做出决定。决策模型是为了辅助决策而研制的数学模型，是一项与数学、社会学、心理学和行为科学有密切关系的工程，建立决策模型的目的是帮助人们提高决策效率和质量，缩短决策时间，降低决策成本。所以，决策模型是一门创造性的管理技术，它包括发现问题、确定目标、确定评价标准、方案制订、方案选优和方案实施等过程。高校德育实践创新的决策模型构建意义正是在于，通过增加德育过程的科学化和准确性，提高德育效率和质量。德育实践决策模型的构建要瞄准以下三个方向：

（1）精准把握学生状态。高校德育实践的基础在于准确地了解和熟悉学生的状态，有针对性地开展德育工作，而落脚点在于通过德育工作能够引导学生塑造正确的道德品质、养成正确的学习习惯和培养健康的生活状态。互联网时代的到来，彻底颠覆了人们的思维模式和行为习惯，这对社会管理和秩序提出了极大的挑战。大学生是好奇心和接受能力极强的群体，包括学习方式、生活习惯、娱乐喜好在内的大学生的状态也发生了深刻的变化。互联网时代的云计算、大数据分析等新一代信息技术，让德育实践决策模型的构建成为可能，并让德育实践工作把握学生状态的能力更加强大。德育工作可以将学生的信息终端作为信号源，利用信息技术的手段准确把握学生在哪里、干什么，通过技术分析得出会发生什么、为什么的结果，精准地把握学生状态，为德育实践决策提供可靠的依据。

（2）实时反映德育过程。德育过程的完成质量直接决定着德育效果，对德育过程的把握和调整的基础，是准确了解德育过程的真实面貌，例如，学生在学习学校所开设的网络课程时，学习时间是否有保证，课程学习的覆盖率是否理想，学生对德育文化的关注是否踊跃，学生参与德育实践活动是否积极等，这些信息如果能够准确及时地得到反映，帮助德育工作者准确把握德育实践的执行情况，无疑将极大地提高德育实践工作的实效性。利用互联网时代的信息技术手段第一时间收集这些德育过程的数据，构建分析和决策模型，将进一步提高高校德育实践工作的有效性。

（3）客观反馈德育评价。德育实践是一个强调参与和互动的过程，德育目标的达成，要靠德育主客体在德育过程中共同努力完成，德育实践中的过程、形式和内容的质量是否让德育对象满意，德育效果是否理想，这些关于德育的评价，对德育决策有决定性的意义。德育评价包括很多方面，决策模型的构建和研究关注更多的是学生对德育过程的直观感受，类似于用户体验。用户体验是在用户使用产品过程中建立起来一种纯主观的感受，是一种强调以用户为中心、以人为本的产品设计理念。显然，建立一套能够客观反馈学生对德育实践体系的认知印象的决策模型，有利于准确把握德育实践中学生的体验和感受，客观的德育评价使德育目标的制定和德育过程的设计更加科学、有效。

2. 环境模型的构建

互联网时代的网络生活已经是学生成长过程中的常态环境。环境既包括大气、水、土壤、植物、动物、微生物等为内容的物质因素，也包括以观念、制度、行为准则等为内容的非物质因素。环境是相对某一事物来说的，是指围绕着某一事物并对该事物会产生某些影响的所有外界事物，即环境是指相对于某项中心事物的周围事物。高校德育环境包括围绕着学生和整个德育过程的，对德育效果产生影响的教师队伍、朋辈关系、文化氛围、网络环境等外部空间、条件、状况的总和。

高校良好的德育环境构建，就是在学校整体规划设计、积极引导和管理下，全体师生共同参与、共同营造的符合学生成长特点，旨在培养学生思想素质、政治素质、道德素质和心理素质等总和素养的过程。德育环境既是一种外部的环境，也是一种内部的素养，既是静态的目标构建，也是动态的过程实践，高校德育环境是德育实践过程的土壤和空气，良好的德育环境将使德育实践充满活力和生命力。环境模型的构建旨在通过模型设计，提炼和固化德育过程中各因素的质量，为德育过程的顺利完成和德育效果提供保障。环境模型构建主要从以下方面入手：

（1）把握主题导向的网络环境营造。互联网时代，高校德育资源和内容的传播呈现出多媒体化、传输网络化、处理智能化和教学环境虚拟化的特征，在德育实践的全过程中，包括多媒体终端、网络教室、网站网页等在内的经过数字化处理的多样化、可全球共享的学习材料和学习对象空前的繁荣。网络环境方向把控显得尤为重要，一方面，要通过技术手段实现对全球化的学习资源的过滤，保证网络环境的干净整洁，减少甚至杜绝对学生的负面影响；另一方面，要主动构筑理论学习、专题教育、主题网站等网络主题舆论阵地，主导正确的思想素质和价值理念，由此保证高校德育工作的正确方向。

（2）体现思想引领的朋辈素养提升。在学生德育素养提升的过程中，朋辈关系起到了非常重要的作用。高校德育实践过程中教师队伍的素质对学生道德培养所起的作用不言而喻，朋辈之间的影响对学生道德素质的提高更是起着决定性的作用。大多数学生在青少年时期的世界观、人生观、价值观尚未成型，思想道德和各方面的素质都易受影响而出现偏差，因此，教师的思想引领和朋辈的感染对学生德育的效果至关重要。高校德育实践的创新要加强德育工作队伍素养及学生群体整体素质的提升，一方面，培养广大德育教师的创新意识，通过学生喜爱和习惯的途径，比如网络微博、微信等交流媒体，深入学生群体中开展工作，加强对学生的思想引领和指导；另一方面，不断提升学生的道德素养，选拔培养优秀的学生骨干，作为意见领袖在学生群体里发挥引领作用，及时检测、发现和报送学生群体中的思想隐患，营造良好的朋辈道德成长氛围，切实提高学生群体的道德素养。

（3）突出文化带动的网络社区构建。互联网时代，网络社区是在学生成长实践中，在时间长度、影响广度和深度、收获的成果等方面，远比现实生活占有的比重要多。网络社区是包括 BBS、论坛、贴吧、公告栏、群组讨论、在线聊天、交友、个人空间、无线增值服务等形式在内的网上交流空间，同一类型和主题的网络社区集中了具有共同兴趣的访问者，网络社区就是社区网络化、信息化。互联网时代网络社区作为伴随学生成长的主要环境，对学生思想道德品质形成的重要性不言自明。高校德育实践创新要形成各部门联合行动的管理机制，有计划地组织网络文化的创建，以文化氛围引导学生网络文明的形成，以积极上进的网络社区环境激励学生利用网络学习知识、创新创业、表达观点、抒发情怀。

3. 管理模型的构建

高校学生事务的管理与服务是高校德育实践不可或缺的一部分，德育实践过程中的“用户体验”对德育效果的影响非常之大。高校学生事务管理和服务中管理的水平与服务的质量，都对德育效果起着决定性的作用，科学的管理和优质的服务对发挥德育功能、实现德育目标有着重要的作用。

随着社会经济的不断发展，人们对社会管理和服务的要求越来越高，与需求相匹配的管理和服务往往会赢得人们的认可，形成良好的社会秩序和氛围。与此同时，高校学生对校园管理和服务的认知与要求也不断提高，特别是随着互联网信息技术的不断发展，学习生活习惯的变化更是使学生对高效率、高质量的管理服务充满期待。充分利用互联网新一代的信息技术，准确把握学生的特点和需求，建立人性化、高质量的管理模型是高校德育实践创新的必然要求。互联网时代的大学生自主性和独立性更强，学习和生活的方式趋于个性化，因此，高校德育实践应该以学生的体验为出发点，力争在管理和服务中构建能够实现学生自助服务、自我管理和自主学习的管理模型。

（1）管理模型的构建要完善学生自助服务的平台。不断增强高校学生事务管理服务的快捷度和高效性，不仅能够为德育工作队伍减负，节约大量的人力、物力成本，而且在为学生带来便利服务的过程中，能够极大地提升德育实践工作的亲和力，增强学生对学校及德育工作的认同感和归属感。科学技术的发展不仅带来了社会的进步，也使学生的需求不断提高，高校学生事务管理服务信息化建设刻不容缓，通过科技手段建设自助服务是学生事务管理服务发展的趋势。自助终端采用的模块化结构设计，维护方便，成本低廉，可使管理服务过程达到较高的便利性，更加体现了管理服务的人性化设计理念。同时，建立和完善这样的学生自助服务平台，也使学生在使用这种可靠和稳定的数据设备中，潜移默化地接受诚信教育，在规则和规范的帮助下自发形成契约意识。

（2）管理模型的构建要培养学生自我管理的意识。培养学生的独立意识和独立精神是高校德育实践的重要内涵之一，即实现学生的自我管理，使其能够对自己的目标、思想、心理和行为等表现进行管理，实现自我组织、自我管理、自我约束、自我激励、自我奋斗的一个过程。管理模型的构建要通过建立一系列的学生信息化服务系统，让学生能够自己完成个人的信息管理、课程管理、生活管理等工作。在这一过程中不断培养学生的计划能力、自控能力，进而实现学生自我管理、自我教育。

（3）管理模型的构建要提高学生自主学习的能力。学习能力是学习态度、学习方法和学习计划的总和，是动态衡量人才质量高低的真正尺度。互联网时代学生的学习方式、生活节奏和行为习惯都发生了深刻的变化，学生的个性化需求被放大并得到足够的重视。高校德育实践管理模型的构建要充分体现对个体行为差异的尊重，利用互联网信息技术建设更多的信息化学习平台，使学生能够随时随地通过笔记本电脑、手机、平板电脑等移动终端选择学习方式和学习内容。模型的构建要帮助学生自主制定学习目标和学习计划，自我调节学习时间、学习负荷和心理压力，克服学习中的挫折和困难，合理规划并形成自己的学习过程。管理模型的构建不仅能够满足学生在互联网时代新的学习需求，而且在通过帮助学生建立自我学习的过程中，还能切实提高学生的学习效率和学习效果。

综上所述，互联网时代为提升高校德育工作水平和质量带来了机遇和契机，按照高校德育实践创新研究的总体目标，遵循创新的基本原则，采用正确的方法和策略，将互联网与高校德育实践深度融合，并产生化学反应，从而为高校德育实践提供更有力的支撑保障，最大限度地释放互联网带给高校德育工作的红利，让“互联网+高校德育”的果实惠及莘莘学子。

第二节　互联网时代高校德育的实践策略

互联网时代高校德育实践的发展与创新不仅是时代的要求，也是顺应高校互联网民意、保持互联网秩序和维护网民利益的内在需求，更是“实施网络强国战略，让成果惠及全民”的战略要求。互联网时代高校德育实践的创新，就是要秉承“互联网+”的思维和理念，充分借助于互联网时代信息技术的优势，改进高校德育实践的方式和方法，以保持高校德育理念的先进性、德育实践的有效性和德育过程的科学性，推动高校德育实践过程中各个环节的全面优化。如此才能保证在互联网时代的创新发展中，高校德育实践的方向更准、腰杆更硬、底气更足。

一、塑造积极互联网思维，保持德育理念先进性

当前，互联网逐步深入融合到经济发展、社会管理、人们生活的每一个角落，高校所面临的社会环境和高校内部的治理结构发生了巨大变化。互联网已经成为高校的思想和知识传播的重要领域、师生学习和生活的创新空间、学校教学管理的重要平台。互联网时代构建了高校德育实践新的内、外部环境，互联网不仅带来了先进的信息技术，也为高校德育实践提供了一种先进的思维方式。“互联网思维作为一种思维方式正广泛运用于社会各个领域，互联网思维引入高校育人模式给高校德育的改革创新带来了前所未有的机遇和挑战。”[①] 积极培养高校以互联网思维开展德育实践创新的意识，不断提高高校师生的互联网能力，才能准确抓住互联网高速发展所带来的新机遇，保持高校德育理念的先进性。

（一）互联网意识的培养

高校德育实践要充分共享互联网带来的红利，不仅要从学校层面加强对互联网意识培养的重视，更要做好德育实践主体的意识培养。在高校德育实践过程中，教师和学生都是德育实践活动的主体。切实培养高校师生共同的互联网意识，有利于形成教师和学生协调互动、共同发展的良好格局，从而达到高校德育实践良好的育人效果。

1. 学校互联网顶层设计

互联网时代高校的外部环境和师生的思想形成都发生了明显的变化，学校应该从全局的角度出发，系统地把握新形势下高校德育实践所面临的机遇和挑战，统筹考虑学校层面和师生层面的变化，明确互联网时代高校德育实践创新的理念和目标，制订可行性较强的实践计划，并通过机制的建立保证德育实践的创新发展。

学校应该准确把握互联网的发展理念和趋势，通过平台搭建、体系重构、机制驱动等方式，明确互联网深度融入学校人才培养和德育实践的发展战略。一方面，学校应进一步加大经费、人力、物力等资源的投入，成立专门的互联网信息化工作办公室，加强信息化

① 邹艳辉：《基于互联网思维的高校德育创新》，载《中国石油大学学报（社会科学版）》2016年第32期，第99页。

基础设施的建设，推进无线网络进校园、进课堂、进宿舍的校园网络全覆盖工程，布局高校德育实践创新发展的关键技术，为互联网背景下高校德育实践创新搭建工作平台；另一方面，学校应通过建章立制明确互联网深度融入高校人才培养的发展思路，引导、激励单位和个人树立新思维，借助于新技术，产生新动力，加强学校层面对互联网的推动、扶植与监督，提供“互联网+德育”的相关服务，将互联网与高校事业发展深入融合机制化、常态化，推进高校人才培养和德育实践的创新发展，不断激发高校德育实践工作的新活力。

2. 教师互联网意识培养

高校教师互联网意识的培养，就是要帮助教师利用互联网开展教学、管理、服务等工作，并在这一过程中不断创新教育理念和手段，提高教育水平和效果。高校德育实践过程中，尽管教师和学生都是德育实践活动的主体，但由于传统教育模式的影响，教师往往在师生关系中还是处于相对主导的地位，因此，教师互联网意识的培养在整个德育实践创新过程中的作用显得尤为重要。

首先，教师必须认识到“互联网+教育”的趋势之不可逆，认识到新形势下“互联网+教育”“互联网+学习”“互联网+德育”已经成为高校人才培养不可逆的发展趋势和创新驱动力。对互联网新形势的清醒认识是高校教师在德育实践活动中树立新理念、凝练新思路、形成新方法的不竭动力。

其次，教师必须提高利用互联网的主观能动性。互联网是一种开放的思维和方法，这就为高校德育实践创新提供了无限的可能和多种结果。教师必须树立主动的、积极的互联网意识，在高校德育实践活动中分析、把握、结合德育过程和德育主体的新规律，利用互联网的技术优势，解决新时期高校德育实际活动中的新问题，对学生进行积极的引导和帮助，达成师生对互联网融入德育实践活动的共识，形成良性互动，方能切实提高德育实践活动的实效。

3. 学生互联网行为引导

大学生群体是思维活跃、求知欲和学习能力较强的一个群体，他们对互联网信息技术的接受、适应和熟悉都较快。互联网已经成为学生学习、生活中的必需部分，在无法阻止学生接触互联网的前提下，引导学生正确、健康地使用互联网就显得非常重要。加强对学生互联网行为的引导，就是要引导学生利用互联网完成更多与学习和成长有关的内容。一方面，在教学过程中适当减少课堂学习的比重，通过构建网上学习资源，增加在线学习的环节和内容，将在线学习变成学习过程中不可或缺的一部分，帮助学生形成利用网络进行学习的概念和意识，养成利用网络进行学习的习惯；另一方面，要鼓励和引导学生通过互联网加强学习互动、提高学习质量，互联网的平等、开放、去中心化的特征，给学生带来了自由表达观点和看法的渠道，学校要主动引导学生利用互联网平台与教师进行交流和互动，在这种交流的环境下，学生的真实感受和想法会充分表达出来，学生群体中存在的思想问题也会暴露出来，便于及时发现和解决学生群体中的各种危机，增强高校德育实践活动的针对性和实效性。

（二）互联网能力的提高

高校德育实践中依靠互联网平台开展的德育活动越来越多，“互联网+德育”已经成为高校德育实践创新的重要途径，“互联网+”能力的提高，成为保证高校德育实践工作质量和德育实践活动效果的重要手段。高校德育实践活动中，教师不仅要熟悉和掌握互联网时代新兴的信息技术，更要学会将这些新兴的信息技术与德育实践过程连接起来、融合进去，催生德育实践的新面貌和新活力。

1. 互联网信息技术的掌握

对互联网信息技术的掌握是高校德育实践创新的基础。互联网信息技术是互联网快速发展过程中产生的新兴信息技术，如大数据、云计算、新媒体技术等，这些新兴信息技术是高校德育实践创新的媒介、工具和手段。因此，对互联网信息技术的掌握显得尤为重要，学校要组织教师队伍加强对新兴信息技术的学习，教师通过学习要基本了解和掌握互联网新兴信息技术的功能、特性和原理，能够自主利用新兴信息技术设计德育过程，制作德育资源，完成德育实践。同时，还要紧跟时代要求，不断提高自身网络素质，及时更新网上教育内容，使用学生喜闻乐见的形式，赢得学生的喜爱，从而达到较好的教育效果。

信息技术的学习和掌握是德育实践创新发展的技术基础，并使教师在高校德育实践活动中，能够利用互联网信息技术拓展新渠道和新手段，从而为构建新的德育实践创新平台提供可能。

2. 互联网思维能力的提高

要把握互联网时代的技术红利，教师不仅要勤于学习新的互联网信息技术，更重要的是要有意识、有能力将这些信息技术与德育实践环节连接起来、融入进去，不仅是技术的连接、服务的融合，更是资源的连接、过程的融合。

高校德育实践过程中，教师要学会借助新媒体技术，收集、制作和发布内容健康、形式多样的德育内容和教学资源；要学会利用大数据的分析功能，对学生的发展状态进行监

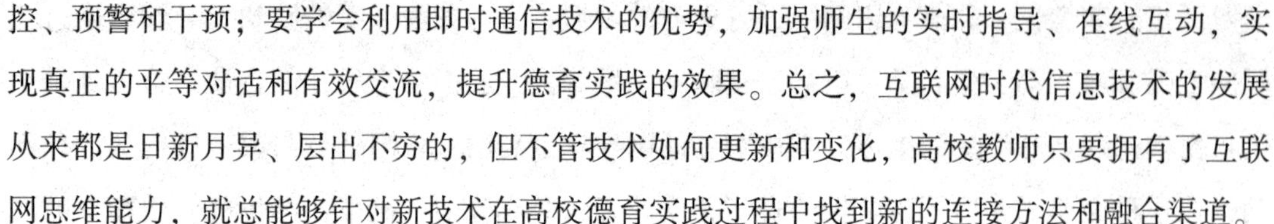

控、预警和干预；要学会利用即时通信技术的优势，加强师生的实时指导、在线互动，实现真正的平等对话和有效交流，提升德育实践的效果。总之，互联网时代信息技术的发展从来都是日新月异、层出不穷的，但不管技术如何更新和变化，高校教师只要拥有了互联网思维能力，就总能够针对新技术在高校德育实践过程中找到新的连接方法和融合渠道。

（三）互联网秩序的治理

互联网时代高校德育实践的创新，可以说既是高校德育实践的无奈之举，又是用心之举。之所以说是无奈之举，是因为互联网的快速发展深刻地改变了高校德育实践的内、外部环境，并深深地影响了德育实践的效果，高校不得不利用互联网、融入互联网，以求德育实践的实效性。用心之举，是高校主动应对形势的变化，不断改进德育实践活动的态度。高校德育实践活动要连接互联网、融入互联网，就必须建立互联网德育实践的新秩序和新规范。

1. 纪律约束

互联网海量的信息资源和多元的价值观念，需要教师对这些信息做出判断和筛选，对学生进行正面的引导和教育。教师在互联网德育实践过程中的作用显得尤为重要，然而，互联网是一个开放、自由、虚拟性很强的空间，不仅学生能隐藏自己的真实身份自由发布观点和意见，教师也有这一可能。对教师利用网络开展德育实践活动要进行严格的纪律要求，可以适当地对教师的网络身份进行监控，督促这些德育实践环节的“抓手”真正地尽其职，发挥正面的教育和引导作用。

2. 诚信树立

互联网时代，对于社会诚信（考验个人道德）和职业诚信（考验行业伦理和管理者道德）的要求的确比无网时代更高，因为网络兼具揭露欺骗和迅速传播真相的功能。利用互联网进行高校德育实践创新，信息化的手段将被广泛地应用于学生教育、管理、服务的各个环节，以往凭借经验和感觉来掌握学生成长过程的教育状态发生了巨大的改变，学生的成长过程和状态更多的是通过客观的数据，以量化和可视化的方式呈现在教师面前，这些数据则成为德育实践过程中决策的重要依据。

学校要进一步加强学生的诚信教育，通过建立征信系统，建立信用档案，采集、客观记录学生信用信息，并与其校园学习、生活挂钩，培养诚信意识和契约精神，健全守信激励和失信惩戒机制，使守信者受益、失信者受限，让诚信成为共同的价值追求和行为准则，切实保证高校德育实践创新中的数据权威和实效性。

3. 言行规范

互联网时代连接一切、开放、自由的特性，决定了每个个体既是信息的接收者和传播者，又是信息的生产者和发布者，个体自由度的放大激发了个体信息生产和传递的积极性，促成了海量信息资源的生成。

高校应制定详细的学生网络行为规范，对学生在互联网上的语言和行为规范进行明确的规定，引导学生在互联网生活中强化自律意识，甚至可以将相关的管理规定写入学校学生管理办法中，加大对网络言行失范的监控和处罚力度，以培养和建立学生网络行为自律的制约机制。此外，通过在校园里广泛地宣传良好的互联网公德规范，共同营造文明健康的网络空间，方能建立一个良好的互联网德育实践环境。

二、优化“互联网+德育”载体，提高德育实践有效性

互联网时代高校德育实践的优化重点，是研究和解决如何保证高校德育实践的有效性。随着信息技术的飞速发展和互联网的广泛应用，社会运行面貌改变的同时，也改变着学生学习、生活、娱乐等行为方式。学生的学习习惯、方式、途径都发生了巨大的变化，更多的互联网元素植根到学生的脑海中，彻底改变了他们的审美标准，直接影响到德育实践的效果。“互联网+德育”体系的优化就是要将互联网时代的信息技术优势，运用到高校德育实践中，并借鉴互联网时代产业发展的经验和模式，找到高校德育实践的新方法和新路径，不断提升德育实践的新活力，从而提高德育实践之有效性。

（一）“O2O 模式”增强德育课程吸引力与实效性

O2O（即 Online to Offline，线上到线下）是互联网时代广泛流行的商业概念和模式，它将线下的商务机会和互联网结合，使互联网成为线上和线下交易的平台，大大增加了商务机会。构建德育课程“O2O 模式”是充分利用互联网连接一切、开放融合、海量信息等优势，运用云计算和云平台技术建设在线德育课程，创建线上和线下交叉互动的新型学习方式，构建丰富、生动的德育课程资源，及时整合、反馈学习评价，切实推进德育课程向更加人性化、个性化和实效性方面的提升。

1. 构建人性化学习内容

随着互联网时代的到来，人们的行为方式、生活习惯都发生了前所未有的改变。在高校，学生的认知规律和学习习惯也发生了巨大的变化，“O2O 模式”的德育课程内容建设主要是依靠新兴的信息技术，让德育资源以崭新的面貌出现在学生面前，并利用云计算和

云平台技术将德育内容放在互联网上，供学生随时随地自主选择学习，更加能够调动学生的学习兴趣和热情。

（1）丰富、生动的德育内容构建。“O2O 模式”的德育课程内容建设充分利用新兴信息技术的优势，将德育内容重新包装。例如，充分利用音视频、动画、PPT 等多媒体形式建设课程内容，或者构建轻松、娱乐化操作体验课程，以任务驱动的方式引导学生掌握知识等，以学生喜爱的面貌展现出来，让德育过程寓教于乐，也是德育实践活动重在体验和感悟的初衷。

（2）切合学生学习习惯的德育内容建设。随着互联网学习功能的不断强大，以往以教师为中心的学习方式被彻底改变，学生可以利用网络随时随地进行自主学习。“O2O 模式”的德育课程内容建设，遵循学生去中心化、碎片化的学习习惯，将德育课程内容按照知识点切割为若干部分，方便学生随时随地利用互联网学习，对零碎学习时间的利用可以大大提高学习效率。同时，被拆分的德育内容都以短小的音视频面貌出现，也切合了互联网学习中学生无法长时间集中注意力的特点，有效地保证了学习的效果。

（3）人性化的德育资源选择。“O2O 模式”的德育课程内容建设，注重线上和线下德育资源的相互补充，教师在网络课程上提供与课堂教学相匹配的教学资源、课件、电子图书、音视频等，学生可以根据自身的学习特点和喜好选择德育内容和学习方式，分配线上学习和线下学习的比重，这种人性化的德育资源选择，更加适应学生的学习规律，在德育内容的掌握过程中能够取得更加理想的效果。

2. 满足个性化学习需求

高校德育课程“O2O 模式”是将传统的德育课程教学从线下转移到线上，以传统的德育课程为基础和指导，用信息技术的方式进行包装。线上和线下学习的互补，能更大地增强学生学习的自主性，学习路径和进度的选择也能更加尊重学生个体的实际情况，从而可以提高学习的活力和效率。

（1）学习路径个性化。德育课程“O2O 模式”是传统课堂的标准化教学向学生个性化学习的革命性转变。每个学生的知识基础、思维能力和学习兴趣都不尽相同，这正是因材施教的原因所在。“O2O 模式”的课程教学将丰富多样的课程资源配置于“云端”，教师会制定共性的学习目标和要求，而不会像传统课堂教学的标准化要求那样限定统一的学习步调，学生的学习自主性得到很大的提高。教学过程允许学生根据自身的兴趣喜好、学习习惯、能力基础等个性化差异，设计和选择自己的学习时间、学习地点和学习方案。这种德育课程教学模式彻底改变了传统德育课程在学生心目中的面貌，打破了以往学生在德育课程中的被动局面，他们可以自主选择学习顺序和学习路径，个性化学习需求的满足和个体差异得到尊重，更大限度地提高了学生的学习兴趣和课程教学的效果。

（2）线上和线下良性互补。德育课程“O2O 模式”是典型的混合式教育模式，线上和线下的学习都是德育课程学习的核心部分，线下教师和学生面对面的内容讲授与线上的课程自学形成相互补充。“O2O 模式”打通线上和线下课程内容的信息和体验环节，不仅给学生的学习带来了更多的选择，也为教师对德育课程的设计带来了更多可能，教师可以安排学生在课前通过线上自主学习完成指定的部分学习内容，这样线下的课堂教学中就能够引入更多的师生互动环节，更加有利于德育课程的教学质量的提高。

3. 全方位互动学习评价

“O2O 模式”的德育课程利用互联网信息化的管理优势，既可以对学生的学习轨迹进行跟踪、学习效果及时评测、学习过程智能辅助，还能完成师生一对一的及时互动，全方位的学习过程评价大大提高了德育课程的实效性。

“O2O 模式”的德育课程让学生能够根据预先设计好的学习流程，在学习系统智能分析的指导下逐步完成学习内容。系统会及时通过测试工具和手段显示学生的学习效果，并给出下一步的学习计划，保证每一名学生线上学习的逻辑性。允许教师根据课程情况安排线上和线下的学习内容，通过线上信息化的学习记录系统，可以准确地把握每一名学生的学习进程和轨迹，了解学生的学习习惯和共性的问题，在线下课堂教学中有针对性地进行教授并解决。此外，学生在线学习的数据“留存”不仅是学生学习过程的监督和评价，更为师生的互动交流搭建了平台。线上学习打破了时间和空间的限制，给师生交流更多的开放和自由度，敞开心扉的师生互动更加符合德育实践活动的本质要求，使德育课程内容的传授、学习和体验效果都大幅提升。

（二）新媒体平台凸显德育实践的话语权与感染力

随着互联网时代的到来，人们的日常生活对互联网的依赖度越来越大，特别是在思维最活跃、学习能力最强的高校师生群体中，传统媒体的使用范围和影响力越来越小，高校师生成为最积极和最广泛使用新媒体技术的群体。高校德育实践活动中，德育环境对德育实践效果的影响举足轻重，德育环境潜移默化地对学生的思想品德、道德素养和行为规范起着渗透、引导和规范的作用。互联网时代，新媒体技术广泛替代传统媒体以及深刻影响学生操行的趋势，使新媒体平台成为德育实践的重要载体和媒介。如何利用新媒体技术加强高校德育新媒体载体的建设，提高高校德育工作在学生互联网生活中的话语权和主导权，提升高校德育实践活动的感染力，成为高校德育实践创新的关键点。

1. 德育载体新选择

互联网时代，在万物互联、跨界融合的政策指引和市场选择中，人们的生活方式发生了巨大的变化，越来越多的现实生活被更加便利、时尚的互联网方式取代。在高校，随着移动通信技术和互联网技术的发展，学生利用移动互联网终端更加便利，他们获取信息、休闲娱乐、人际交往都可以利用手机等移动终端完成。高校德育实践中的传统载体已经无法满足学生成长的需要，新的德育实践载体呼之欲出，利用互联网时代的新媒体技术加强德育载体建设，是最能保证高校德育实践效果的选择。

当前，新媒体平台已经成为学生最喜爱的成长环境，高校加强新媒体德育载体建设要准确把握学生的特点及喜好，到学生活动最频繁的区域和地带，以学生最喜闻乐见的媒介方式，潜移默化地影响和引导学生成长。

首先，互联网移动终端、手机客户端及应用程序（App）成为学生互联网生活的重要媒介，学生已经习惯了利用这种形式和面貌的工具进行生活、交流，高校德育实践进网络要抓紧德育主题应用程序的建设，将德育内容通过学生喜爱的学习方式和渠道展现出来，更加有利于增加学生对学习内容的好感。

其次，如今，以微信、微博、QQ 空间等自媒体为代表的新媒体平台，几乎成为学生表达观点、分享心情、人际交往、休闲娱乐等诉求的主要载体，学生的思想在这些平台上汇集、交流、发展、定型，高校要抓住这一难得的自然形成的学生网络生活集散地，建立官方微信公众号、微博和 QQ 等，通过这些新媒体手段将德育内容包装成为学生愿意接近、了解和认可的模样，方能使德育实践具有真正的吸引力和感染力。

2. 话语权的新阵地

话语权的争夺主要就是解决如何吸引学生关注和学习德育内容的问题，树立学校主流德育思想对学生德育的主导权。新媒体平台作为德育实践的重要载体，必将成为高校德育话语权争夺的主阵地，新媒体平台上，德育实践话语权的争夺要从两方面来着手，也就是“引得来、留得住”的问题。

（1）如何将学生吸引到高校建立的新媒体平台上来。高校应加强“互联网+德育”载体建设的探索与创新，最大限度地将学生吸引到校园新媒体平台上来。一方面，高校要推进在学生已经固有的新媒体生活平台上搭建德育实践载体，学生在哪里，高校德育实践的触角就伸到哪里，学生在日常生活中寻找自己感兴趣的内容时，让德育实践的声音无处不在；另一方面，高校对于新媒体德育实践载体的建设，也要有智慧、有计划、有方法地采用引导和制约机制。高校应将与学生的学习和校园生活等切身利益相关的教育新闻资讯、管理服务内容整合到新媒体平台上，如学生的选课、成绩查询、考试报名、学年小结、评优评先、奖助学金申请、重要文件发布等，利用新媒体完成这些学生教育管理的内容，既达到了便捷、高效的效果，又能够让学生登录主流德育实践平台变成情理之中的必然，这样学校就牢牢把握住了学生登录校园新媒体平台和浏览主流教育信息的主动权，对学生关注主流新媒体德育平台的控制，为高校德育实践新媒体媒介发挥作用，创造有利的条件。

（2）如何将学生稳定地留在新媒体德育平台。新媒体德育平台最显著的特点就是改变了以往德育工作的面貌，将原来的道德说教变成一种媒体环境和文化，通过环境和文化的营造，让学生自主选择教育内容，通过新媒体达成师生的平等对话和互动交流，有效提升德育实践效果。

首先，在尊重学生个性发展的基础上，不断提升网络德育文化的品质和厚度，学校的官方微信公众号、微博和 QQ 空间等新媒体平台上的内容建设要多些诚意、更接地气，让学生对主流媒体的阅读更加轻松、备感亲切。

其次，充分发挥微博、微信和客户端的引导作用，在新媒体的环境下有计划地开展德育话题的讨论并解答问题，掌握了新媒体平台的话语权，就掌握了德育实践的主动权和主导权。

最后，引导师生员工对主旋律的德育内容进行广泛的评论、点赞、转发，营造风清气正、心灵共鸣的新媒体网络环境，学生在新媒体平台上有收获、有感触，自然就会经常浏览这些微博、微信公众号、QQ 空间等。

三、创新“互联网+管理”流程，提升德育过程科学性

互联网时代高校德育实践创新，是新一代的互联网信息技术融入高校德育过程中，对学生教育管理服务的理念、方式、方法的全面优化和转型，其实质是要通过教育管理服务方式和流程的再造，重点解决高校德育过程中管理组织头绪较多、流程较长、决策效率较低的问题。运用互联网新兴的信息技术实现学生教育管理服务的信息化，不仅使德育过程更加规范和高效，而且让德育组织过程中的决策更加精准、有说服力，能切实提高高校德育实践过程的科学性。

（一）信息化管理实现德育的规范化和高效性

1. 德育过程规范化

高校德育实践的创新从来都是应该围绕学生的特点和需求开展的，互联网时代学生生活方式网络化、信息化的特点决定了高校德育实践要以信息化的方式不断提升德育效果，而信息化管理服务过程也使得德育过程更加规范。信息化的管理服务改变了以往依靠人工进行管理的方式，信息技术的介入使德育过程更加科学，学生在德育过程中的成长痕迹被详细记录、清晰可见，德育过程更加严谨和规范。

高校要顺应时代的发展，以互联网新一代信息技术为依托，不断加大信息化教育管理服务平台的建设，创新学生德育管理服务的职能和手段，切合学生的时代特点和成长习惯，将“管理服务育人”落到实处。

高校应通过建立信息化的学生教育管理服务系统，将学生行为教育管理从现实生活中搬到互联网空间里，利用互联网信息技术的优势，尊重学生习惯和热衷的方式，建立学生操行管理信息平台，对学生的成长过程进行监督和规范，以一种无时无刻不在的环境压力对学生的成长轨迹进行规范。如利用指纹识别和人脸识别等个人体征识别技术，建立课堂学生电子身份签到和网络学习痕迹管理系统；利用手机 GPS 模块定位技术，建立学生行为轨迹监控管理平台等，对学生的学习、生活轨迹进行指导，把握学生成长的正确方向。当然，高校在运用先进信息技术对学生的行为进行管理的过程中，也要把握好度，既要规范管理，又要注意对学生隐私的保护。

2. 德育管理高效性

高校德育实践创新的信息化管理方式，克服了学生教育管理过程中人为因素的影响，让德育过程更加规范。同时，信息化的教育管理服务过程让德育过程更加人性化，成功规避以往管理服务中层级多、人员杂、内耗大的问题，让管理服务过程更加务实和高效。互联网连接一切、尊重人性的管理思维，实质上是带给人们一种去中心化、扁平化的管理方式，对于传统的管理理念而言，尽管去中心化和扁平化看起来是一种比较“叛逆”的决定，然而这是符合互联网时代的潮流的，是不可逆的革新过程。

高校德育实践创新要充分把握时代的特征和潮流、尊重学生的特点和需求，改变以往的教育管理服务理念，尽可能地减少不必要的管理层级，依靠互联网信息技术的强大计算处理和记忆功能，建立丰富、立体的学生自助管理服务系统。管理层级的压缩规避复杂的人际关系，减少不必要的内耗，通过人机对话的管理服务，切实让管理服务过程缩短、效率提高。

（二）大数据分析保证德育过程的精细化和准确性

互联网时代的到来，让人们的各种行为活动都与互联网有着密不可分的联系，在高度发达的信息技术的支持下，几乎人们生活中的所有活动都能以数据的形式被反映、采集和分析。大数据技术为高校德育实践创新提供了革命性的技术支持。每一名学生的学习、生活、实践、娱乐等行为信息都能够以数据的形式被学校动态采集和掌握，通过科学、快捷的数据分析反映出学生的行为和思想状态，在高校德育实践过程中提供及时的预警和提醒，保证德育过程决策的精准性。

同时，高校可以通过构建数字化的分析模型，利用互联网信息技术强大的计算功能和智能化的分析功能，对学生成长过程中的状态进行筛查、分析和处理，数字化模型的智能辅助功能真正成为高校德育实践的智库，切实保障德育过程的精细化和准确性。

1. 德育过程的精准决策

当前，随着我国社会信息化程度的不断深入发展，绝大部分高校已经启动了校园信息化的建设，诸如校园一卡通、教育管理服务信息系统等一系列的信息化建设项目，为高校德育实践创新提供了有力的基础保障。高校应该进一步利用互联网时代的思维和技术优势，深入推进学生校园行为数据的采集工作，依靠权威的数据支持，通过智能化的大数据分析功能，为德育过程的精准决策提供可靠依据，彻底改变高校德育实践过程中学生教育管理“凭感觉、靠经验、等报告”的被动局面。

（1）构建可靠、动态、互通的学生行为基础数据库。学生行为基础数据库是大数据分析的源头，高校要从学校整体发展战略的高度树立大数据的思维，确保学生行为数据库的唯一性和权威性，从而保证大数据分析的准确性。学校要加大基础数据采集平台的建设，及时对学生的行为数据进行采集、存储、更新和整理，保持动态、有活力的数据采集，才能保证基础数据库的有效性。学校要统一思想、统一步调，实现学生学习、生活、实践、娱乐等各方面的数据纵向互通、横向互联，学生全部行为数据的互通与互联方能实现学生在校行为数据的整体性。

（2）构建及时推送的智能分析与预警系统。数据分析和决策辅助才是大数据的核心价值所在。互联网时代学生的一切行为，都能够以数据的形式被描述。高校应充分利用大数据技术的优势，建立智能分析与预警系统，依托可靠、动态、互通的学生行为基础数据库，把学生的个人基本信息数据、学习行为数据、日常操行数据等大数据进行联系、对比、分析，发挥学生个人成长数据的整体效应，全面、准确地反映学生行为和思想的真实状态，让概念化的学生行为表征向可视化转变，让经验主义的决策向数据化、可靠性决策转变。

同时，高校应完善智能分析与预警系统的及时推送功能，将分析结果和预警信息第一时间推送至家长、师长、同学等与学生个人成长相关联的德育工作队伍，实现学生个人成长过程的动态监控与干预，真正让每一名学生的成长都有陪伴和关心，保障学生健康、积极地成长和发展。

2. 德育智库的科学建设

互联网时代高校德育实践创新的核心思路，就是运用互联网信息技术，对学生的成长和发展状态进行准确的把握，利用云计算、大数据的记忆存储和智能分析的功能，将高校德育实践过程数字化、标准化，减少德育工作者的负担和压力，提升德育实践工作的精细化和准确性，高校德育实践活动的规律性与互联网信息技术的智能化相结合，使德育实践工作的智库建设成为可能。

高校应大力构建一系列的德育实践数字化模型，这种德育实践过程中的管理模型和决策模型的构建，实际上是建立一种科学化、标准化的操作流程预设。数字化模型的构建是针对学生可能存在的经济困难、学业困难、心理困难、校园安全等常见的问题，从学生成长的数据库中提取相对应的行为信息，综合分析后对学生状态进行如实的反映，并提供相应的干预和解决方案。如此一来，德育工作者就能够在学生成长和发展的不同节点，针对学生群体或个体发展的某方面，运用构建的数字化模型对学生的状态进行准确把握，并依照数字化模型提供的干预及解决方案，完成对学生的德育实践活动。高校德育实践活动的规律性使这种数字化模型具有广泛的适用性和推广价值，成为高校德育实践活动中强大的智库，供德育工作者针对共性的问题和隐患在不同的学生个体中选择使用，辅助学生个性问题和困难的解决。

第三节　互联网时代网络文化的德育实践与创新

一、互联网时代网络文化的德育实践

高校德育的目的在于塑造全面发展的人，培养社会主义事业的合格建设者和可靠接班

人。高校网络文化具有丰富性特点，并且实现了资源的传播及再生，通过网络文化与德育的结合，能够很好地满足大学生的学习、精神和心理需要。

（一）促进学生思想观念更新

高校网络文化更多地体现出自由平等的特点，它将打破信息垄断，扩大大学生的参与和选择机会，并极大地增强大学生的平等意识。高校网络文化不仅拓展了大学生获取德育信息的渠道，还为大学生发展创造性思维开辟了空间。高校网络文化的快捷性使大学生在短时间内拥有的信息量迅速增加，而且更新的频率也大大加快，大学生有可能直接接触到先进的思想理论。他们容易冲破传统的束缚，树立起创新意识，同时增加培养创新能力的自觉性和主动性。

同时，高校网络文化的交互性和平等性，也给大学生提供了一个广阔的思维空间。由于网络群体不同的思维方式和各种网络文化思想的激烈碰撞，人们对问题的看法往往是多角度的。一方面，大学生可以积极参与讨论，发表自己的独特见解，培养独立思考的品质；另一方面，可从他人的讨论交流中得到有益信息，受到启发，学会更辩证地分析、判断、解决问题，这样大学生原有思维的单一性和狭隘性会得到拓展，从而使其分析问题更加全面和深入。这是符合时代发展的，能打破大学生封闭局限的观念，利于他们开放观念和多维思维方式的形成。它会使大学生学会尊重，学会不盲从以及如何根据社会和自身的需要去理性选择。这对于提高大学生的思想道德水准和高校德育的顺利推行意义重大。

（二）缓解学生生理心理压力

心理健康是大学生成长成才的重要保证。德育不仅是让学生懂得做人的道理，还要让他们承担起开发潜能和塑造人格的责任，而利用网络文化则可达到预期目的。

当代大学生承受着来自就业、学习、生活等各方面的压力，心理问题也越来越多。网络虚拟空间适时地提供给大学生转移和发泄自己不良情绪的机会和场所。网络交流的匿名性可以使大学生不用担心隐私会外泄，精神上充分放松。由此，网络虚拟环境成为许多大学生排解心理压力的场合。虽然这种随机建立起来的关系或许远不如固定朋友的关系来得牢固，但是得到一个陌生人的安慰、信任和支持可能比来自旧相识的更容易被接受。

宣泄本身或许无助于问题的解决，但可以一定程度上缓解和消除紧张情绪。另外，随着校园网建设的逐步推进，大学生可以登录相关心理咨询网站或者学校心理咨询中心匿名查询解决心理问题的途径。高校网络文化在一定程度上成为大学生缓解心理压力的一个最重要渠道。

（三）提升学生自我教育能力

自我教育主要是大学生个体自身的教育和学生之间的教育。在道德认识、道德情感、道德行为的形成中，自我教育的效果最佳。高校网络文化具有灵活性，大学生对自己的时间和空间具有较大的支配权和决定权，可以使大学生的自主能力和创新思维得到充分发挥，这无疑拓展了大学生自我教育的空间。同时，网络还为大学生提供了许多自由创造空间和实践机会，满足大学生的个性需求和个性化发展。在这个空间里，多元文化的撞击促使大学生在“否定—肯定—再否定—再肯定”的过程中不断加强自律。同时，网络文化的交互性也在一定程度上利于大学生的道德发展。

二、互联网时代网络文化的德育创新

（一）坚持继承与发展相结合

坚持继承与发展相结合是辩证否定观的理论要求。辩证的否定观强调，辩证否定的实质是扬弃，也就是既克服，又保留；既批判，又继承。对于网络文化背景下的高校德育创新而言，坚持继承性，就是要继承以往德育工作的优良传统，传承德育理论的科学内容，延续传统德育的有效方法。坚持发展性，就是要研究和解决当前高校德育所面临的紧迫问题，通过创新来推进高校德育工作的变革，克服当前德育对网络文化挑战的不适应状况，摆脱当前高校德育实效性降低的局面。坚持继承与发展相结合的原则，就是要在继承中创新，在创新中继承。

（二）坚持理论与实际相结合

理论与实际相结合是辩证唯物主义主观与客观、主体与客体相统一原理的客观要求。在高校德育创新工作中，坚持理论与实际相结合的原则，就是要站在理论高度，分析和解决网络文化时代高校德育工作所面临的各种实际问题，提高德育的实效性。同时，要积极应对网络文化所产生的一切问题和挑战，通过对各种实际问题的研究，总结经验，提高认识，丰富和发展德育基本理论，深化高校德育改革，推进高校德育工作。

坚持理论与实际相结合的原则，关注网络文化对青年大学生成长的影响。使他们在科学理论的具体化和针对性上下功夫，使科学理论贴近大学生的现实生活，渗透于各种文化活动和价值理念中，进一步增强科学理论的吸引力和影响力。同时，要引导大学生理性面对网络文化与大学生活，科学分析各种理论与实际问题，确立自己的理想信念。

（三）坚持引领与疏导相结合

坚持引领与疏导相结合的原则，是网络文化背景下高校德育创新工作的客观要求。坚持引领原则，就是要以先进文化抢占网络文化阵地，引领网络文化的发展，用先进文化武装青年大学生头脑。坚持疏导原则，就是要通过多种文化活动和网络管理等形式，疏导网络文化心理，引导大学生自觉接受先进文化和自觉抵御不良文化的侵袭。坚持引领与疏导相结合的原则，就是要面对网络文化挑战的实际，遵从教育文化发展的特殊规律，以先进文化统领网络文化的发展，解决好先进文化和先进的思想意识进入网络、进入课堂和进入青年大学生头脑的问题。

（四）坚持校内与校外相结合

坚持校内与校外相结合的原则，是内外因关系原理和系统观点的理论要求。一方面，高校校内德育是德育的主战场和主阵地，是大学生思想成熟和品格成长的内部原因，所以，必须加强德育课堂教学和校内德育环境建设；另一方面，校内德育环境只是整个德育环境的一个子系统，本身也要受到整个系统德育环境的影响。对于德育对象来讲，最终还将跨越校内德育系统，而进入整个社会大的德育系统之中。相对于高校校内德育来讲，校外德育环境是大学生思想和品德形成的外部原因。所以，高校德育创新必须坚持校内与校外相结合的原则，致力于建立一个校内校外相结合的大学生德育网络文化系统，从而使内因与外因结合起来，共同促进高校德育工作的有效开展。

结束语

互联网时代跨界融合、创新驱动、重塑结构、尊重人性、开放生态、连接一切的特征，使各行各业都面临着转型、升级、进化的机遇和挑战，高等教育领域当然也不例外。随着互联网时代的到来，高校师生的学习、生活、社交等各方面对互联网的依赖越来越大，高校德育实践的外部环境和内部结构正面临着前所未有的改变。把握互联网时代为高校德育实践创新带来的思维理念改变和技术发展优势，创新新环境下高校德育实践理念与途径的优化方式，是当下高校德育研究的一项重要课题。

本书基于互联网时代的基本理论进行分析，重点围绕高校德育体系及其创新、互联网时代高校网络德育的创新、德育资源与评价的创新、实践与创新进行论述研究，具有一定的理论创新和学术价值，对我国教育发展具有重要的现实意义。

参考文献

[1] 陈佳莉. 互联网时代高校教学的变革与对策探讨［J］. 科学与信息化，2021（12）：171.

[2] 陈文海. 论高校德育体系建构的三重转化［J］. 学校党建与思想教育，2017（1）：26-29.

[3] 符文忠. 高校德育与隐性课程的建设［J］. 课程. 教材. 教法，2006，26（5）：74-78.

[4] 顾瑾，瞿忠琼. 高校德育的审美精神［J］. 江苏高教，2007（3）：92-94.

[5] 顾瑾. 高校德育的和谐精神［J］. 高教探索，2006（2）：87-89.

[6] 郭旭. 改进高校德育方法刍议［J］. 学校党建与思想教育（高教版），2012（11）：41-42.

[7] 郝佳婧. 互联网时代高校课堂的理性审视与现实出路——以思想政治理论课为例［J］. 三门峡职业技术学院学报，2021，20（1）：65.

[8] 贾友枝. 高校德育教师推进大学生网络道德教育之路径［J］. 学理论，2015（26）：177.

[9] 李海燕，奚媛媛. 论高校德育环境的和谐建设［J］. 江苏高教，2009（6）：93-95.

[10] 李海燕，张成. 论高校德育环境建设的理论依据和实践基础［J］. 江苏高教，2007（6）：117.

[11] 李吉庆. 关于高校德育绩效评价的几点思考［J］. 新余学院学报，2013，18（4）：126.

[12] 李建华，王果. 大数据时代中国高校德育的发展［J］. 学校党建与思想教育，2020（7）：68-71.

[13] 李军法. 高校德育新探［J］. 教育与职业，2007（15）：77-79.

[14] 李嗣丞. 网络互动与高校德育理念创新［J］. 图书馆理论与实践，2008（5）：110.

[15] 刘超，尚玉峰，孙学文. 高校德育工作的创新 [J]. 山西农业大学学报（自然科学版），2006，26（6）：200-201.

[16] 刘健. 论高校德育的载体建设 [J]. 江苏高教，2001（5）：41-42.

[17] 刘培进. 创新高校德育工作的思考 [J]. 思想教育研究，2009（12）：74-76.

[18] 刘霞. 论高校德育的应有理念 [J]. 大学教育科学，2007（3）：31-33.

[19] 刘晓君. 试论高校德育工作的生命力 [J]. 学术论坛，2009（1）：181-184.

[20] 娄国栋. 时代特征与高校德育改革 [J]. 江苏高教，2005（4）：80-82.

[21] 卢飞霞. 统筹推进高校德育问题研究 [J]. 高校辅导员，2021（2）：44.

[22] 吕平勤. 高校德育工作模式新探 [J]. 中国青年研究，2009（8）：100-102.

[23] 孟彩云. 高校德育实效性探析 [J]. 思想理论教育导刊，2003（4）：73-74.

[24] 欧华. 试论高校德育创新 [J]. 内蒙古师范大学学报（教育科学版），2002，15（3）：31-33.

[25] 彭晓玲. 高校德育保障体系研究[J]. 重庆大学学报（社会科学版），2001，7（3）：95-97.

[26] 齐英艳. 高校德育的三维审视 [J]. 中国青年研究，2010（6）：104-107.

[27] 邵月花. 论高校德育的创新 [J]. 探索，2007（4）：114-116.

[28] 孙丹薇. 论高校德育资源的开发和整合 [J]. 黑龙江教育（高教研究与评估版），2006（1）：60.

[29] 孙璐. 高校德育方法的创新研究 [J]. 课程教育研究（新教师教学），2016（14）：86.

[30] 王君健. 论高校德育的承认转向 [J]. 当代教育科学，2015（23）：9-10.

[31] 王喜. 高校德育实践的四重反思 [J]. 教育探索，2016（9）：107.

[32] 王渊，丁振国，许德华. 论高校德育在大数据时代的应变 [J]. 学校党建与思想教育，2017（2）：14-16.

[33] 危晓燕. 理解新时代高校德育工作的三重维度 [J]. 学校党建与思想教育，2020（7）：56-58.

[34] 严考亮. 网络文化背景下的高校德育 [J]. 思想教育研究，2008（7）：28-31.

[35] 殷桂明. 网络时代高校德育的对策 [J]. 江苏高教，2006（4）：123-124.

[36] 袁鹤平. 高校德育教育新论 [J]. 中国成人教育，2007（19）：22-23.

[37] 张国臣. 知识经济与高校德育 [J]. 河南社会科学，2000（1）：103-105.

[38] 张好徽，王红涛，刘倩. 构建高校网络德育主体 [J]. 河北理工大学学报（社会科学版），2008，8（4）：106.

[39] 张立明. 高校德育途径新探 [J]. 教育探索，2013（3）：110-111.

[40] 张蕴. 高校德育生态共同体建构的理论逻辑与实践路径 [J]. 社会科学家，2021（5）：150-155.

[41] 赵金昭. 论我国高校德育目标 [J]. 江苏高教，2004（5）：56-57.

[42] 赵跃利. 网络时代高校德育创新论 [J]. 学校党建与思想教育（高教版），2011（6）：79-81.

[43] 赵祖地，夏婷. 高校德育评估的效度研究 [J]. 学校党建与思想教育（高教版），2012（2）：50-52.

[44] 仲帅. 新时代高校德育的层次性思考 [J]. 人民论坛，2020（8）：119-121.

[45] 邹艳辉. 基于互联网思维的高校德育创新 [J]. 中国石油大学学报（社会科学版），2016，32（1）：99.